Le Chanoine VARET

de la Métropole de Chambéry

ANNECY

IMPRIMÉRIE ABRY

LIBRAIRE-ÉDITEUR

1897

M. LE CHANOINE VARET

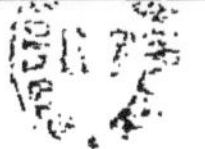

Gervais Sc. Lyon

UN HOMME DE BIEN

M. le Chanoine VARET

de la Métropole de Chambéry

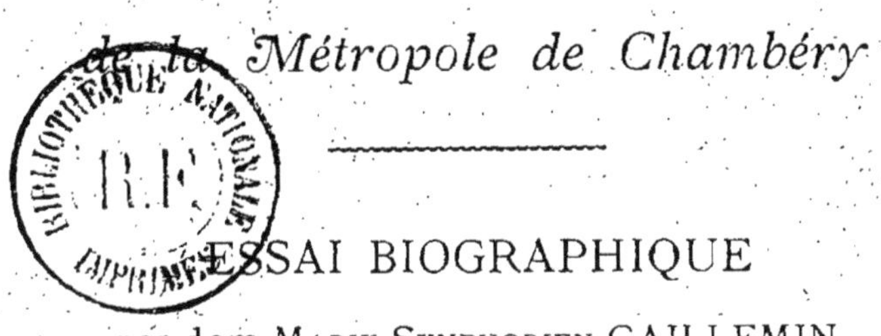

ESSAI BIOGRAPHIQUE

par dom Marie-Symphorien GAILLEMIN

Prieur d'Hautecombe.

OUVRAGE ORNÉ DE NOMBREUSES GRAVURES

> Il est dans mon désir, autant que dans mon devoir de prêtre, de chercher avant tout à faire un peu de bien, sans me préoccuper des vains applaudissements des gens de littérature et de science.
>
> Mgr PICHENOT.

ANNECY

IMPRIMERIE ABRY

LIBRAIRE-ÉDITEUR

1897

DÉDICACE

LETTRE

DE S. G. Monseigneur François HAUTIN

ARCHEVÊQUE DE CHAMBÉRY.

———

ARCHEVÊCHÉ
DE
CHAMBÉRY

16 avril 1897.

Cher Père Prieur,

J'aurais voulu vous répondre beaucoup plus tôt, mais il m'a fallu de longues heures (qui ne m'ont pas paru longues, je vous l'assure), pour lire avec quelque attention votre important manuscrit.

L'intérêt de cette lecture, vous le dirai-je, a dépassé mes espérances ; non pas que je doutâsse de votre talent d'écrivain ; mais je ne pensais pas que vous eussiez pu réunir tant de documents sur la vie de M. le chanoine Varet, qui fut toujours si humble, et aussi soigneux de cacher ses vertus, que d'autres le sont de faire valoir leurs prétendus mérites.

Dieu se plaît à manifester après leur mort la sainteté de ses serviteurs. A peine le vase fragile de leur existence terrestre est-il brisé, que le parfum qu'il contenait se répand au dehors, et embaume parfois toute l'Eglise. Telle sera l'impression de tous ceux qui liront votre livre. Il est écrit sans prétention, mais dans un style correct, clair et élégant. L'auteur s'efface derrière son héros. C'est celui-ci qu'on voit agir, qu'on entend parler, dont on pénètre l'âme tout entière, grâce aux lettres nombreuses où il s'est révélé sans le savoir, et que vous avez eu l'heureuse pensée de publier. Elles forment comme la trame de l'ouvrage, et on ne se lasse ni de leur longueur, ni de leur multitude. Elles nous montrent successivement, et avec un charme toujours nouveau, le fils aimant, le pieux séminariste, le zélé vicaire, l'administrateur consciencieux, le saint directeur, mais par dessus tout, le prêtre bon et charitable à l'excès, si l'on pouvait excéder dans la bonté et la charité.

Parmi les traits que les témoins les plus sûrs vous ont rapportés de cet homme de Dieu, il en est qui semblent empruntés à la vie des plus grands saints, tant ils supposent d'union intime avec Dieu, et de tendresse vraie pour le prochain, surtout pour les petits et les malheureux.

Confiez à l'imprimerie, mon très cher Père, ces pages édifiantes. Je les bénis de tout cœur et leur prédis un prompt succès auprès du public chrétien, dans les deux diocèses de Sens et de Chambéry.

Agréez, avec mes félicitations et mes remerciements, l'assurance de mon respect le plus dévoué.

† FRANÇOIS, Archevêque de Chambéry.

LE 2 septembre 1895, toute la population de Chambéry se réveillait aux tintements solennels du glas funèbre.

En même temps se répandait, comme une traînée de poudre, cette consternante nouvelle : « Monsieur le Chanoine est mort ! Monsieur le Chanoine est mort ! »

Pour désigner l'abbé Varet, le peuple disait : « Monsieur le Chanoine », comme s'il n'y eût pas eu d'autres chanoines à Chambéry.

Ceux qui font consister les grandes vertus dans des actions d'éclat, s'étonneront peut-être qu'on ait songé à écrire sa biographie. — « Qu'a-t-il donc fait de si remarquable ? se demanderont-ils ; où sont les traits saillants qui le signalent à l'attention publique ? »

A la vérité, l'existence de ce digne prêtre

s'est écoulée sans bruit, comme un ruisseau limpide qui, traversant doucement la plaine, attire à peine les regards. Mais le tranquille cours d'eau n'est-il pas souvent plus utile pour féconder une campagne, que le torrent impétueux, dont le seul résultat est, pour l'ordinaire, d'exciter l'admiration et l'étonnement?

Le chanoine Varet a fait beaucoup de bonnes œuvres et il les a bien faites, parce qu'à l'exemple du divin Modèle, il les a faites dans le silence et l'humilité, pour faire du bien aux hommes et plaire à Dieu. En cela et en d'autres choses, il a fait preuve d'une haute intelligence.

Ce sont de petits détails, mais qui recèlent souvent de grandes vertus. Peut-être même, au lieu de dire que les traits saillants ont fait défaut dans sa vie, il serait plus juste de convenir qu'ils étaient si multipliés, qu'on ne les remarquait plus.

« Chère enfant, sois bonne ! Ne prends jamais ton sommeil sans avoir fait du bien autour de toi. C'est si bon d'être bon ! »

Ce que le chanoine Varet recommandait, quelques années avant sa mort, à sa nièce, religieuse de la congrégation de Saint-Joseph à Chambéry, il l'avait pratiqué lui-même toute sa vie, sans jamais se démentir. Il fut bon, en effet, depuis le berceau jusqu'à la tombe, et sa bonté fit de lui un homme de bien.

Un homme de bien !... Voilà le vrai mot. Il n'est pas de nous : il a été trouvé, dès la mort du chanoine, par une feuille catholique de Chambéry, qui, on peut le dire, se faisait, en le prononçant, l'écho du sentiment universel.

Pour peindre convenablement cet homme de bien, ce saint prêtre, et son action bienfaisante auprès des pécheurs, des pauvres, des affligés, il eût fallu certes une autre plume que la nôtre. Mais les liens de la religieuse amitié qui nous unissaient à M. le chanoine ne nous ont point permis de décliner la demande qui nous a été faite de sauver de l'oubli sa mémoire, et nous avons essayé un timide récit.

La tâche pourtant, il faut l'avouer, nous

a été assez douce, grâce à la correspondance du chanoine, que sa famille avait conservée. Nous avons laissé courir la plume du bon prêtre, bien plus que la nôtre.

La douceur et la simplicité qui faisaient le charme de sa conversation, on les retrouvera dans cette correspondance, écrite à la course, dans l'intimité, sans préparation, car il était loin de soupçonner qu'un jour on publierait sa biographie et que la plupart de ses lettres en constitueraient la trame et le fond.

Que ceux qui ont éprouvé de l'ennui à converser avec M. le chanoine Varet, — et ceux-là, où sont-ils ? — s'abstiennent de parcourir ce livre : il n'est pas fait pour eux.

Mais vous, qui aimiez tant sa voix douce et sympathique pendant qu'il vous parlait sur la terre, lisez sans crainte. Vous serez heureux de l'entendre encore, bien qu'il habite maintenant les lointaines régions du ciel.

Quant à ceux qui n'ont point eu le

bonheur de le connaître, ils gagneront, nous en avons l'espoir, à lire ces pages, qui leur permettront de respirer un instant le parfum de ses aimables vertus.

La vie du chanoine Varet comprend trois phases bien distinctes. La première, sa formation cléricale au Séminaire et dans quelques paroisses du diocèse de Sens. La seconde, les dix années qu'il a passées auprès de Mgr Pichenot, à Tarbes et à Chambéry. La troisième, son séjour comme chanoine titulaire, rue du Château, où son action charitable n'a cessé de grandir jusqu'à sa mort.

1. Intérieur de l'église de Cravant.

2. M. Edme Varet. — Mme Louise Varet.

PREMIÈRE PARTIE

—

La formation cléricale, au diocèse de Sens
(1841-1870.)

———

CHAPITRE PREMIER.

**Comment le futur chanoine, né d'une grande et belle
famille, fut un enfant aimable,
et comment il fit sa première communion.**

LOUIS-JOSEPH-GABRIEL-ANASTASE VARET naquit le 26 mai 1841, à Cravant, bourg de 1,300 âmes, non loin d'Auxerre, sur l'Yonne.

Son père, Jean-Edme-Athanase Varet, vivait honorablement du travail de ses mains, cultivant la terre, mais s'appliquant surtout à construire des instruments aratoires. Il était maître taillandier : c'était la profession traditionnelle de la famille ; de temps immémorial on se la transmettait de père en fils.

Il avait épousé sa cousine germaine Louise-Catherine Pichenot. Native de Nuits-sous-Ravières, elle avait été initiée à la bonne tenue d'une maison par sa mère, aussi intelligente que laborieuse. La piété chrétienne avait occupé une grande place dans son éducation ; et cependant à la naissance de son premier né, elle fut forcée de se plier à un usage local que désavouait sans doute sa conscience, usage d'après lequel, dans les familles aisées, on ne se pressait pas de baptiser les enfants. Son cher petit ange, né le 26 mai comme nous l'avons dit, ne fut porté à l'église que le 4 juillet suivant. Plus tard le bon prêtre exprimera lui-même son regret d'avoir été laissé, cinq semaines durant, sous le joug du démon à son entrée dans la vie.

Dès qu'il fut en âge de connaître et d'aimer, il trouva autour de lui une parenté vraiment intéressante et bénie de Dieu.

Ses aïeux paternels, Edme Varet et Joséphine Boudard, vivaient depuis 1811 dans la paix la plus parfaite à Cravant. Là, ils voyaient, avec une légitime fierté, leurs cinq fils grandir dans le travail et la probité, puis se tirer d'affaire, seuls, à leur honneur, et fonder de nouvelles familles. Leur joie la plus pure était de se voir revivre dans leurs petits enfants.

Du côté de sa mère, la parenté du futur chanoine était encore plus imposante.

Catherine Varet, sœur d'Edme le grand'père dont nous venons de parler, avait été, à l'âge de 19 ans, mariée à Claude-Gabriel Pichenot, honnête propriétaire de la petite localité de Nuits. On était alors aux plus mauvais jours de la révolution (1796). Les églises se trouvaient fermées et c'était dans le salon du notaire Augustin-Jean Caverot, père du futur cardinal de ce nom, que le vénérable prêtre non-assermenté M. Dupotet de Brevon, curé de Nuits, avait donné aux fiancés la bénédiction nuptiale. Dieu avait béni lui-même cette union plus encore que celle du patriarche Jacob. Anne-Catherine avait eu le rare mérite de donner à son brave époux quinze enfants. Cinq d'entre eux, la plupart jumeaux, avaient eu hâte, il est vrai, de s'envoler au paradis dans tout l'éclat de leur innocence baptismale, à l'âge de quelques mois. Mais il restait encore cinq garçons et cinq filles. Dieu, qui a des attentions toutes spéciales pour les familles nombreuses, protégeait visiblement la grande famille Pichenot. Les hommes, par leur bonne conduite, s'étaient créé des positions honorables. Le premier était avocat ; le second ingénieur civil ; le troisième était agriculteur ; le quatrième notaire ; enfin le plus jeune, Pierre-Anastase, était prêtre, et un prêtre distingué du clergé de Sens, qui devait être un jour évêque de Tarbes, puis archevêque de Chambéry.

Parmi les cinq filles, l'aînée, Marie-Anne-Catherine, devient l'aïeule maternelle de M. l'abbé Juste, actuellement aumônier de l'Hôtel-Dieu de Sens, et de M. l'abbé Duchesnay, prêtre du diocèse de Paris. Une autre, Marie-Laurence, dont le nom se retrouvera plus d'une fois sous notre plume, était en train de consacrer quarante années de sa vie à diriger la maison de son vénéré frère, Elle était pour lors à Sens, en attendant qu'elle le suivît à Tarbes et à Chambéry [1].

Tels étaient les parents qui allaient s'intéresser aux destinées futures du jeune Louis. Celui-ci ne fut pas longtemps seul au foyer paternel. En 1844, la Providence lui envoya un petit frère, qui fut appelé Alexandre.

Les deux enfants, qui devaient s'aimer si tendrement toute leur vie, se montrèrent, en grandissant, d'un caractère diamétralement opposé. Tandis qu'Alexandre, vif et ardent au jeu, trompait la vigilance maternelle et s'esquivait souvent dans la rue ou sur la place, Louis évitait la compagnie bruyante de ses petits camarades. Il ne se plaisait nulle part qu'auprès de sa mère, lui obéissant au moindre signe, la questionnant sans cesse, lui rendant avec grâce les petits services demandés, et montrant en toutes choses une intelligence au-dessus de son âge.

1. Voici par ordre de naissance, la liste complète des enfants d'Edme Varet et de Joséphine Boudard, de Cravant : — Jean-Edme-Athanase, 1812 ; — Louis, 1815 ; — Philibert-Gabriel, 1821 ; — Pierre, 1822 : — Isidore, 1833.
Enfants de Claude-Gabriel Pichenot et de Catherine Varet, de Nuits, (les caractères italiques indiquent ceux qui sont morts en bas-âge) : — Jean-Baptiste-Alexandre, 1798 ; — Philibert-Jean-Gabriel, 1799 ; — *Claude-François-Alexandre*, 1800 ; — Marie-Anne-Catherine, 1802 ; — Louis-Alexandre, 1803 ; — *Guillaume-Bernard* et Marie-Laurence, jumeaux, 1806 ; — *Marie-Jeanne-Caroline*, 1808 ; — Edme-Louis-Sébastien, 1810 ; — *Anne-Marguerite*, 1811 : — Anne-Gabrielle et *Agathe-Catherine*, jumelles, 1813 ; — Louise-Catherine, 1814 : — Pierre-Anastase, 1816 ; — Henriette-Louise, 1823.

Il était adoré de toute la famille, mais nul ne l'aimait autant que son grand-père Varet, qui avait toujours des mots charmants à lui dire, des histoires du bon vieux temps à lui raconter, des expressions figurées à lui faire deviner.

Cet enfant, beau comme un chérubin, on ne se lassait pas de l'admirer, avec sa bonne figure épanouie, ses joues roses, ses cheveux naturellement frisés, son air doux et caressant : un vrai Louis de Gonzague, sous la protection duquel il avait été placé le jour de son baptême. On ne trouvait guère à lui reprocher qu'une excessive timidité qu'il tenait de sa mère, et dont il devait garder quelque chose toute sa vie.

Sa mère, oh ! combien il l'aimait. Mais aussi comme elle le lui rendait ! Un mot, un sourire de celle-ci suffisait pour apaiser les petits chagrins ou sécher les larmes de l'enfant : mais le sourire de l'enfant ne parvenait pas toujours à mettre un terme aux appréhensions continuelles de la mère, dont le cœur trop sensible fit, toute sa vie, son propre tourment.

Louis avait huit ans, lorsqu'il vit pour la première fois couler les larmes de sa mère. Mme Varet venait de recevoir la nouvelle de la mort de papa Pichenot, décédé à Nuits, de la mort des justes, le 8 août 1849, dans la 73e année de son âge. A son tour, inconsolable du départ de son mari, la maman Pichenot le suivait quelques années après dans la tombe (25 mai 1855).

A chacun de ces deuils, le cœur si tendre et si bon de Louis sentit le contre-coup de la douleur de sa mère, et redoubla de caresses et de dévouement pour la lui faire oublier.

Docile comme il l'était, obéissant à son instituteur, buvant pour ainsi dire avec délices à la coupe parfois amère des premiers enseignements du maître, aimant la doctrine chrétienne et les pratiques religieuses, il fut, à l'école primaire de Cravant, un aimable camarade et un modèle pour toute la classe.

Louis ambitionna bientôt le bonheur de servir à l'autel. Tout ce qui concernait les offices paroissiaux, l'église, le chant, les cloches, l'intéressait au plus haut point. La piété qu'il mettait à remplir les fonctions d'enfant de chœur faisait assez voir qu'il en comprenait toute la dignité.

A onze ans, il fut jugé capable et digne de faire avec fruit sa première communion. Avec quelle angélique piété, rien ne nous l'apprend ; mais ceux qui ont connu sa dévotion constante à la divine Eucharistie, ou qui l'ont vu et entendu préparer les enfants à ce plus beau jour de leur vie, les attendrir jusqu'aux larmes, pleurer avec eux, n'auront pas de peine à croire que les sentiments qu'il faisait passer dans leurs jeunes cœurs n'étaient autres que ceux qui avaient rempli le sien au jour de sa première communion. Ce fut le 10 juin 1852, des mains du vénérable curé, M. l'abbé Nicole, qu'il reçut son Dieu pour la première fois. L'affection qu'il portait à ce bon prêtre fut pour l'enfant une seconde grâce qui, merveilleusement développée dans son âme candide et pure, confirma le désir qu'il nourrissait déjà de devenir prêtre lui-même. Les encouragements de sa mère et de son oncle, alors curé de Saint-Pierre de Sens, firent le reste, et l'année suivante il prit ses premières leçons de latin.

Dès lors il eut souvent à supporter les moqueries de certains jeunes gens, qui l'honoraient déjà, par anticipation, de ces cris stupides qu'en certains pays par trop civilisés, on lance parfois aux ecclésiastiques lorsqu'on est sûr de ne pas être riposté. Le jeune Louis, sans rien perdre de son calme, se contentait de hausser les épaules et de prendre en pitié ses insulteurs ; faisant ainsi acte de courage et de sagesse.

CHAPITRE II.

**Comment le jeune Louis fut mis en pension à Auxerre ;
et y remporta les premières places.**

En octobre 1854, Louis était envoyé à Auxerre pour y faire sa septième, à l'Institution de l'abbé Carré, d'où il allait prendre des leçons au collège de la ville. Les notes trimestrielles de ses maîtres, conservées avec soin par les parents, nous montrent en lui un élève modèle. On y lit ces beaux témoignages : « Travail toujours très soutenu, application constante et réfléchie, conduite excellente, très grande docilité, obéissance parfaite. Devoirs religieux remplis avec une grande exactitude et un très grand respect. »

Ses premières lettres à sa famille sont charmantes de simplicité et de naïveté. Il prie le bon Dieu pour que son frère « ne devienne pas méchant [1] ». Il recommande à Alexandre de bien écouter M. l'Instituteur, de fuir les paresseux qui pourraient bien l'entraîner par leurs mauvais exemples, de ne pas faire d'espiègleries. — « Gardez-le auprès de vous le dimanche et le jeudi, ajoute-t-il, car il pourrait se faire du mal, glisser dans la rivière, monter sur les arbres et

---

1. Lettre du 18 oct. 1854.

tomber. Je pleure quand je pense à ce pauvre enfant... [1] ».

Déjà, on le voit, le jeune Louis se faisait, de loin comme de près, l'ange gardien de son frère. Un jour il apprend que celui-ci s'est gravement querellé avec un de ses camarades. « Tu me dis, écrit-il à sa mère, qu'Alexandre s'est battu. Il faut qu'il soit sage, qu'il apprenne bien, qu'il ne soit point paresseux. S'il apprenait bien sa *Morale*, il verrait que le petit enfant qui est méchant et paresseux est toujours pauvre. Je prie M. Quillant de le mettre en retenue s'il n'est pas sage en classe... »

Mais la maman aussi aura son affaire. « Il faudrait, ajoute-il, que tu le corriges un peu plus que tu ne le fais. Tu le gâtes trop. »

Voilà de la bouche d'un jeune écolier, un conseil d'or qui aujourd'hui surtout serait utile à plus d'une mère.

Louis éprouve déjà une vive compassion pour les orphelins. « J'ai vu Quentin l'autre jour en allant à la messe, écrit-il ; il s'amusait sur la place, il m'a souri, mais il est maigre ; on voit bien qu'il n'a plus de mère. N'avoir plus de mère, que c'est malheureux ! Aussi je prie bien le bon Dieu de me conserver la mienne [2]. »

Dans une lettre datée du « jour le plus court de l'année », il dit que sa montre « va assez bien », et qu'à l'aide du calendrier de son « livre

1. Lettre du 26 nov. 1854. — 2. Du 13 décembre 1854.

de messe », il compte les jours qui le séparent du congé du nouvel an, où il ira voir sa maman. Puis, se servant d'une expression chère à son grand-père pour désigner le vin vieux : — « C'est ce coup-là, ajoute-t-il, que je boirai l'encre avec grand-papa : je n'en bois pas ici. » Et en un Post-Scriptum tout militaire : « J'irai à pied, s'écrie-t-il, comme un soldat qui revient de prendre Sébastopol [2]. »

Dans ces commencements, un mois d'absence était chose terrible et pour la mère et pour le fils. Les larmes coulaient facilement de part et d'autre. On s'écrivait deux fois la semaine, et le pensionnaire se donnait du courage au moyen de considérations telles que celle-ci : « Patience ! patience ! il n'y a plus que sept jours ! » Mais c'était encore trop long ; et le tendre enfant ajoutait : « Je te le répète, viens me voir si tu peux, car le temps me durerait trop [3]. »

Enfin le nouvel an arriva, et avec lui trois jours de congé.

Mais s'il est agréable à un enfant de revoir la maison paternelle, il ne le lui est pas autant de reprendre le chemin de la pension. De retour à Auxerre, il est encore tout ému d'avoir quitté sa chère maman. « Je n'ai pas pu m'empêcher, lui écrit-il le 6 janvier 1855, de pleurer vendredi soir en détachant mes souliers, parce que c'était toi qui me les avais attachés le matin. » Mais, sa lettre

1. Lettre du 21 déc. — 2. Ibid.

à peine partie, il se demande si ce détail n'est pas de nature à contrister sa mère, et se promet bien de se montrer plus viril une autre fois. Il tient parole dans la lettre suivante :

« Tu me dis que tu as pleuré lundi. Je ne peux pas croire cela. Il faut que tu sois bien bonne pour t'amuser à pleurer... Tu diras de ma part au monde qui t'entoure de se moquer de toi lorsque tu pleureras. Moi je ne pleure pas, tu ne t'imagines pas comme je suis gai [1]. »

Autant il évite ce qui peut chagriner sa mère, autant il profite de toutes les circonstances pour lui procurer quelque plaisir. Il va même jusqu'à lui parler de ses progrès.

« On est content de moi au collège. J'ai été premier en orthographe, en arithmétique et en thème latin. »

« Le Recteur a fait un examen, il a été très content de moi...

« Le Principal hier m'a examiné sur l'histoire ; mais il n'a pas pu me prendre, et il m'a dit que si je voulais bien travailler, je passerais en sixième à Pâques...

« On a composé mardi dernier en histoire et en géographie. J'ai été premier. Voilà quatre fois que je suis premier sur six compositions ; c'est un grand bien pour moi [2]. »

« On a fait hier deux examens : on a été très content de moi, et le Principal m'a dit que je

1. Lettre du 25 mars 1855. — 2. Du 8 mars 1855.

ferais de très bonnes études. J'ai déjà eu au collège 6 *semel valeat alumno* [1]. »

Louis n'est pas encore au Petit-Séminaire et déjà il se fait l'apôtre de sa famille et de l'Eucharistie. A une lettre du dimanche des Rameaux 1855, nous trouvons les lignes suivantes sous ce titre : *Je fais part de ces bons conseils à Alexandre.*

« Mon cher ami, je sais que tu dois bientôt faire ta première communion. C'est bien, mais ce n'est pas tout : il faut la bien faire. Pour cela il faut t'y bien appliquer par la confession ; ce n'est pas une petite chose.... Pour bien faire la confession, il faut te bien accuser de tous tes péchés, et en avoir de la honte, car c'est la honte qui est la plus grande pénitence. Prépare-toi bien, car c'est un grand crime que de manger indignement le corps de Jésus-Christ. C'est le plus grand crime que l'on puisse commettre. O mon Dieu, faites que les péchés de mon frère lui soient pardonnés, vous qui êtes un Dieu Sauveur. Il croit, Seigneur : ôtez la faiblesse de sa foi. Seigneur, lavez-le de plus en plus des souillures du péché. Créez en lui un cœur pur... Traitez-le selon votre miséricorde.

— Je finis ma prière pour toi, mon bon Alexandre, n'oublies pas ces sages avis, et je suis ton tendre frère. »

A cette première communion, Louis ne fut pas présent : il en témoigne par lettres son regret. Mais la Providence lui fournit bientôt une com-

1. Lettre du 25 mai 1855.

pensation, en le faisant assister à une autre so
lennité de ce genre, célébrée à l'Institution Carré.
Il en fait cette description aussi naïve que pieuse :

« C'est aujourd'hui l'Ascension. Les cloches sonnent, et voilà que nos premiers communiants vont recevoir notre divin Sauveur dans l'Eucharistie. Quel heureux jour pour eux ! Quelle joie ! Vêtus d'une tunique neuve et d'un pantalon blanc, ils ont de petits chapelets à leurs bras innocents. Ils tiennent un cierge à la main, et sur deux rangs, ils vont à la messe de 7 heures recevoir leur Dieu pour la première fois... C'est M. Carré qui prêche en ce jour. »

Si les premières communions réjouissaient sa piété envers l'Eucharistie, les solennités de la Fête-Dieu étaient bien faites aussi pour inonder son cœur de joie.

Comme jusque-là il n'avait vu que la modeste cérémonie de son village, il communiqua à sa mère son admiration pour celle d'Auxerre :

« C'était hier la Fête-Dieu. Jamais je n'ai rien vu de si beau : 150 soldats marchaient de chaque côté du dais ; 30 séminaristes, habillés en curés, encensaient le Saint-Sacrement à tout instant ; 190 autres séminaristes marchaient sur deux rangs. Si tu avais vu les reposoirs, c'était joli [1]. »

Le modeste enfant ne soupçonnait pas alors qu'il verrait et souvent dirigerait quelque chose de plus beau dans sa belle carrière sacerdotale.

1. Du 11 juin 1855.

CHAPITRE III.

Comment le jeune Louis fut un brillant élève au Petit-Séminaire d'Auxerre, où il se fit déjà l'apôtre de sa famille.

Louis n'avait été placé à l'institution Carré que pour y suivre, pendant un an, un cours élémentaire de latin. Après les vacances de 1855, il entra au Petit-Séminaire.

Il s'y trouva mêlé à près de 200 élèves, et avait pour supérieur M. Millon. Le personnel enseignant et dirigeant se composait de prêtres choisis. Ils favorisèrent la piété du jeune Louis, qui en fit sa compagne assidue, parce qu'on lui avait dit, d'après saint Paul, que la piété est utile à tout.

La chapelle et les belles cérémonies de l'Eglise faisaient ses délices. Le soir de la Toussaint, il écrit à sa mère : « Je reviens de Vêpres, et à Vêpres je ne m'ennuie pas, car je suis occupé à regarder comme on célèbre bien l'office. Ce n'est plus comme à Cravant, je te l'assure. Quand tu voudras venir me voir, viens un dimanche, et tu entendras comment on chante ici. »

Ses bulletins ne sont pas moins bons au Petit-Séminaire qu'ils ne l'avaient été à la pension. On y trouve la mention suivante : « Bon caractère...

Caractère excellent ; dispositions à la piété. » Et un peu plus tard : « Piété très soutenue, qui ne se dément jamais. »

Ces témoignages ne cessent d'émailler ses notes semestrielles, tout le long de son Petit-Séminaire. Toujours et sur presque toutes les matières d'enseignement, il obtient les premières places.

A cette époque, dans le diocèse de Sens, le sacrement de confirmation n'était administré qu'à de rares intervalles.. Il n'était pas rare alors de voir des hommes et des femmes ne se présenter à la confirmation qu'après leur mariage. Louis fut confirmé à l'âge de 17 ans, six ans après sa première communion. C'était le 14 mai 1858, comme il nous l'apprend lui-même dans ses « Dates précieuses », sorte de calendrier destiné à lui rappeler les principaux anniversaires des plus beaux jours de sa vie.

Dès cette époque, ses lettres se ressentent à peine de la légèreté si ordinaire au jeune âge. Les pensées sont toujours sérieuses, calmes, utiles ; le style toujours aimable et correct, d'une orthographe irréprochable. On peut dire qu'après Dieu, il n'aima rien tant que sa mère. Il souffrait à la seule pensée que peut-être elle était dans la souffrance, par suite du chagrin de ne pas l'avoir auprès d'elle. Aussi cherche-t-il tous les moyens de lui faire accepter de bon cœur son absence. Il écrivait à son père :

« Je suis encore sous l'impression de la visite de

maman. Je sens que nous sommes faits l'un pour l'autre, et vous le sentez aussi, mes chers parents. Dieu nous a créés pour le servir et pour nous aimer... Oui, je le répète, mon frère et moi, nous sommes nés pour vous et vous l'êtes pour nous, mais le lieu de la réunion n'est pas ici-bas. Si nous avions plus de foi, si nous étions moins terrestres, nous ne refuserions pas de nous séparer pendant quelques années de notre vie, afin d'être réunis pour toujours en Dieu après la mort [1]. »

Ce conseil du jeune séminariste était d'autant plus opportun que Mme Varet devait, toute sa vie, en avoir un besoin de plus en plus grand : son fils étant destiné à résider à des distances beaucoup plus considérables que celle d'Auxerre à Cravant.

C'est au Petit-Séminaire que commence, pour le jeune aspirant à la cléricature, l'apprentissage de la vie. Là, au moyen d'une direction ferme, d'une puissante émulation et surtout du frottement des caractères, toujours si différents entre eux, on voit se développer chez l'adolescent la souplesse d'humeur, le bon sens pratique, le savoir-vivre, en un mot la virilité. Louis sut profiter de ces avantages. Le contact de tant de bons professeurs le transforma. Il écrit lui-même dès la première année, qu'il n'est plus aussi timide, aussi honteux. Lui qui, à Cravant, n'avait jamais pris part aux jeux bruyants de ses petits camarades, s'était mis, pour obéir au règlement et à

1. Lettre du 30 déc. 1859.

ses directeurs, à jouer, à se divertir comme les autres dans les récréations. Dès l'année précédente, à la pension, il avait appris le jeu de barres, et il s'y livrait avec ardeur, ainsi qu'aux autres divertissements.

« Figure-toi, écrit-il à Alexandre en 1860 [1], que M. Fenez nous a donné une composition d'histoire pour les jours de carnaval. Je crois que c'était pour nous empêcher de jouer une petite mascarade ; mais nous l'avons jouée malgré cela. Nous étions tous en bonnets de coton et en blouse blanche, à l'exception de G... qui était en bras de chemise, et qui, monté sur une feuillette, une bouteille à la main, n'a cessé de nous faire rire pendant l'affaire. Ce n'était pas une pièce, mais un charivari. »

Ces récits joyeux plaisaient à son frère, qui connaissait les personnages. Alexandre, en effet, avait fait une année d'étude avec eux ; mais la discipline était trop sérieuse pour son caractère indépendant ; il était retourné au pays, s'était mis en apprentissage chez M. R***, et en était venu malheureusement à négliger ses devoirs de religion. Louis en gémissait et ne manquait aucune occasion de lui rappeler qu'il faisait fausse route. Après lui avoir raconté le petit carnaval ci-dessus, il passe de l'agréable à l'utile, du plaisant au sévère, et continue ainsi :

« Je t'attends bientôt... et comme nous voici

1. Lettre du 14 février 1860.

entrés en carême, tu profiteras de l'occasion pour faire une petite visite au père Lalaye (son ancien confesseur). Nous désirons que tu fasses tes Pâques. Tu les feras, j'en suis sûr, parce que tu ne voudras pas laisser papa les faire seul. Ne t'inquiète pas si M. R*** ne les fait pas, tu ne seras pas toujours chez lui; il faut t'habituer à être libre, sans jamais te laisser influencer par qui que ce soit. Jusqu'ici on n'a rien à te reprocher sur ce point [1]. »

L'insinuation du jeune apôtre était habile : c'était du même coup rappeler à son père que lui-même avait à remplir un devoir auquel, vu son indifférence, il ne tenait pas beaucoup. Son argumentation eut son plein effet, comme nous le voyons par une lettre du 1er avril suivant.

« Ce qui m'a fait le plus de plaisir, écrit-il à sa mère, c'est d'apprendre que vous deviez tous trois faire vos pâques le lendemain. Je n'attendais pas moins de papa qui n'a pas rougi de se faire confirmer l'an dernier. C'est très bien, je n'ai qu'à vous complimenter tous, car la pratique de la religion est le seul moyen d'être heureux.

« Alexandre s'est très bien conduit, en adoptant de travailler à Cravant, tantôt à ses études, tantôt à la forge. Seulement il faudra que vous lui permettiez de venir assez souvent nous voir... Vous comprenez qu'Alexandre, n'ayant que 16 ans, a besoin de se distraire, et comme il ne

1. Lettre du 14 février 1860.

paraît pas vouloir fréquenter les jeunes gens mauvais, il faut qu'il trouve ailleurs un divertissement. Il le trouvera en travaillant son latin, et surtout en venant nous voir. »

De cette pressante invitation le jeune séminariste attendait un autre fruit plus précieux encore pour son bien-aimé frère : la fréquentation plus facile des sacrements. Il ne le dissimule pas. « Avant tout, continue-t-il, il faut que comme tous les autres Alexandre fasse son salut, et il ne le peut à son âge, qu'autant qu'il verra son confesseur. »

Un autre jour il écrivait à son frère lui-même : « Conduis-toi toujours bien : c'est le seul moyen de payer les sacrifices qu'on s'impose pour toi et pour moi. Je t'envoie ma grammaire grecque, avec des « Petites Lectures ». Adieu, tu viendras après Pâques sans faute. Sois toujours bien raisonnable. »

C'était surtout à l'occasion du renouvellement de l'année qu'il se faisait, tous les ans, le bon ange de sa famille. Ce modeste séminariste trouvait dans son propre cœur et dans son esprit de piété des conseils que ne désavoueraient pas les prêtres qui ont blanchi dans la direction des âmes.

A son père et à sa mère il écrit :

« Comme les parents ne s'ennuient pas d'entendre ceux qu'ils aiment, je n'hésite pas à vous répéter ce que je vous ai déjà dit dans mes lettres... Je ne vous souhaite ni les richesses, ni les plaisirs : que Dieu nous conserve l'heureuse aisance dans laquelle nous vivons. Je vous souhaite une vie chrétienne, mais sincèrement chrétienne : c'est le plus grand de tous les trésors. Quand on le possède, on peut dire qu'on est riche. En effet, mes chers parents, quand on y pense bien, qu'est-ce que la richesse terrestre ? Rien du tout. On ne l'emporte pas dans l'autre monde, tandis que le trésor que je vous souhaite ne vous quittera jamais, ni dans la vie, ni dans la mort. Vivez donc chrétiennement... et Dieu nous bénira tous quatre. Peut-on rien désirer de meilleur ? [1] »

Une autre fois il insiste sur l'esprit chrétien qui doit animer la famille :

« Qu'y a-t-il de plus beau qu'une famille chrétienne où le père et la mère donnent l'exemple, et font le bonheur de leurs enfants ? Ceux-ci, à leur tour, marchent sur les traces de leurs parents et leur procurent mille consolations. N'en avez-vous pas l'expérience ? Et n'est-ce pas là le bonheur, autant qu'il peut exister ici-bas ?... Que Dieu donne à d'autres les honneurs et les richesses : pour nous, ne lui demandons que la santé de l'âme et du corps, une modeste aisance, l'union dans notre famille et la grâce de nous aimer tous quatre en lui seul... »

Le souvenir de son parent l'abbé Pichenot de Sens revient souvent sous sa plume ; il lui envoie

1. Lettre du 31 décembre 1860.

des salutations affectueuses par sa mère, et lui écrit au premier jour de l'an. Mais vint un jour où les saluts écrits ne suffirent plus au bon cœur du digne prêtre :

« Mon oncle l'abbé nous a envoyé sa lettre ; il regrette que la poste ne veuille plus se charger de ses petites étrennes, et dit qu'il nous les enverra à la première occasion. Il ajoute que nous ne devons pas penser à lui seulement au jour de l'an, mais encore pendant les vacances, et qu'il faut absolument que nous allions le voir. »

Louis fut fidèle à cette recommandation. Tous les ans, avec son frère, il passera désormais un quartier de ses vacances à Sens, chez son oncle, où il trouvera en même temps sa tante Laurence. Là, il pouvait contempler à loisir cette merveilleuse cathédrale, dont son oncle était devenu l'archiprêtre depuis 1853, et les belles cérémonies qui s'y accomplissaient.

A la rentrée d'octobre 1859 au Petit-Séminaire d'Auxerre, il reçut à la fois la charge de réglementaire et celle de maître des cérémonies.

Dès cette époque, ses supérieurs voyaient se développer en lui le zèle du salut des âmes. Du Petit-Séminaire, il adressait à son frère Alexandre et à son grand-père des livres où le sérieux se mêlait à l'agréable pour occuper chrétiennement leurs loisirs. Ayant appris, un jour, qu'Alexandre commençait à aller à la chasse, et que pour ses premières armes il avait tué un renard : « Je suis très content de tes goûts, lui écrit-il. La chasse est un innocent plaisir ; j'aime mieux te voir le soir à la carrière un fusil au bras, l'œil au guet, que de te voir dans les rues. D'ailleurs je sais que tu t'es toujours bien conduit, et que tu n'as pas envie de fréquenter les jeunes gens mauvais. Laisse-les ; ils n'ont aucune éducation. Montre-leur que la bonne conduite et la jeunesse vont très bien ensemble. »

Sa famille n'était pas le seul champ où Louis s'exerçait à l'apostolat. Il s'initiait aussi dès cette époque à la visite et au soulagement des pauvres. La Société de Saint-Vincent de Paul avait une conférence au Petit-Séminaire d'Auxerre. Louis Varet en fut une année le Président. Il signait et délivrait les bons de pain. La conférence comprenait dix-huit visiteurs qui devaient se rendre deux à deux chez les indigents ou les pauvres honteux, pour les encourager et les secourir. Il préludait ainsi à une œuvre de zèle qui devait être plus tard sa plus chère préoccupation, surtout à Chambéry.

CHAPITRE IV.

Comment le cher Louis, à peine entré au Grand-Séminaire de Sens, s'initia aux œuvres de zèle.

CE fut un beau jour pour Louis que celui où, dans la sainte ardeur de ses 19 ans, il entra au Grand-Séminaire de Sens (octobre 1861).

A la vérité, par sa position géographique, Sens l'éloignait davantage de sa bonne mère : mais le jeune séminariste fit avec joie ce sacrifice, auquel d'ailleurs la Providence apportait une compensation, en le rapprochant d'un oncle dont le voisinage lui serait à la fois doux et avantageux.

Madame Varet était une femme généreuse et chrétienne, mais, nous l'avons dit, craintive, sensible, inquiète à l'excès. Elle ne rêvait que ses deux fils ; et lorsque l'un ou l'autre était absent, son amour maternel surexcité par une imagination vive, se le représentait dans la peine, le besoin ou la maladie. L'existence lui devenait alors insupportable.

Louis en avait fait l'expérience pendant les sept années qu'il avait passées à Auxerre ; aussi pour épargner de telles angoisses à une mère si bonne, s'imposera-t-il la lourde tâche de ne jamais passer huit jours sans lui écrire. Il fera, sous ce rapport, de vrais tours de force épistolaires. La première condition requise, comme l'on sait, pour bien écrire une lettre, est d'avoir quelque chose à dire. Or, le plus souvent, surtout dans cette vie toujours la même du séminaire, il ne trouvera rien qui mérite d'être raconté. Il écrira néanmoins, et ses lettres ne laisseront pas d'être intéressantes, du moins pour une mère. C'est grâce à cette correspondance, que nous pourrons suivre, en quelque sorte pas à pas, l'abbé Varet non seulement le long de son Grand-Séminaire, mais pendant plus des deux tiers de sa vie.

Il est à remarquer qu'à dater de son entrée au Grand-Séminaire, il cesse de tutoyer sa mère. Cet usage du tutoiement introduit chez les enfants les plus jeunes à l'égard de leurs parents ne lui paraissait pas respectueux.

Le jour de la rentrée, à peine installé, il se hâte de faire parvenir à Cravant les détails promis.

« Il était 6 heures du soir quand je suis arrivé, écrit-il. J'ai dîné et couché chez mon oncle, qui me témoigne beaucoup d'affection. Il m'a présenté à MM. les Supérieurs ; c'est lui qui m'a choisi un lit. Hier j'ai passé ma première nuit au Séminaire. Le changement d'habitude m'a paru drôle... Ne croyez pas que nous menons une vie triste ; je vous promets que l'on est bien gai. »

Le Grand-Séminaire de Sens était alors, comme aujourd'hui, dirigé par les prêtres de la Mission, ou Lazaristes, fondés par saint Vincent de Paul. Ceux qui ont eu le bonheur de vivre sous leur direction savent combien ils sont aptes à préparer les jeunes lévites à la réception des Saints Ordres.

A Auxerre, Louis n'avait porté la soutane que les jours de fêtes ; désormais il la portera chaque jour, et il envisagera cet honneur des yeux de la foi. « Ce n'est pas une petite affaire, avait-il écrit, que de prendre la soutane : c'est un engagement à mieux servir Dieu ; il faut y être fidèle, il y va de la vie et de l'éternité [1]. »

Quelques jours après la rentrée, l'abbé Varet donne à sa mère des détails que nous transcrivons en faveur de ceux qui n'ont point vu l'intérieur d'un Séminaire.

« Nous sommes en tout soixante séminaristes : et quand le dimanche nous sommes en surplis, c'est un coup d'œil très joli. Si le monde pouvait entrer dans notre chapelle, je crois que cette seule vue donnerait de la religion à ceux qui n'en ont pas.

« On est très bien ici sous tous les rapports, et ceux qui se figurent le Grand-Séminaire comme une maison où tout est triste, se trompent bien.

« On se lève à 5 heures ; on a une demi-heure pour faire sa toilette et sa chambre ; moi je fais le tout en un quart d'heure. De 5 heures et demie à 6 heures et demie, on est à genoux : c'est ce qu'il y a de plus fatigant, surtout les premiers jours ; mais une fois l'habitude prise, on n'y pense plus [2]. »

Aux yeux du jeune Varet, la Règle de la maison était chose sacrée. Aussi, dès les premiers

1. Lettre du 12 mai 1861. — 2. Du 26 octobre 1861.

jours sa résolution est prise de la garder à la lettre, et comme elle interdit les friandises, il se hâte d'en avertir sa mère.

« Quand vous m'enverrez une malle, lui écrit-il, il ne faudra y mettre ni fruits, ni noisettes, ni sucreries, car je ne pourrais pas y toucher ; c'est défendu. On est sévère là-dessus, et quand on me permet d'aller voir mon oncle, je ne puis ni boire, ni manger chez lui. »

Cet amour de la régularité, l'abbé Varet le conserva tout le temps de son Séminaire, et même toute sa vie. Il fut aussi un modèle d'application à l'étude, de piété, de douceur, d'affabilité. Chez lui aucune singularité, rien de dur ni d'austère. En récréation il savait rire et plaisanter. Plus d'une fois, dans ses lettres, on trouve la note gaie. Le saint jeune homme était un saint aimable, à qui ses condisciples se joignaient volontiers, assurés de trouver en lui un conseiller dont la sagesse avait devancé les années ; et toujours on se retirait sous la plus délicieuse impression.

Le Grand-Séminaire n'est pas seulement une maison d'étude, où le candidat au sacerdoce, sous la direction d'habiles professeurs est initié à la philosophie chrétienne, à la théologie, à l'Écriture Sainte, à l'éloquence de la chaire et aux autres branches de la science ecclésiastique. Les élèves y reçoivent aussi l'éducation morale, et celle-ci n'est pas la moins importante, car outre la science, le prêtre doit avoir aussi la piété, le dévouement, la pratique des œuvres de zèle et beaucoup d'autres vertus nécessaires au bon accomplissement de son ministère. Les jeunes cleres s'initient à tout cela dans les courtes années du Séminaire, en se rendant service les uns aux autres.

Au cours de sa première année de Grand-Séminaire, le jeune abbé Varet fut adjoint à l'infirmier pour l'aider dans ses fonctions. « Il y a, écrit-il à ses parents, un malade à l'infirmerie. Mercredi nous lui avons mis les sangsues et au moins sept ou huit cataplasmes. Ces vacances, si vous êtes malade l'un ou l'autre, je saurai vous soigner [1]. »

Il paraît qu'il montra au Séminaire, dans ces premiers mois d'essai, une véritable aptitude pour le soin des malades, car, son cours de philosophie terminé, c'est-à-dire à la rentrée de 1862, ses supérieurs le nommèrent infirmier en chef. Il reçut de bon cœur cette charge, qui allait le former à l'un des exercices les plus méritoires de la charité.

Il sera aux petits soins auprès de ses condisciples envoyés à l'infirmerie ; et lorsque personne ne se présentera, son zèle trouvera un aliment hors du séminaire. « M. l'abbé G... en ville a été bien malade, écrit-il. Je suis allé le veiller une nuit. Je lui ai mis 16 sangsues, 8 sur les reins et 8 à la gorge, et il a fallu les faire saigner pendant dix heures. J'étais bien fatigué, maintenant je suis remis et tout prêt à recommencer [2]. »

Ses supérieurs furent si contents de son service que l'année suivante, à la rentrée, ils le confirmèrent dans sa charge, ce qu'ils firent d'ailleurs

1. Lettre du mois de mai 1862. — 2. Du 12 juin 1863.

d'année en année jusqu'à son diaconat. Connaissant son intelligence peu ordinaire, sa facilité à comprendre et à retenir les sciences sacrées, ces sages directeurs n'avaient pas à craindre que cette charge portât préjudice à son cours d'études. De son côté, ce fils d'obéissance ne fit pas entendre un mot de plainte : « Je continue, écrit-il avec simplicité, mon office d'infirmier ; ces deux jours-ci. je n'ai fait que balayer et laver, tout était dans un état déplorable [1]. »

Bientôt il écrit à sa mère : « Je ne m'ennuie pas ici, je trouve que le temps passe très vite, et cela tient à ce que je suis très occupé à l'infirmerie. En ce moment, j'ai pour malade un de MM. nos directeurs, un italien. Il a un rhumatisme dans le dos, je lui ai mis aujourd'hui un cataplasme à la moutarde. Il me parle souvent de sa famille qui demeure fort loin d'ici. Je lui suis très attaché ; le matin je lui porte du chocolat avec du café noir, comme vous m'en faisiez à Cravant, et je vous assure qu'il aime bien cela [2]. »

Un mois après, il prie Alexandre de lui envoyer de Cravant quatre petits tableaux qui sont dans le petit cabinet où il couchait. « C'est, dit-il, pour orner ma petite chambre de l'infirmerie » ; et il ajoute en riant : « Le métier ne marche pas ; aucun malade à soigner. Par un si beau temps, tout le monde se porte bien [3]. »

Non seulement les malades, mais les affligés

1. Lettre du 8 octobre 1863. — 1. Du 15 novembre 1863. — 3. Du 23 décembre 1863.

demandaient la permission d'aller trouver l'abbé Varet à son infirmerie ; assurés d'en recevoir une parole de consolation. « Le séminariste de Lucy qui venait me voir pendant les vacances, et qui avait les cheveux blancs, écrit-il à sa mère, vient de perdre une de ses sœurs ; elle est morte la semaine dernière de la petite vérole, elle avait 21 ans. Il est bien désolé, il est en presque malade ; il vient à l'infirmerie pour se désennuyer. Je n'ai pas de malades en ce moment, mais il y a beaucoup de rhumes, de façon que j'ai beaucoup de tisanes à faire : tisane à la guimauve, à la bourrache, etc... Voilà la moitié d'un pain de sucre qui y passe depuis huit jours [1]. »

Le travail n'arrivait jamais à la hauteur de son dévouement : le soin des malades était pour lui un besoin, et il souffrait de rester inactif. Aussi fut-il tout heureux, lorsque après la rentrée de 1864, ses supérieurs le chargèrent d'une mission exceptionnelle qu'il raconte ainsi à sa mère :

« Je suis toujours bien tranquille à l'infirmerie ; cette année le commerce ne va pas, nous n'avons pas de malades. En compensation on m'a envoyé soigner un prêtre malade en ville. J'y suis allé depuis les premiers jours de la rentrée, autour du 10 octobre, jusqu'au 1er dimanche de l'Avent (27 novembre) jour où ce monsieur est mort. J'y allais deux fois par jour, accompagné de M. B***.

« Ce prêtre avait une maladie affreuse, la gangrène au pied et sur les reins ; il fallait le laver

---

1. Lettre du 13 janvier 1864.

tous les jours comme un enfant. Je n'avais jamais vu une si horrible maladie. Il avait toute la jambe gangrenée, on lui a ôté un soir les doigts du pied ; cela ne m'a rien fait ; au contraire, j'aimais bien y aller, j'y ai appris bien des petites choses concernant le soin des malades, pour les changer de lit, etc.

« Ce monsieur est mort le 1er dimanche de l'Avent à midi. J'étais là avec une religieuse ; je le tenais par la main et je ne me suis pas aperçu de son dernier soupir, tant il est mort doucement. Dans son testament il m'a donné un crucifix magnifique en bronze, de 70 francs [1]. »

Ces détails destinés à intéresser madame Varet ne firent que l'effrayer. Comment son fils, après une corvée aussi repoussante, n'était-il pas à bout de forces et de santé ? Elle garda cette crainte plusieurs mois ; elle la communiquait à son entourage, il fallait souvent la rassurer, et l'abbé répondait simplement à tous : « Je me hâte de vous tranquilliser, maman surtout. Je ne suis pas malade et je n'ai pas envie de l'être ; au contraire, je soigne les autres, puisque en ce moment j'ai à l'infirmerie quatre ou cinq malades, mais peu sérieux [2]. »

L'infirmerie n'était pas le seul théâtre sur lequel le jeune abbé s'exerçait à rendre service et à édifier. Les promenades lui en fournissaient parfois l'occasion.

« Hier, raconte-t-il à son frère Alexandre, nous

1. Lettre du 19 décembre 1864. — 2. Du 18 janvier 1865.

avons fait une promenade du côté de Soucy. Nous étions trois. Nous sommes allés dans le bois manger des fraises pour nous désaltérer, mais la soif augmentant, il a fallu entrer dans une très modeste maison pour demander un peu d'eau. Il y avait là une pauvre femme, mère de six enfants, elle nous a offert de l'eau, mais elle n'avait qu'un verre, avec lequel nous avons puisé l'un après l'autre dans son baquet. Cette bonne femme était toute émerveillée de voir des curés si peu fiers. Nous avons donné des médailles à ses enfants et nous les avons quittés. Ils paraissaient heureux d'avoir parlé avec nous.

« Comme nous descendions le chemin qui mène à Saint-Clément, nous avons rencontré un homme conduisant une voiture à deux chevaux, qui s'étaient empêtrés dans une ornière, de façon à ne pouvoir plus ni avancer, ni reculer. Nous nous mîmes tous trois à l'ouvrage : l'un prit un cheval par la bride, les autres poussèrent à la roue, et le pauvre homme put sortir de son mauvais pas. Si tu l'avais entendu nous remercier ! c'était touchant [1]. »

Des services de ce genre et qui ne coûtent rien sont faciles à rendre ; mais quand il s'agit de se dépouiller soi-même, plus d'un séminariste ne le pourrait pas. L'abbé Varet n'y regardait pas de si près.

« Nous avons reçu au Séminaire, le jour de Noël, un prêtre polonais, qui s'est enfui pour

1. Lettre du 12 juin 1863.

échapper à la persécution des Russes. Il était à peine vêtu d'une méchante soutane, il portait sur les mains et le visage d'énormes cicatrices des blessures qu'il avait reçues des Russes. Je lui ai donné mon gilet de coton ; j'en acheterai un autre mercredi [1]. »

On était au milieu de l'hiver 1864-1865. C'était bien, en effet, l'époque où la Russie schismatique s'acharnait avec le plus de violence sur la malheureuse Pologne dont elle voulait abolir la nationalité et surtout le catholicisme. Moins clément que son auguste petit-fils actuellement régnant et si favorable à la paix religieuse, Alexandre II, « le potentat du Nord, » comme l'appelait Pie IX, imposait à la Pologne la langue russe, défendait de construire des églises catholiques, massacrait les prêtres, supprimait les couvents et persécutait ou exilait les évêques qu'il ne pouvait asservir. Un grand nombre de prêtres vinrent se réfugier en France. L'abbé Varet voyait avec compassion ceux qui étaient logés au Grand-Séminaire. Citons encore :

« Tenez, — écrit-il à sa mère, — pour varier un peu, je vais vous parler de deux jeunes prêtres polonais que la Révolution a chassés de leur pays, et qui nous sont arrivés mercredi. Ils ne savent pas un mot de français, ce qui est assez embarrassant. On les loge à l'infirmerie, de sorte que je suis leur interprète. Je les conduis partout, à table, au dortoir, etc. Le malheur a frappé ces

1. Lettre du 31 décembre 1864.

jeunes prêtres. Ils ont 25 ans ; ils ne savent où sont leurs parents : leurs parents ne savent où ils sont, et malgré cela ils sont assez gais. Je me mets à leur place et je me figure que je suis exilé à 300 lieues d'ici ; c'est pour le coup, chère mère, que vous en perdriez la tête !... Les Autrichiens les ont tenus en prison pendant un an ; de là ils sont venus en France comme ils ont pu. On va les garder ici le plus longtemps possible, et nous tâcherons de leur faire oublier leurs malheurs. »

Le charitable élève ne dit pas ce qu'il a déjà fait dans ce but ; mais il est facile de le deviner quelques lignes plus bas, où il dit d'une manière très adroite : « En venant le lundi de Pâques, apportez-moi deux ou trois chemises pour l'été [1] », se gardant bien d'ajouter que c'est pour remplacer celles qui sont devenues polonaises.

1. Lettre du 24 mars 1865

CHAPITRE V.

**Comment le jeune séminariste s'occupait des enfants,
des églises pauvres et des âmes,
et combien il s'édifiait de son oncle curé à Sens.**

En s'initiant aux œuvres de miséricorde corporelles, l'abbé Varet n'omettait pas les spirituelles.

En 1862, à peine arrivé chez ses parents pour ses premières vacances, il sollicita de son curé la faveur d'enseigner les éléments de la doctrine chrétienne aux enfants de la paroisse. Le tact, la prudence et la capacité de son séminariste lui étant depuis longtemps connus, le bon curé accueillit sa demande avec bonheur, et dès le quatrième jour de ses vacances, l'abbé Varet pouvait écrire à son frère qu'il avait déjà fait le catéchisme deux fois.

Le jeune séminariste reprendra ce même ministère aux vacances suivantes. Il écrivait dès avant la sortie au même curé de Cravant, M. Gally :

« Dans deux mois, s'il plaît à Dieu, j'irai vous revoir et m'édifier auprès de vous. Je vous demande d'avance la permission de continuer le petit catéchisme que vous avez eu la bonté de me laisser faire ; et même je vous demanderai la permission d'aller le faire aux petits de Cheuilly :

toujours en me conformant à votre bon plaisir [1]. »

Déjà à cette époque, le pieux séminariste pouvait dire en toute vérité avec le psalmiste : « Seigneur, j'aime la beauté de votre sanctuaire » ; et il se faisait volontiers l'avocat des églises pauvres auprès de son oncle, à Sens.

« A propos de Cheuilly, écrit-il à M. le curé de Cravant, j'en ai encore parlé il y a huit jours à mon oncle. L'œuvre des tabernacles étant aujourd'hui sans ornements, il faudra que vous attendiez jusqu'à l'année prochaine : mais votre cause est en bonnes mains. La pauvreté de Cheuilly et la protection de M. le Grand Vicaire vous seront favorables... Ainsi donc, patience. J'espère que le zèle que vous avez déployé pour cette paroisse sera justement récompensé, et que ces pauvres habitants, redevables à votre pieuse activité de l'érection de leur pauvre chapelle en succursale, auront aussi à vous remercier du soin que vous aurez mis à l'orner [2]. »

Deux ans après il plaide encore la cause de cette même église : « Je pense sortir demain dimanche après dîner, écrit-il à sa mère,... je ferai tout mon possible pour obtenir de madame Julliot (directrice de l'œuvre des Tabernacles) un saint ciboire, un ostensoir et des vases aux saintes huiles pour Cheuilly, moyennant la somme réduite que M. Gally veut bien offrir [3]. »

1. Lettre du 5 mai 1863. — 2. Du 5 mai 1863. — 3. Du 2 décembre 1865.

Les églises, il les aimait et son cœur de jeune lévite saignait de les voir désertes le dimanche dans un trop grand nombre de paroisses, à commencer par la sienne. Ses lettres renferment d'assez fréquentes allusions à cette triste preuve d'indifférence. Tantôt, en recommandant à sa mère de se vêtir chaudement pour aller aux offices, il ajoute ; « L'église de Cravant est très froide en hiver et ce n'est pas l'affluence des paroissiens qui la réchauffera. » Tantôt, donnant à un ami intime, jeune vicaire, des nouvelles de deux prêtres, il écrit : « J'ai vu M. C..., il est dégoûté de sa nouvelle paroisse, où l'on ne fait aucune différence entre un jour de fête et un jour de travail. — M. L... tient bien son église ; on lui a donné de beaux ornements, des tapis, des fleurs ; mais avec tout cela, il n'avait, le jour de Noël, que six personnes bien comptées, ni plus, ni moins [1]. »

Aussi quand on prêchait une mission quelque part, il y avait beaucoup à faire et peu à espérer. « On nous a parlé de deux missions, écrit-il à Alexandre. M. B... a fait, paraît-il, des prodiges à Vermenton, trente hommes y ont fait leur première communion, et quatre-vingt-dix leurs Pâques [2]. »

Son frère et son père eux-mêmes le contristaient bien un peu, et même beaucoup, à cette époque, par leur insouciance religieuse. Craignant d'être montrés du doigt par les gens du pays, ils s'abstenaient de communier à Pâques. Le jeune abbé

1. Lettre du 2 février 1864. — 2. Du 15 juillet 186... ?

se montrait alors, plus que jamais, l'ange de sa famille, en leur rappelant le précepte de l'E-glise : « Voici Pâques qui approche, leur écrit-il. Préparez-vous à vos devoirs. N'abandonnez pas Dieu, si nous ne voulons pas qu'il nous abandonne [1]. »

« Avez-vous eu quelques conversions dans votre paroisse ? demande-t-il à un vicaire. Avez-vous pu y faire les offices de la Semaine-Sainte ? Et à Cravant, comment tout cela s'est-il passé ? Mon père a-t-il fait ses Pâques ? Je ne parle pas d'Alexandre : à moins que vous ne l'ayez converti [2]. »

Mme Varet — qui était une fervente chrétienne, et que notre abbé nous représente « visitant toutes les églises de Sens, assistant à tous les sermons et à toutes les messes, étant ainsi à son article, » — Mme Varet ne gémissait pas moins sur cette déplorable négligence. Elle s'en plaignait à son cher Louis, dont la sage réponse peut encore servir à tempérer le zèle outré de bien des mères en pareil cas :

« Vous me dites qu'Alexandre n'a pas fait ses Pâques. Que voulez-vous ? Il ne faut pas lui en faire la grimace. Il faut avoir de la patience : on prend plus de mouches avec du miel qu'avec du vinaigre, et puis le sucre ne gâte jamais la sauce. Soyez donc toujours bien bonne pour lui. Quoiqu'il n'ait pas fait ses Pâques, il vous est bien attaché, et il a bon cœur [3]. »

Le grand-papa Varet, malgré son âge avancé

1. Lettre du 22 mars 1862. — 2. Du 5 avril 1866. — 3. Du 4 avril 1864.

n'offrait guère plus de consolations à son petit-fils. Celui-ci dans ses lettres ne manquait aucune occasion de glisser, à son adresse, une parole de salut.

« J'espère, écrivait-il le 26 octobre 1861, que le jour de la Toussaint, tout le monde ira à la messe, grand-papa en tête. »

Au retour de l'année, il risquait un petit sermon doux, mais parfois assez ferme, comme celui-ci au même grand-papa Varet :

« Voici encore une année de passée, dont il nous faudra rendre compte un jour. Nous vieillissons sans y penser et puis nous arrivons à la mort. Alors quelle surprise, si notre vie n'a pas été chrétienne ! Voilà, mon cher grand-papa, ce que je voudrais vous faire bien comprendre. Vous savez que je vous aime beaucoup et que je voudrais vous voir heureux. Vous devriez ne pas faire attention à tout ce qui se passe autour de vous ; laissez dire le monde. On se moquera peut-être de vous, mais sachez qu'on s'est moqué de Jésus-Christ avant vous. Et après tout, ceux qui se moqueraient de votre conduite chrétienne, il faudra bien qu'ils y passent à leur tour, et certainement Dieu ne les ménagera pas.

« Si nous étions persuadés que l'homme n'est pas fait pour la terre, nous ne penserions qu'à l'autre vie. Songez, mon cher grand-papa, que votre père, que votre mère vous attendent au ciel ; vos frères, votre sœur, tous vos ancêtres sont au ciel, parce que tous ils sont morts en chrétiens. C'est là que nous devons tous nous retrouver pour être heureux toujours.

« Si j'étais à Cravant je vous prêterais des livres pour lire, mais patience, j'y retournerai aux vacances, et nous ferons ensemble nos petites promenades. Nous irons causer avec le pauvre L... C... — Allez-le voir souvent, vous le consolerez. Soyez exact à aller à la messe le dimanche ; faites bien toutes vos prières, et résignez-vous à la situation que Dieu vous a faite [1]. »

Alexandre n'avait pas un moindre besoin d'encouragement à assister à la messe. Mais plus susceptible que le grand-papa, il eût repoussé le conseil si celui-ci n'eût été assaisonné de miel. L'abbé Varet le comprenait, et un jour que son frère lui donnait les meilleures nouvelles de sa chasse, l'occasion lui parut excellente.

« Naturellement, lui répond-il, je dois commencer ma lettre par des compliments. Tu n'es plus un chasseur conscrit, mais un maître chasseur. Je parierais bien que tu étais allé à la messe le dimanche précédent, et c'est ce qui t'a porté bonheur [2]. »

Les circonstances les plus imprévues lui suggéraient toujours quelques bonnes réflexions, propres à faire aimer la Religion. « Nous avons eu avant-hier la visite d'un évêque capucin... Jamais je n'avais vu un homme si robuste ; il a une voix de tonnerre. Seulement ce qui fait mal à voir, ce sont ses pieds nus par un temps si froid.

1. Lettre du 31 décembre 1862. — 2. Du 23 décembre 1863.

Si les gens de notre pays voyaient un homme comme ça, ils ne pourraient pas s'empêcher d'admirer la Religion qui inspire tant de courage [1]. »

Toutes ces lettres datées du Grand-Séminaire intéressaient d'autant plus Mme Varet, qu'elles lui apportaient fréquemment les petites nouvelles de son frère le futur archevêque, alors curé de la cathédrale de Sens.

Ceux qui ont connu et aimé Mgr Pichenot nous sauront gré d'avoir recueilli les fragments suivants, qu'il eût été dommage de laisser périr. Ce sont des détails minimes, il est vrai, mais comme il sont pris sur le vif, et racontés dans l'intimité de la famille par l'abbé Varet lui-même, ils nous ont paru propres à intéresser, sans s'écarter de notre sujet.

« Je suis allé aujourd'hui à la cathédrale. C'était mon tour de distribuer le pain bénit. J'en ai présenté à l'Archevêque et à mon oncle. C'est mon oncle qui a lu le mandement à la messe, et après cette lecture, il a dit que dorénavant, il voulait que tous ses paroissiens chantâssent à l'église : les dames, les pensionnaires, tout le monde. A vêpres on a commencé. C'était très gentil d'entendre toutes ces voix qui chantaient ensemble. Si cela continue, ce sera un moyen de faire venir le monde aux offices.

« La nuit de Noël, il y a eu dans la cathédrale trois messes en même temps. Mon oncle disait la sienne à l'autel de la Sainte-Vierge, qui était

1. Lettre du 26 novembre 1862.

éblouissante de clarté... ; il a donné la communion pendant près d'une demi-heure. Il y avait plus
de monde à sa messe qu'aux deux autres autels.

« Ce qui était encore plus beau, c'était le calice
et les burettes en vermeil de mon oncle, et la
chasuble toute parsemée d'or et d'argent dont on
lui a fait cadeau cette année [1]. »

Pendant l'été de 1862 eurent lieu à Rome,
comme tout le monde sait, les fêtes de la canonisation des vingt-six martyrs du Japon. — M. Pichenot fit à cette occasion le voyage de Rome, et son
neveu ne pouvait manquer d'en informer sa mère :

« Aujourd'hui, écrit-il le 16 mai, nous sommes
presque en fête. M. le Supérieur part pour Rome
avec Mgr l'Archevêque, et comme de juste, on
nous a donné un congé. Mon oncle est parti
mardi à 5 heures du matin. Il est déjà arrivé à
Marseille, où il attendra Mgr pour s'embarquer
avec lui lundi prochain. Ils seront près de trois
jours sur mer et arriveront à Rome mercredi dans
la journée. Je suis allé dimanche dire adieu à mon
oncle avec Alexandre. Il nous a dit qu'il nous
rapporterait un souvenir. On dit que les fêtes de
Rome seront magnifiques ; il y aura plus de 200
évêques et une multitude de prêtres. »

Alexandre séjournait alors à Sens, et les deux
frères avaient trouvé moyen d'échanger chaque
jour un sourire sans être obligés de se rendre au
parloir du Séminaire : « Tous les matins et tous
les soirs, Alexandre passe sous ma fenêtre ; au

1. Lettre du 29 déc. 1861.

4

moyen d'un signe convenu, je l'entends venir et nous nous disons bonjour et bonsoir. De cette façon il ne se passe pas de jour que je ne le voie. »

C'était une douce joie et en même temps un honneur pour notre séminariste, d'entendre ses professeurs et ses condisciples faire l'éloge de M. Pichenot, de ses vertus, de son talent oratoire. Son bonheur fut à son comble lorsqu'il apprit que l'Archevêque, Mgr Mellon Jolly, venait de le nommer vicaire général. Mais l'humble lévite ne se prévalait pas de l'avancement de son oncle auprès de ses condisciples ; il ne se pressa même pas d'en informer sa famille, attendant pour cela l'occasion de la nouvelle année. Le 31 décembre 1862, après avoir parlé d'autres choses, il ajoute :

« Mon oncle est décidément nommé grand-vicaire. Il a été installé il y a quelques jours, le nouvel archiprêtre doit entrer en fonctions au 1er janvier. Je sortirai en ville la semaine prochaine ; je verrai mon oncle et ma tante, peut-être dans leur nouveau logement. »

15 novembre 1863. — « Mon oncle est presque toujours en course. Dimanche dernier il était à Charny pour y prêcher des premières communions. Aujourd'hui, il est encore en route, mais je ne sais où... En allant à la Pierre-qui-Vire et en en revenant, il est passé à Cravant sans s'arrêter. Je lui ai dit que vous en seriez mécontente, et il s'est mis à rire. »

6 mars 1864. — « Mon oncle prêche le carême à Villeneuve-sur-Yonne. J'ai entendu dire qu'il y était aimé, et qu'il avait déjà converti plusieurs personnes. Je ne le verrai guère qu'à Pâques, et alors je lui demanderai un exemplaire de ses ouvrages pour M. le Curé... »

5 novembre 1864. — « Le jour de la Toussaint, après les vêpres des morts, mon oncle est monté en chaire et nous a donné un bien beau sermon sur le bonheur du ciel. Il y avait une foule incroyable, et cependant on n'entendait pas le moindre bruit. Que n'étiez-vous là, vous auriez partagé l'émotion commune. »

2 décembre 1865. — « Mon oncle est parti pour Tonnerre. Il y passera la semaine, attendu qu'il est désigné pour faire la visite de tous les doyennés de l'arrondissement de Tonnerre. La cérémonie d'Auxerre l'a bien fatigué; malgré cela il a prêché à Sens, chez les Dames de Nevers. Les dames R... s'y trouvaient, elles m'ont dit que le sermon était de toute beauté. »

21 janvier 1866. — « Mon oncle va prêcher le 23 à Auxerre, au Petit-Séminaire, qui célèbre, ce mardi, l'adoration perpétuelle. Je crois que c'est lui qui officiera et prêchera à la messe et au salut. Voilà une belle occasion pour vous. »

4 février 1866. — « Mon oncle est venu vendredi, jour de la Chandeleur, pour accompagner Monseigneur qui a officié dans notre chapelle : il faut vous dire que la Chandeleur est notre fête patronale. Fête magnifique : tous les prêtres et vicaires de la ville étaient présents ; mon oncle nous a fait un sermon que tout le monde a admiré. — Mgr et mon oncle ont dîné au Séminaire. Il y avait sur leur table un magnifique nougat : c'est un gâteau aux amandes en forme de clocher. Mgr l'a coupé en petits morceaux sur un plat, qu'il a remis à mon oncle pour faire la distribution à tous les séminaristes. Mon oncle s'est parfaitement exécuté. La serviette sous le bras, il a fait le tour du réfectoire comme un bon papa, s'arrêtant à chaque séminariste (nous sommes plus de 90) offrant à chacun un morceau de nougat, et disant aussi à chacun une parole d'amabilité. Nous étions tous enchantés. »

Très dévot au Saint-Sacrement, M. le vicaire-général Pichenot avait obtenu de Mgr l'Archevêque, la permission de travailler à l'établissement de l'Adoration perpétuelle dans le diocèse, et d'aller de paroisse en paroisse prêcher cette dévotion. Le mardi de Pâques 1866, il était dans une petite localité toute voisine de Sens. Ecoutons notre aimable chroniqueur, rendant compte de cette petite fête : ce sera le « mot de la fin » de ce chapitre.

« Mardi dernier c'était l'Adoration perpétuelle à Nailly. Le Séminaire y est allé pour les vêpres, le sermon et le salut. Je n'avais rien vu d'aussi beau. Quelle illumination ! que de monde !... C'était M. C... qui faisait choriste avec M. N... et son lorgnon ; M. L... jouait de l'orgue, etc. Mon oncle a prêché à la messe et au Salut ; il a fait un petit compliment aux séminaristes et leur a adressé quelques mots. J'ai vu deux prêtres pleurer.

Les hommes étaient nombreux ; il y en avait derrière nous qui faisaient leurs réflexions tout haut. Un entr'autres disait pendant le sermon : « *Voilà un homme qui parle bien : il doit bien boire un coup !* [1] »

Il est facile de concevoir la légitime fierté de Mme Varet et de son fils, celui-ci en écrivant, celle-là en recevant ces mille petites nouvelles. Nous ne parlons pas des visites du nouvel an, des visites de bonne fête du neveu à son oncle ; celui-ci ne manquait jamais de lui faire un cadeau, et quand c'était une pièce d'or, elle était bientôt convertie en livres utiles et sérieux, qui préparaient la bibliothèque du futur prêtre.

1. Lettre du 5 avril 1866.

CHAPITRE VI.

**Comment l'abbé Varet reçut la tonsure et les ordres,
et comment,
ordonné prêtre, il célébra sa première messe.**

Il nous faut maintenant retourner en arrière et considérer le jeune séminariste montant, à des intervalles plus ou moins rapprochés, les divers degrés qui conduisent au sacerdoce.

Au cours de sa première année de théologie, il fut admis par ses supérieurs à la tonsure cléricale.

La tonsure cléricale, on le sait, n'est pas un ordre, mais une préparation aux ordres mineurs. C'est l'entrée officielle, canonique dans la cléricature, rien de plus. Néanmoins notre jeune lévite est loin de la considérer comme peu de chose. Il avait une foi vive, et rien de sacré n'est petit aux yeux de la foi.

C'est à M. le curé de Cravant qu'il écrit uniquement. « J'ai une bonne nouvelle à vous apprendre, lui dit-il, je suis appelé à la tonsure et j'aurai le bonheur de la recevoir le 30 mai prochain. Je désire que vous disiez deux messes à cette intention, l'une le jour de saint Pélerin, l'autre dans la semaine qui précédera l'ordination, Vous aurez la bonté de vous arranger avec ma mère pour qu'elle puisse y assister : elle vous remettra les honoraires. Je me recommande tout spécialement à vos prières. Obtenez-moi par l'entremise de l'Apôtre des Auxerrois, le zèle pour ma sanctification et pour le salut des âmes. Comme je n'écrirai pas à mes parents à cause des examens, je vous prie de leur apprendre cette nouvelle [1]. »

Mᵐᵉ Varet ne se contenta pas d'assister aux deux messes demandées par le pieux séminariste, elle se rendit à l'ordination pour y prier le Seigneur de bénir les premiers pas de son fils. Elle eut, en ce même jour, comme une vision des divers grades par lesquels il devait encore passer avant sa première messe : ce qui lui donna la plus haute idée de la dignité sacerdotale, considérée même au seul point de vue extérieur.

L'abbé Varet était désormais dans la voie, et il y était entré avec tous les signes d'une vraie vocation. Le saint jeune homme était trop bien disposé, pour que le démon ne vînt pas essayer de lui barrer le passage. Pendant les vacances qui suivirent, il éprouva des doutes sur sa vocation. La sainteté du sacerdoce et le peu de vertu qu'il reconnaissait en lui ; l'exemple et les succès de son oncle qu'il ne pourrait jamais imiter, lui firent craindre de n'être pas à la hauteur de la mission qui lui était présentée. Docile néanmoins aux avis de son confesseur, il reprit le chemin du séminaire et aussitôt la tentation disparut. C'est ce qu'il nous apprend lui-même dans la première lettre qui suivit la rentrée :

1. Lettre du 5 mai 1863.

« L'ennui que j'avais éprouvé à Cravant s'est dissipé dès que j'ai eu mis le pied au chemin de fer. Je n'ai eu qu'un regret, celui de vous avoir fait de la peine en vous disant que j'hésitais à rentrer. J'ai raconté cela à mon oncle, et il en a ri tout bonnement. Du reste je n'y pense plus et je suis tranquille [1]. »

Néanmoins, ouvert comme il l'était, il ne put s'empêcher d'en parler aussi à son directeur pendant la retraite des séminaristes.

« Notre retraite s'est terminée mercredi, écrit-il, à Alexandre ; mon confesseur de l'année dernière est parti, j'ai été obligé d'en choisir un autre et je me suis adressé à M. le Supérieur. Je lui ai dit que j'avais eu des doutes sur ma vocation. Il s'est mis à rire et m'a dit que si je n'étais pas rentré au séminaire, il m'aurait ordonné de revenir [2]. »

Ainsi la vocation du jeune abbé Varet n'était douteuse pour personne : et cette double assurance de la part de son oncle et de son confesseur dissipa entièrement chez lui les derniers restes du doute. Il écrivait le 4 avril 1864 :

« Le temps passe plus vite qu'on ne voudrait. L'ordination a lieu le 21 mai, puis le 4 juillet il faudra partir en vacances. Il me semble que ce n'est qu'hier que j'ai quitté Cravant. Quand il a fallu partir, je me rappelle que cela m'a coûté beaucoup : je crois que c'était le diable qui me tentait. Depuis ce temps là tout a été on ne peut mieux. »

1. Lettre du 8 octobre 1863. — 2. Du 15 octobre 1863.

L'abbé Varet reçut les quatre Ordres mineurs la veille de la Trinité, 21 mai 1864. Il n'engagea pas sa mère à faire le voyage de Sens pour cette cérémonie. « Vous serez peut-être utile à Cravant pour les premières communions, lui écrit-il, surtout si Clément est du nombre [1]. »

L'année ne devait pas se terminer sans qu'une nouvelle grâce, celle-ci plus insigne, ne vînt combler d'un bonheur beaucoup plus grand le jeune séminariste. A l'ordination de Noël qui eut lieu dans la chapelle de l'archevêché le 17 décembre, il reçut le sous-diaconat.

A cause de la saison très rigoureuse, il avait conseillé à sa mère de ne point venir, lui disant de se contenter de prier pour lui. Mais deux jours après la cérémonie, il lui fait part de ses impressions, en y mêlant des détails tout à fait simples et à sa portée, lesquels, à cause de cela, pourront être utiles à plus d'un lecteur, c'est pourquoi nous les reproduisons :

« Me voilà donc, ma chère mère, sous-diacre depuis samedi dernier. Je n'oublierai jamais ce jour, qui est réellement le plus grand jour de ma vie, car, même lorsqu'on est reçu prêtre, l'engagement, je crois, est moins grand que celui que l'on prend au sous-diaconat.

« Vous allez me demander : qu'est-ce que c'est qu'être reçu sous-diacre ?

« Quand on est reçu sous-diacre, on s'engage par vœu et pour toute la vie à ne jamais quitter

1. Lettre du commencement de mai.

l'état ecclésiastique, à dire tous les jours le Bréviaire et à vivre le plus saintement possible. Quand une fois on a fait le pas, c'est fini, irrévocablement fini. Ainsi, qu'il arrive quoi que ce soit, je ne puis plus renoncer à ma vocation, et j'espère avec la grâce de Dieu, que je n'en aurai jamais l'idée.

« Je dis maintenant mon Bréviaire tous les jours, comme un prêtre. N'y étant pas habitué, je suis longtemps pour dire le tout, mais c'est un plaisir, et ce temps-là ne me paraît pas long. Je le dirai pour vous, afin que Dieu vous donne la santé, qu'il vous aide à pratiquer la religion avec joie, avec courage, et vous donne une grande bonté et charité pour les malheureux. Je le dirai pour papa, pour Alexandre, pour tous mes parents vivants ou défunts, je n'oublierai personne [1]. »

Il s'était recommandé aux prières des dames Religieuses et à celles de M. le Curé de Cravant. Il fera de même cinq mois après lorsqu'il sera question de sa promotion au diaconat.

« Au mois de décembre dernier, écrit-il à son digne curé, je réclamais le secours de vos prières pour m'obtenir de Dieu la grâce d'être un bon sous-diacre, de faire courageusement le pas décisif et de porter dignement le manipule et la tunique. Je ne pourrai jamais vous remercier comme il faut des ferventes prières que vous avez bien voulu offrir à Dieu pour moi.

« Aujourd'hui je viens encore réclamer de votre bonté le même secours, et, si cela est possible,

1. Lettre du 19 décembre 1864.

un secours plus abondant. Vous savez qu'honneur oblige ; plus la dignité est grande, plus les devoirs sont sérieux. Demandez donc, s'il vous plaît, pour les futurs diacres, les vertus de saint Etienne, de saint Laurent et de saint Vincent : *pudor constans, auctoritas modesta, innocentiœ puritas et totius forma virtutis,* comme dit le Pontifical dans une prière de l'évêque pour les ordinands. Veuillez dire deux messes à cette intention. »

Nous n'avons pas de détails sur cette ordination, nous savons seulement qu'elle eut lieu le 10 juin 1865.

Plus notre séminariste avançait dans les Ordres, plus M. le vicaire-général Pichenot le prenait en affection. La piété, le tact, les talents de son neveu lui inspiraient la plus entière confiance. Sa compagnie lui plaisait et il lui demanda de venir passer une quinzaine de jours et même davantage chez lui dès le commencement des vacances.

« J'ai vu mon oncle, — écrit l'abbé Varet quelques jours avant la sortie — et je suis convenu avec lui de rester à Sens le plus longtemps possible. Il m'a dit que plus je resterais, plus il serait content. Je pense bien que maman ne dira pas la même chose. Quoi qu'il en soit, je resterai ici dix ou quinze jours. Lundi prochain, jour de la sortie, mon oncle voudrait m'emmener avec lui à Saint-Florentin pour une bénédiction de cloches... Je préfère me reposer à Sens et faire un petit voyage à Césy. »

A Césy, à Joigny, à Saint-Aubin-sur-Yonne, partout il fut fêté. A Sens, on ne se lassait pas de lui ; mais sa bonne mère lui manquait, et il sentait qu'il manquait à sa mère ; aussi prit-il la route de Cravant entre le 15 et le 20 juillet. Là, il reprit ses catéchismes de vacances. Il fit ses visites, toujours salutaires par l'édification qui se dégageait de sa personne. Souvent aussi ses condisciples de séminaire, dont il était tout spécialement aimé, venaient le voir chez ses parents. Leurs visites étaient si nombreuses, que l'abbé Varet pouvait écrire un jour à sa mère : « Nous sommes cette année 102 élèves ; je crois bien qu'il en est la moitié qui vous connaissent et qui me demandent de vos nouvelles. Réellement, pendant les trois mois de vacances, il y en a au moins une quarantaine qui, soit un jour, soit un autre, sont venus goûter de votre cuisine. »

Mais l'abbé Varet ne restait pas constamment au pays ; il faisait ordinairement le tour de sa nombreuse parenté, toujours heureuse de le voir. Se trouvant à Nuits pour un baptême de famille, il se disposait à reprendre le chemin de son pays natal, lorsqu'arriva M. le vicaire-général Pichenot. — « Non, non, lui dit-il, ne partez pas. Ecrivez à votre mère que je vous retiens ici jusqu'à jeudi ; vous m'accompagnerez dans ma visite des paroisses environnantes. »

L'abbé Varet s'empresse de prévenir sa mère, et pour lui faire prendre patience, il lui raconte une curieuse découverte. — « J'ai feuilleté, lui écrit-il, les vieux registres de la sacristie. J'ai retrouvé les actes du mariage de papa Pichenot. J'ai vu votre baptême ; j'ai vu votre mariage où j'ai compté plus de quinze signatures. La vôtre n'est pas trop mal faite, je crois que vous écriviez mieux alors qu'aujourd'hui [1]. »

L'aimable fils ne ménageait pas à sa mère une aimable et douce plaisanterie chaque fois qu'il en trouvait l'occasion. Un jour il vit chez son oncle un cadeau envoyé par Mme Varet. C'était un joli pâté fait par elle-même, avec les noms de *Pierre-Anastase*, écrits dessus correctement. Notre séminariste écrivit à Alexandre : « Tu diras à maman qu'elle garde mieux l'orthographe sur les pâtés que sur le papier [2]. »

La rentrée d'octobre 1865 au Séminaire fut pour l'abbé Varet la dernière, et les quelques mois qui lui restaient allaient être consacrés à une préparation plus immédiate au sacerdoce.

Déchargé du soin des infirmes, il se livre plus assidûment que jamais à l'étude et à la prière, en y consacrant tout son temps. Sa pensée se reporte sur l'espace parcouru depuis sa première communion, et le 31 décembre il écrit à ses parents :

« Voilà déjà douze ans que je suis en pension, douze ans que j'ai quitté le toit paternel. Au commencement de chaque année je suis revenu par la pensée au milieu de vous et j'ai pris part de loin aux joies douces de la famille. Cette année encore je m'unis à vous pour remercier Dieu de

1. Lettre du 24 septembre 1865. — 2. Du 21 juin 1866.

nous avoir conservé la santé à tous quatre et de nous avoir préservés de tout malheur. C'est la dernière fois que je vous souhaite la bonne année du Séminaire... L'année qui commence va être pous nous tous une année de bonheur ; d'abord pour vous, qui verrez réalisé l'objet de vos plus ardents désirs ; ensuite pour moi qui espère, s'il plaît à Dieu, être prêtre pour travailler à convertir les pécheurs, à encourager les justes, à consoler les pauvres et les malades. »

Sur ces entrefaites, Mme Varet vint à savoir indirectement qu'un séminariste de Sens était mort, et qu'on avait vu l'abbé, son fils à elle, dans l'infirmerie, puis de là chez son oncle. Il n'en fallait pas tant pour jeter l'alarme dans la maison paternelle. La maman ne dormait plus, ne mangeait plus, et la crise dura jusqu'à ce que l'explication demandée arriva. Elle était ainsi conçue :

« La mort de ce séminariste ne m'a pas rendu malade. Seulement, comme l'infirmier qui me remplace se trouvait à ce moment dérangé lui-même, j'ai été obligé de reprendre mes anciennes fonctions pour quelques jours. Et je ne suis allé passer une soirée chez mon oncle que pour me distraire. Du reste, il y a longtemps de cela, c'était la veille des Rois. Soyez donc sans inquiétude ; autrement ce serait offenser Dieu [1]. »

Ainsi, au Grand-Séminaire de Sens, quand les supérieurs avaient besoin d'un homme de bonne volonté, ils étaient sûrs de le trouver en l'abbé

1. Lettres du 26 février et 29 avril 1866.

Varet. C'était cependant au plus fort de ses pré-occupations. La préparation de ses derniers exa-mens, l'assistance aux diaconales, où l'on suivait les « livres bleus » ; l'apprentissage de diverses cérémonies des sacrements, l'étude toute parti-culière des moindres rubriques de la sainte messe ; tout cela réclamait une continuelle attention et occupait tous ses loisirs.

Au dehors, dans sa famille, on se préoccupait de la grande fête de la première messe. Son oncle, l'avocat, lui faisait cadeau d'un beau bréviaire en quatre volumes, richement relié, avec les noms du futur prêtre en lettres d'or sur la couverture. Sa tante Laurence lui offrait un magnifique mis-sel, et une dame de Paris une collection de linges sacrés brodés au nom du jeune prêtre, et autres accessoires de la messe. Mais le principal cadeau devait venir de son oncle le grand-vicaire.

« Lundi dernier, raconte-t-il, mon oncle m'a fait appeler à l'Archevêché sans dire pourquoi. Vite je prends mon chapeau et me voilà parti, un peu inquiet. J'arrive, et mon oncle me mène dans une salle où étaient exposées quatre belles cha-subles, parmi lesquelles il me dit de choisir. Je ne pouvais en croire mes yeux et encore moins mes oreilles. Les chasubles étaient toutes magni-fiques ; mon oncle ne voulait pas me dire son goût. Enfin je le pressai, lui disant que puisque c'était lui qui me faisait le cadeau, c'était lui aussi qui devait le choisir. Alors il me désigna celle qu'il préférait et je la pris. C'est une chasuble blanche à galons d'or ; la croix est une riche tapisserie brodée et donnée par Mme la Sous-Préfète. »

Toutes ces attentions effrayaient la modestie du jeune diacre, en même temps qu'elles l'avertissaient de la grandeur du ministère sacerdotal auquel il était appelé.

« Tu vois bien, mon cher Alexandre, conclut-il, que les accessoires ne me manqueront pas : c'est à moi de penser au principal, en me disposant, de tout mon pouvoir, à faire un bon prêtre. A quoi servirait une belle chasuble, une belle aube, etc., si celui qui les revêt n'est pas un prêtre selon Dieu ? Tu devrais bien dire de temps en temps un *Pater* et un *Ave* pour moi [1]. »

A sa mère, il écrit le 4 mai :

« Si vous saviez tout l'ouvrage que nous avons ! Un énorme examen à préparer pour le jeudi avant la Pentecôte va m'occuper jusque-là. Ce n'est pas le tout d'être prêtre, il faut être instruit. »

Mais il sentait en même temps que la science ecclésiastique lui servirait peu sans la sainteté : et en se recommandant aux prières de sa mère, il insiste sur sa persévérance dans ses bonnes résolutions.

« Demandez à Dieu, ajoute-t-il, qu'il me fasse la grâce d'être aussi bon prêtre à la fin de ma vie que le premier jour. — Quand je pense à tout cela, et à cette belle fête que vous voulez bien me préparer, je me dis : Ce ne sera l'affaire que d'un jour, de huit jours au plus, après quoi je resterai

1. Lettre du 26 février 1866.

prêtre ; puis viendront les responsabilités, peut-être les soucis, les inquiétudes. Comme me l'écrit M. le doyen de Vermenton, la vie du prêtre est une vie de dévouement et de larmes. On juge trop des choses par l'extérieur. Ne croyez pas cependant, chère mère, que je me décourage : non, non, bien loin de là ! Je suis on ne peut plus heureux, on ne peut plus tranquille : j'ai confiance en Dieu. Nous ferons tranquillement notre fête. Si plus tard il y a de mauvais jours à passer, je prendrai mon cœur à deux mains ; il faudra bien que je me tire d'affaire. Avec les conseils de mon oncle, je serai toujours à l'aise. »

L'ordination dans laquelle l'abbé Varet fut promu au sacerdoce, eut lieu le 26 mai 1866, vingt-cinquième anniversaire de sa naissance, en présence de sa bonne mère et de ses plus proches parents.

Le lendemain, fête de la Sainte-Trinité, il dit sa première messe, assisté de son oncle, dans la chapelle des Dames de Nevers, où il fit faire la première communion à un jeune domestique du séminaire âgé de 15 ans, auquel depuis deux mois il donnait lui-même des leçons de catéchisme.

« Je ne puis mieux commencer mon ministère », écrivait-il avec bonheur [1].

. Le 29 mai, dans cette église paroissiale de Cravant où il avait reçu le saint Baptême et fait sa première communion, il célébra solennellement le saint Sacrifice au milieu de la plus honorable

1. Lettre du 29 avril 1866.

assistance. Sans parler de son oncle le Vicaire-Général, on y remarquait M. le Supérieur du séminaire, tous les prêtres du canton, avec plusieurs autres, en tout une vingtaine, avec tous les membres de la grande famille et les principaux amis. Le jeune prêtre avait insisté pour qu'on n'invitât pas beaucoup d'étrangers. « Je désire, avait-il écrit à son frère, que cette fête soit une fête de famille et d'ecclésiastiques... Evitons tout ce qui sentirait la prétention [1]. »

Il avait désiré qu'on n'oubliât point les pauvres. — « Vous pourriez, avait-il écrit à sa mère, faire acheter une quinzaine de pâtés et leur distribuer cela le lundi soir, avec du vin vieux. Vous êtes bien libre de faire autrement, mais je tiens à ce qu'on leur donne quelque chose [2]. »

Ses intentions furent scrupuleusement remplies, et le jeune prêtre put chanter sa première messe à Cravant, avec la satisfaction de n'avoir oublié personne.

1. Lettre du 18 mai 1866. — 2. Des 29 avri et 4 mai 1866.

CHAPITRE VII.

Comment le jeune prêtre, nommé vicaire à St-Lazare d'Avallon, sut déployer son activité.

NE vous inquiétez pas de mon placement, avait écrit l'abbé Varet à sa famille avant même son ordination. — Je ne désire rien, je ne refuse rien. Monseigneur me mettra où bon lui semblera ; je ne m'ennuierai nulle part, pourvu que j'aie des enfants à catéchiser, des pauvres à secourir, des infirmes à visiter. Imitez-moi un peu à ce sujet. Ayons confiance en Dieu, qui fera pour le mieux [1]. »

Mais quelque désintéressé qu'il soit, il est bien difficile à un nouveau prêtre de n'avoir pas quelque secrète préférence pour tel ou tel poste de vicaire, et celle de l'abbé Varet était pour le vicariat de Saint-Lazare d'Avallon, dont M. Darcy était alors curé-archiprêtre et doyen. Ce fut là précisément que l'autorité diocésaine l'envoya.

Après un mois de vacances il s'y rendit avec bonheur le 3o juin, et comme M. Darcy devenu vieux et infirme avait demandé un prêtre de plus, l'abbé Varet voyait arriver, deux heures après lui, M. Aubron, son condisciple, qu'il regardait et aimait comme un frère. Le jour de leur ordina-

1. Lettre du 21 avril 1866.

tion, prosternés sur les dalles du sanctuaire, ils avaient demandé l'un et l'autre que Dieu leur accordât la grâce de ne pas être séparés. Le Seigneur qui bénit les amitiés saintes avait exaucé leur commune prière : ils allaient demeurer ensemble au presbytère de St-Lazare, rivalisant d'ardeur pour le service de Dieu et des âmes et travaillant de concert sans trop s'inquiéter de la préséance.

Mais bientôt il arriva que, le second vicaire étant passé premier, la place vacante devait être occupée ou par M. Varet ou par M. Aubron, aussi anciens l'un que l'autre puisqu'ils étaient arrivés le même jour. En cette circonstance, les deux amis montrèrent bien l'humilité vraie et la charité sans bornes qui les animaient. Aucun ne voulait accepter l'honneur : c'était à qui apporterait les meilleures raisons en faveur de l'autre. Pour mettre fin à cette pieuse discussion, M. le doyen dut intervenir. — Lequel de vous deux est le plus âgé ? demanda-t-il. — Nous sommes de la même année ! — Alors de quel mois ?

Il se trouva que l'abbé Aubron avait deux ou trois mois de plus, et l'abbé Varet, tout joyeux de voir la question décidée en faveur de son ami, se frotta les mains comme s'il eût remporté une victoire.

La vie de jeune vicaire fut, pour l'abbé Varet, ce qu'elle est pour tant d'autres bons prêtres : une vie toute apostolique et pleine d'entrain. On nous saura gré de mettre à profit les lettres de l'aimable vicaire de Saint-Lazare, pour donner une idée des fatigues, des craintes, des consolations du saint ministère dans une bonne paroisse.

« L'ouvrage ne s'est pas fait attendre, dit-il dans sa première lettre. Le soir même de mon arrivée, il y avait du monde à mon confessionnal. J'ai fait semblant de ne pas voir. Mais le lendemain dimanche il a bien fallu s'exécuter, et après Vêpres, j'ai confessé pour la première fois.

« Il faut venir ici pour voir du monde à l'église, et un monde qui se tient parfaitement. Je suis enchanté d'Avallon [1]. »

Le 10, il écrit : « Avallon me plaît toujours davantage, si vous saviez comme nous sommes heureux ! Le temps passe bien vite... Je suis aumônier de la prison.... C'est une petite prison où il n'y a guère que vingt prisonniers du Morvand.

« Hier j'ai commencé mon catéchisme de persévérance. J'étais bien gêné. Figurez-vous un vicaire sans expérience, en face de 260 jeunes personnes qui toutes ont les yeux braqués sur lui, pour voir comment il se tient, comment il parle, s'il se mouche bien, etc... Mais toutes ces demoiselles communient au moins une fois le mois ; une trentaine trois fois la semaine, plusieurs presque tous les jours. — C'est une belle œuvre que celle-là. »

L'abbé Varet faisait, en outre, quatre fois la semaine le catéchisme à 60 petites élèves des pensionnats. C'est ce qu'il trouvait de plus intéressant [2].

1. Lettre du 3 juillet 1866. — 2. Du 10 juillet 1866.

Enfin, quinze jours après son arrivée, il était chargé de la direction d'une loterie organisée en faveur des pauvres par l'Œuvre de la Persévérance ; et en l'espace de trois semaines il la conduisait à bonne fin.

Il était heureux de faire part à sa mère des consolations que lui procurait la conduite vraiment édifiante des paroissiens de St-Lazare d'Avallon, où la religion était autrement honorée que dans son pays natal. Ma mère racontera ces choses autour d'elle, pensait-il, et cela pourra faire du bien.

Le lendemain de l'Assomption, il écrit : « Hier nous avons eu une bien belle fête. L'année prochaine, s'il plait à Dieu, je vous ferai venir : il faut que vous voyiez cela. Il y a eu, à 6 heures, une messe de communion, à laquelle ont communié une centaine d'hommes et deux ou trois cents femmes. A 7 heures, j'ai dit la messe dans la chapelle de la Persévérance, pour la clôture : j'y ai prêché et donné la communion à plus de 260 jeunes personnes, toutes appartenant à l'association. J'aurais voulu que Louise et toutes les demoiselles de Cravant fussent ici pour voir cela, et pour entendre les cantiques chantés par toutes ces voix. A 2 heures, il y a eu sermon et salut solennel pour la clôture de la Persévérance : les voilà en vacances jusqu'à la Toussaint. » L'année suivante, il annonce la même nouvelle et ajoute : « De toutes les demoiselles qui ont communié le matin, aucune n'a dansé le soir. On ne trouverait pas cela à Cravant. »

« Et la procession après Vêpres !… A la bonne heure, ici les jeunes filles se mettent en blanc ; ici les hommes suivent bien les processions…

« J'étais très fatigué le soir. Lundi j'avais passé quatre heures, et mardi neuf heures au confessionnal, et je ne tenais mon monde que sept à huit minutes : figurez-vous quelle foule ! Ces messieurs, de leur côté, avaient la même affluence. Aussi toute la population d'Avallon paraît heureuse. On se promène par groupes, vous voyez toutes les figures rayonnantes de joie [1]. »

Ce qui plaisait surtout à l'abbé Varet, c'était la vie de famille, la vie commune que les trois vicaires menaient autour de leur curé dans le même presbytère : ce qu'on ne voyait pas toujours ailleurs.

« Nous sommes presque sans cesse tous les trois ensemble, écrit-il ; l'argent qui nous vient du casuel, nous le mettons en commun comme trois frères, puis nous le partageons [2]. »

Après les pénibles travaux du ministère, il y avait à St-Lazare, comme ailleurs d'innocentes heures de relâche. Dans les grandes circonstances c'était la famille Varet qui les rendait plus joviales, en pourvoyant la table du presbytère de dons inattendus. Mme Varet envoyait des artichauts, des asperges, des melons, des pâtisseries de sa façon, des fruits superbes ; tandis que M. Alexandre et son père, deux excellents chasseurs, expédiaient des lièvres ou des perdrix. L'arrivée ou la consommation des cadeaux fournissait toujours la note gaie.

1. Lettre du 16 août 1866. — 2. Du 18 juillet.

« Nous n'avons pas mangé le lièvre à la conférence — écrit-il le 2 novembre, — M. le curé a
fait manger à ces Messieurs sa vieille oie, tuée
trois jours auparavant pour qu'elle ait le temps
de cuire ; et le dimanche suivant nous avons
mangé votre gibier. Le lièvre a été trouvé si bon,
que nous n'en avons laissé que la tête à la cuisinière. On vous a beaucoup remerciés. »

Une autre fois : « On a été très content du gibier que vous avez envoyé. Mlle C... a pesé le lièvre
qui était énorme ; elle nous l'a fait cuire horriblement mal : sans sel, sans poivre, sans persil...
Le soir, elle a mieux arrangé l'autre moitié [1]. »

Et en fermant ses lettres, l'abbé Varet se réjouissait du plaisir qu'elles allaient causer à sa mère.

Il se rendait avec plaisir aux fêtes de l'Adoration perpétuelle établie dans le diocèse, surtout
quand il savait que son oncle de Sens devait s'y
trouver. Au retour de Nuits, où avait eu lieu
l'Adoration, il écrivait :

« Nous étions une douzaine de prêtres... mon
oncle voulait à toute force me faire monter en
chaire. Comme je n'avais rien préparé, il a prêché
à ma place et je vous assure que tout le monde y
a gagné. Pendant le dîner, comme ces Messieurs
le complimentaient de son sermon, il leur répondait : « Faites vos compliments à mon neveu, j'ai
prêché pour lui. »

---

1. Lettre sans date. — A partir de cette époque, une grande partie des
lettres de l'abbé Varet ne sont pas datées, ou ne le sont qu'imparfaite-
ment. Lors donc que les passages cités par nous ne seront suivis d'aucune indication de source, le lecteur devra en conclure qu'il s'agit d'une
lettre sans date, mais autographe et digne de foi.

« Le soir au salut il a prêché encore. C'était bien touchant, les hommes remplissaient l'église. Le salut a duré deux heures, et j'ai entendu les belles voix des chanteuses de la paroisse. Je suppose que de votre temps, quand vous étiez chanteuse, ça marchait un peu mieux [1]. »

A quelques-uns de ses parents peu pratiquants, il n'omettait aucune occasion de glisser une bonne parole, comme une graine salutaire destinée à germer tôt ou tard dans leurs âmes.

En janvier 1867, répondant aux vœux de bonne année de sa cousine Louise, il ajoute, à l'adresse de son oncle : « Je vois d'ici papa Louis qui sourit parce que je lui souhaite le paradis à la fin de ses jours. Quel grand malheur si nous ne nous retrouvions pas là-haut ! Nous ne sommes sur la terre que pour aimer Dieu et sauver notre pauvre âme. »

Son grand-père Varet vieillissait et ne se rapprochait pas du bon Dieu. Pendant le carême suivant, l'abbé écrivait à sa mère : « Vous direz à grand-papa que je regrette bien de ne pouvoir trinquer avec lui, c'est tout-à-fait impossible pour le moment. Dites-lui que je suis le confesseur de deux vieillards, dont l'un a 92 ans, l'autre 94. » Comme s'il disait : Mon cher grand-père, ici, par de fréquentes confessions, les vieillards se tiennent prêts au dernier passage ; faites de même.

L'avis était salutaire, il n'était que temps de le suivre. Le 4 juillet suivant, M. Edme Varet, après avoir reçu les sacrements, quitta cette terre

1. Lettre du 6 décembre 1867.

à l'âge de 81 ans. L'abbé courut lui rendre les derniers devoirs. Au retour de son voyage de Cravant, il écrivait : « Tout cela me semble un rêve. Dieu veuille avoir son âme et celle de tous nos ancêtres, en attendant que nous les allions rejoindre.»

Alexandre laissait passer le carême sans songer à sa confession annuelle ; il lui en coûtait trop d'aller « se faire donner un coup de brosse », suivant une expression familière du pays. Sa mère en est d'autant plus attristée, que l'un des camarades intimes du jeune homme a déjà rempli son devoir pascal. L'abbé Varet aura un mot pour l'un et pour l'autre :

« Je félicite M. Claude ; j'irai le féliciter de vive voix le plus tôt possible. Alexandre aurait dû aller avec lui *se faire brosser*. Mais ce qui est différé n'est pas perdu [1]. »

Son père s'était converti et avait repris ses devoirs religieux dans une mission prêchée à Cravant par le Père Bernard Théobald, des missionnaires de Saint-Edme, à Pontigny.

A sa cousine Louise, il ne craignait pas de recommander les œuvres de piété, si nécessaires surtout à son âge. « Bon courage, lui disait-il, fais toujours bien tes prières, surtout celles du matin, ce sont les plus importantes. »

« A nos deux Fêtes-Dieu, il y avait bien trois cents personnes en blanc ; ce qui m'intéressait, était de voir parmi elles les plus vieilles filles, elles paraissaient plus fières que les jeunes [2]. »

1. Lettre du 22 mars 18... — 2. Du 1ᵉʳ juillet 1867.

L'aumônier de l'hospice d'Avallon étant venu à mourir, l'abbé Varet fut désigné pour faire l'intérim. Il eut pendant ce temps un tel surcroît d'occupations, qu'il ne trouvait plus une seule journée libre pour sortir.

Au nombre des jeunes filles de son catéchisme de persévérance, se trouvait une pauvre orpheline d'une conduite exemplaire et qui montrait de grandes dispositions à la piété. Elle a gardé de l'ancien vicaire de sa paroisse le souvenir de plusieurs faits qui l'ont édifiée.

« Sa charité, dit-elle, était sans bornes. Après un travail laborieux et fatigant, il consacrait ses récréations à la visite des pauvres, des malades et même des prisonniers. Jamais on ne le voyait plus heureux que lorsqu'il pouvait apporter quelque adoucissement à ses malades. Il se faisait mendiant pour eux. Je me rappelle qu'au catéchisme de persévérance il alla jusqu'à nous demander, avec des larmes dans les yeux, quelques bonbons pour ses chers prisonniers.

Pour distraire ses malades, il envoyait chaque jour quelques âmes chrétiennes auprès d'eux, et plus d'une fois j'ai eu le bonheur d'être du nombre de ces privilégiées.

Il nous disait souvent : « Aimons les pauvres ; quant aux riches, ils trouvent toujours assez de consolations. »

Et que ne fut-il pas pour les orphelins ? Quand il voyait une enfant privée de ses parents, — je le sais par expérience — il devenait pour elle non-seulement un consolateur, mais un père. Que de fois ai-je entendu de ses lèvres cette parole si douce : « Vous savez, je suis votre père et votre mère. » En effet il a été pour moi l'un et l'autre.

En 1867, — c'était le soir d'un des jours les plus rigoureux de l'hiver — l'abbé Varet entendit sonner au presbytère. La domestique n'y étant pas, il s'empresse d'aller ouvrir et se trouve en présence d'un homme vêtu pauvrement, transi de froid et les pieds presque nus. A cette vue, son cœur s'émeut. Après trois secondes de réflexion, il ôte ses souliers : « — Tenez, lui dit-il, mettez cela à vos pieds. » Le pauvre a bientôt fait d'obéir. « — Vous vont-ils bien ? demande l'abbé. — A merveille ! — J'en suis heureux. »

Là-dessus, le charitable prêtre lui adresse quelques paroles consolantes et le congédie en lui mettant une pièce dans la main. Ceci fut attesté par un passant qui se trouvait sur le trottoir opposé au presbytère et qui attendait là pour voir l'accueil qui serait fait au mendiant. Il en fut touché et se mit à raconter à qui voulait l'entendre l'acte charitable de M. Varet. « — En voilà un, disait-il, qui marche sur les traces de Notre-Seigneur ! »

Dans une de ses tournées chez ses malades, on lui indiqua une pauvre femme vivant seule, et qu'une infirmité empêchait de préparer sa nourriture. Aussitôt il court à l'adresse indiquée. Dès que la malade l'aperçoit, son visage s'épanouit.

« — Ah ! monsieur l'abbé, s'écrie-t-elle en son

langage populaire, *j'avons* bien faim ! — Eh bien !
il faut vous faire de la soupe ! — Ah ! c'est que je
ne *pouvons* pas me lever. — Restez tranquille, je
vais vous en faire moi-même. »

Et vous eûssiez vu l'abbé Varet prendre le ta-
blier de la brave femme, allumer le feu et rassem-
bler tous les éléments nécessaires pour faire une
soupe. Quand elle fut cuite, il se fit un bonheur
de la lui servir.

Réconfortée par cette nourriture et par les bonnes paroles dont son serviteur l'accompagnait, la
pauvre infirme ne savait comment lui témoigner
sa reconnaissance. « — Vous êtes un ange, monsieur l'abbé, merci, oh ! merci, répétait-elle ; oui,
vraiment, vous êtes un ange du bon Dieu !... » Et
de douces larmes inondaient son visage.

Elle aussi raconta bientôt à tout le monde ce
trait touchant de bonté.

On conçoit, après de tels faits, combien l'accès
des âmes et la confiance de tous étaient choses faciles à obtenir par l'abbé Varet. Il n'y avait pas
encore deux ans qu'il était à Avallon, et déjà il
avait la réputation d'un saint prêtre, d'un homme
de Dieu... C'était lui, et pas un autre, que certains malades réclamaient à l'approche de la
mort. Il en était de même pour les mariages :
« Ces mariages, lisons-nous dans une de ses lettres, je suis engagé à les faire par les familles, et
je ne puis refuser [1]. »

1. Lettres des 7 et 19 janvier 1868.

CHAPITRE VIII.

Comment le jeune vicaire entremêla de quelques pèlerinages, son ministère bien fourni.

PENDANT ses vacances de 1868, — vacances de catéchisme s'entend, — sa piété envers la Très-Sainte Vierge lui inspira le désir de visiter quelques-uns de ses principaux sanctuaires : N.-D. de France au Puy-en-Velay, de Fourvières à Lyon et de la Salette au sommet des Alpes.

Il partit d'Avallon le 3 septembre, passa par Nevers et Moulins, s'arrêta un jour à Vichy pour y voir un prêtre de ses amis, et arriva au Puy le 5. Il se trouvait à l'un des plus antiques pèlerinages de la chrétienté en l'honneur de la Sainte Vierge. Au moyen âge, on s'y rendait de l'Italie et de l'Espagne. Plus d'un pape vint y pontifier. Les chanoines du Puy portaient la mitre et la crosse. L'ancienne statue, brûlée par les Vandales de 1793, se trouvait remplacée depuis huit ans par une autre vraiment colossale, qui fut érigée au sommet d'un rocher, à 134 mètres au-dessus de la ville. Fondue avec le bronze de deux cent treize canons pris sur les Russes en 1855, et promis par l'empereur peu avant la victoire de Sébastopol, elle mesure 16 mètres de hauteur. L'imposante majesté de cette sainte Reine de

France excitait l'enthousiasme de l'abbé Varet, mais l'affluence des pèlerins dans l'antique sanctuaire l'édifiait encore davantage.

Le 7, il était à Lyon. « J'ai pleuré, écrit-il, en voyant tout ce monde agenouillé à N.-D. de Fourvières. Demain j'y dirai la messe et je prierai bien pour vous tous. »

Bientôt il fit une visite à la Grande-Chartreuse. A Grenoble, il rencontra deux prêtres voisins d'Avallon, qui se rendaient comme lui à la Salette. « Partis ensemble à 7 heures du matin, nous avons traversé des montagnes comme jamais vous n'en avez vues, écrit-il à sa mère ; à distance nous en avons vues qui étaient couvertes de neige.

« De Corps, où nous sommes arrivés à 3 heures de l'après-midi, il y a encore trois lieues jusqu'à la Salette. On ne peut pas s'y rendre en voiture. Nous étions trente pèlerins environ, on nous a donné à chacun une mule noire et nous sommes partis. N'ayant jamais monté un cheval, j'étais embarrassé, mais une fois à cheval comme les autres, je me suis bien tenu. J'ai dit mon bréviaire sans tenir les guides, nous avons mis deux heures pour escalader ces montagnes où l'on n'aperçoit que de l'herbe. Il est des vallées qui ont plus de deux lieues de profondeur. Il y avait une vingtaine de dames assises sur des mulets, qui marchaient à petits pas dans les sentiers.

« Je ne puis vous exprimer ce que j'ai ressenti en apercevant de loin les tours de la basilique. En arrivant je me suis mis à genoux, j'avais bien chaud, j'ai bu deux grands verres à la source miraculeuse. Je me suis couché, et comme j'étais fatigué, le sommeil ne s'est pas fait attendre. »

« Ce matin, je suis allé au pied de la statue en fonte, érigée à l'endroit même où la bonne Mère apparut aux bergers. Les messieurs, les dames, tout le monde est à genoux devant elle. Je célébrerai tout à l'heure ma messe à l'autel privilégié : c'est un arménien qui va me la servir, il me l'a demandé [1]. »

Cette lettre est la seule que notre jeune vicaire ait écrite de la sainte montagne. Son séjour, du reste, y était assez limité. Il fallait regagner au plus tôt son poste bien-aimé d'Avallon, où il avait laissé ses chers malades, car il en avait à lui. Après les avoir recommandés à la Vierge des douleurs, il quitta ces sommets bénis pour reprendre le chemin de la Bourgogne, où il rentra vers le 15.

Ainsi retrempé dans la dévotion à la Reine du clergé, il remplit avec une nouvelle ardeur son fécond ministère. Ses premières sorties furent pour ses malades, qu'il intéressa pendant plusieurs semaines par le récit de ses pèlerinages.

Plus la religion fleurit dans une paroisse, plus le zèle de ceux qui l'administrent se développe et se perfectionne. C'est ce qui arriva pour M. Varet, qui semblait avoir pris pour devise cette exclamation de saint François-Xavier : « Des âmes, Seigneur, donnez-moi des âmes. » Ses jours

1. Lettre du 12 septembre, 8 heures du matin.

furent véritablement des jours pleins, comme s'exprime le Psalmiste. Citons encore quelques lettres :

« J'ai pour ma part, — écrivait-il à son frère — environ trois cents personnes à confesser pour les Pâques. Deux fois la semaine, j'ai cent cinquante personnes à préparer pour la Confirmation, et de plus quatre fois mon catéchisme de première communion, laquelle a lieu dans quinze jours. Vois si j'ai du temps à perdre [1]. »

Et à sa mère le 19 août suivant : « Voilà sept enterrements que nous avons depuis quatre jours. Je viens d'en faire un, il est 9 heures ; à 11, j'ai un mariage, et ce soir une distribution de prix. Et les jours d'avant l'Assomption, que de peine ! Vous ne pouvez pas vous en faire une idée. Je suis resté au confessionnal depuis 5 heures et demie du matin jusqu'à 9 heures du soir. Je ne suis sorti qu'une demi-heure pour dire ma messe et trois quarts d'heure à midi pour manger. Heureusement j'ai bonne santé, j'en remercie Dieu ! On n'y tiendrait pas. » Ces longues séances au confessionnal se répétaient à la Toussaint, à Noël, à Pâques, etc...

Il ne ménageait pas dans ses lettres les détails qui pouvaient intéresser une mère, ceux-ci par exemple que nos lecteurs aimeront à entendre de sa bouche :

« Dans la nuit de dimanche à lundi (c'était en décembre), on est venu me chercher à 1 heure du matin, pour une malade d'un hameau situé à une.

1. Lettre du 3 avril 1867.

demi-lieue d'Avallon. Je suis arrivé dans cette chaumière, plus pauvre que l'étable de Bethléem. C'était une jeune personne de 18 ans qui se mourait. Le père était assis sous la cheminée, pleurant à chaudes larmes. Je me revêtis de mon surplis, et là, au milieu de ce silence d'une nuit d'hiver, à la lueur d'une petite lampe, je donnai les derniers sacrements à la malade, qui mourut quelques instants après. » Et il ajoute naïvement pour dissiper les alarmes maternelles : « Je suis revenu seul à Avallon sans avoir trop peur, j'avais la canne de grand-papa. »

Dans les rares apparitions qu'il faisait à Cravant, il intéressait sa bonne mère à ses malades et à ses vieillards d'Avallon. Au retour, il s'empressait de lui donner de leurs nouvelles.

« Cette jeune femme poitrinaire, que je ne croyais pas trouver en vie, était encore de ce monde : elle m'a attendu pour mourir. Je lui ai porté le Saint-Sacrement à 7 heures du soir, et elle est morte comme une sainte à minuit. Ces deux jours, j'ai fait mes visites à mes malades et à mes vieux [1]. »

Chaque fois qu'une circonstance lui paraissait propre à édifier ou à consoler sa mère, il ne la manquait pas. « Nous avons eu de bien belles fêtes de Pâques, écrit-il en 1869. Le Jeudi-Saint on a donné la communion pendant trois grands quarts d'heure, et le matin de Pâques également. J'aurais voulu que vous fussiez là pour voir tout

1. Lettre du 22 octobre 1867.

le chœur rempli de messieurs, et ceux-ci se lever tous pour aller à la Sainte-Table. Ils étaient aussi recueillis que des enfants qui font leur première communion. Tout le jour les offices ont été bien suivis... Le Vendredi-Saint à 2 heures on a fait le chemin de la croix : l'église était comble, on pouvait à peine circuler. Nous étions bien fatigués tous ; M. le curé dormait de lassitude. Pour ma part, j'avais confessé environ 450 personnes. Avec cela deux enterrements le Samedi-Saint, deux le jour de Pâques et deux le lundi de Pâques...

« Ces deux semaines, je suis occupé à faciliter le devoir pascal aux malades et aux vieillards ; on leur porte le bon Dieu chez eux [1]. »

Ayant appris la mort prématurée d'une jeune fille de grande noblesse, il écrivait : « Mon Dieu ! quand on voit ce qu'est la vie, je ne comprends pas qu'on s'y attache autant. Ici nous avons souvent des scènes semblables. J'ai vu hier une personne de vingt ans qui se meurt ; c'est la quatrième et dernière fille d'une pauvre mère... [2] »

1. Lettre du 2 avril 1869. — 2. De juillet 1869.

CHAPITRE IX.

Comment le jeune vicaire fit son premier pèlerinage à Rome, et vit s'ouvrir le concile du Vatican.

LA grande nouvelle d'un concile qui allait s'ouvrir le 8 décembre était, en 1869, le sujet de toutes les conversations et faisait concevoir les plus belles espérances. L'abbé Varet qui avait toujours désiré visiter Rome, cette Rome si savamment décrite par Mgr Gaume, résolut de mettre à profit cette rare circonstance, qui lui permettrait de voir en même temps tous les évêques du monde catholique.

M. le vicaire général Pichenot approuva son dessein. M. le doyen de Saint-Lazare, malade, ne voulut point consentir au départ de son cher vicaire, et celui-ci s'inclinant, fit son deuil du plus beau rêve de sa vie. Mais Dieu récompensa son obéissance, en rendant la santé à M. Darcy, qui laissa dès lors à notre jeune prêtre toute liberté [1].

Le plus difficile restait à faire : annoncer à sa bonne mère un voyage aussi lointain. Quelle nouvelle, quelle émotion pour ce cœur impressionnable et si tendre! L'abbé finit par s'exécuter. Les larmes maternelles coulèrent abondantes, et pour

1. Lettres du 24 août et 12 octobre 1869.

les tarir, il fallut promettre à Mme Varet qu'elle recevrait de son fils deux lettres par semaine.

Il partit le 2 novembre au matin, accompagné du doyen de Vermenton et du vicaire de Cravant. A Mâcon, il trouva un autre prêtre de sa connaissance et deux Pères de Pontigny, qui entreprenaient le même voyage ; ils furent désormais inséparables.

Leur première halte fut à Chambéry, où ils descendirent à minuit. Notre jeune vicaire ne se doutait guère alors qu'il reviendrait quelques années après, dans cette ancienne capitale de la Savoie pour y vivre et mourir. Le sommeil qu'il y prit en passant ne fut pas long, car dès les 10 heures du matin, le 3, nos voyageurs se trouvaient déjà transportés au fond de la Maurienne, à Saint-Michel, non loin de la frontière d'Italie.

Là, ils ne trouvèrent qu'une modeste auberge, peu propre à leur donner une juste idée de la Savoie et de ses hôtels si bien tenus. C'est de là que l'abbé Varet transmit à ses parents ses premières nouvelles.

« Je vais sortir de France, écrit-il, et je veux vous dire bonjour. » Il raconte au long le voyage de la veille, présente ses nouveaux compagnons de route et continue : « Nous sommes tous devant un bon feu pendant que je vous écris et que notre déjeuner se prépare. Oh ! que de neige dans ce pays, et que hautes sont les montagnes !... Déjà nous entendons parler italien, et comme j'en sais quelques mots, j'amuse beaucoup ces Messieurs, lorsqu'ils m'entendent parler italien aux domestiques [1]. »

A 2 heures, il traverse le Mont-Cenis et n'arrive à Turin qu'à 8 heures du soir. Ce qui le frappe dans cette capitale du Piémont, c'est l'air tranquille de ses habitants, toujours heureux quand ils voient des prêtres français. D'ailleurs, ajoute l'abbé Varet, « nous leur apportons de l'argent et de l'or ; ici on ne paie qu'en assignats ; il y a des assignats de 2 sous, 4 sous, etc., jusqu'à mille francs. » — Il décrit le dîner italien de la caravane : « On nous a servi, pour commencer, du céleri, des champignons au vinaigre, après quoi la soupe, le poisson, les choux-fleurs aux truffes, une crème et le café [2]. »

Dans la journée du 5, à 10 heures, nos pèlerins saluent le champ de bataille de Magenta, où nos soldats, en 1859, ont emporté une victoire célèbre, et se découvrent devant la pyramide élevée sur la tombe des victimes à côté de la gare ; puis ils arrivent le soir à Milan.

« Comme l'Italie est belle en cette saison ! s'écrie l'abbé Varet, un vrai soleil de mai. Ces italiens sont véritablement un peuple heureux... Milan est un bijou. Sa cathédrale, toute en marbre blanc, possède toutes les richesses. Au tombeau de saint Charles, j'ai bien prié pour vous. Au salut du Saint-Sacrement qui s'est fait à midi, le chant des litanies avec orgue était si beau, que

1. Lettre du 3 novembre 1869. — 2. Du 7 novembre.

j'aurais passé la journée à l'église pour l'entendre. Ici tout le monde chante et sait la musique. »

En se dirigeant vers la Vénétie, nos voyageurs passent à Solférino. — « Nous avons vu, écrit l'abbé Varet, l'endroit formidable que les Français ont escaladé sous le feu des Autrichiens. Dans ces plaines fertiles de la Lombardie, les vignes, aussi hautes que les maisons, forment dans les champs comme d'immenses berceaux de toute beauté. »

Le soir, ils arrivent à Venise, en franchissant la mer sur un pont de 225 arches et de quatre kilomètres d'étendue. — « Je suis sûr, observe l'aimable correspondant, que maman aurait eu bien peur en se voyant ainsi entourée d'eau et de navires. Du reste la ville étant complètement bâtie dans la mer, on n'y voit pas une seule voiture, pas un seul cheval, rien que des bateaux et des ponts pour aller d'une maison à l'autre. On va aux églises en bateau, le marché se tient sur des bateaux, c'est fabuleux.

« Ce qu'il y a surtout de remarquable à Venise, c'est l'église saint Marc, une des plus anciennes et des plus riches du monde. Le tombeau de l'Evangéliste est sous le maître-autel, qui est soutenu par deux colonnes provenant du temple de Jérusalem. »

Après Venise, notre caravane visite Padoue et Bologne.

« Bologne compte cent vingt-six églises. Vous ne vous imaginez pas quelle religion il y a dans cette ville. Nous avons visité beaucoup d'églises :

nous les avons trouvées toutes remplies de monde et surtout d'hommes. On arrête les prêtres dans les rues pour leur baiser la main, comme on me l'a fait ce matin.... On conserve ici le corps de sainte Catherine de Bologne ; c'est ce qui m'a le plus touché. Cette sainte est morte il y a 420 ans, et son corps, intact et sans corruption, est encore aussi flexible qu'au moment de sa mort. Elle est assise sur un trône devant l'autel, les deux mains sur les genoux. J'ai éprouvé un saisissement et comme de l'effroi en baisant ces mains que la mort a glacées ; mais j'ai prié avec une grande confiance. En priant je regardais cette sainte, et il me semblait qu'elle m'entendait. Comme ce voyage en Italie est édifiant, intéressant ! »

De Bologne, nos voyageurs sont bientôt au pied des Apennins. Dans l'espace de six heures ils franchissent quarante-sept tunnels.

Voici Florence, ancienne capitale de la Toscane, dont la révolution avait fait, à cette date, la capitale de l'Italie-Une et la résidence du roi Victor-Emmanuel II. L'abbé Varet ne se lasse pas d'admirer la foi des Florentins. — « En France, dit-il, nous ne soupçonnons pas cette ferveur et cette expansion : on voit que les Italiens regardent vraiment le bon Dieu comme leur ami...

« Je croyais trouver ici de l'impiété et des injures : au contraire je suis émerveillé de la complaisance de ce peuple italien : je crois qu'on ne pourra jamais lui ôter sa foi et sa bonté..... J'ai assisté tout à l'heure à un sermon : le prédica

teur, sans surplis, était monté sur une estrade ; il
marchait tout le temps, et que de gestes, que d'é-
clats de voix ! l'église était pleine de messieurs, de
dames, d'ouvriers, d'enfants ; tous pêle-mêle, debout, accroupis : c'était curieux......

« Nous avons visité les jardins du roi : c'est
splendide. Du reste Florence est la ville des fleurs
et vous ne voyez que des bosquets de toutes parts...»
Mais parmi tant de curiosités, rien ne lui faisait
oublier sa chère Bourgogne, Avallon, ses œuvres,
ses amis. Ecrivant à ses collègues de Saint-Lazare
d'Avallon :

« Que le temps me dure, s'écrie-t-il, d'avoir des
nouvelles de la France !... En m'écrivant à Rome,
vous me direz ce que deviennent mes malades, les
catéchismes, ce que vous faites. M. R... est-il bien
guéri ? M. L... tousse-t-il encore ? M. G... est-il
sage ? Que fait M. J.:. ? etc. »

Dans une autre lettre — celle-ci à ses parents
— il parle de Florence, « ville de marbre, ville de
palais, et surtout ville de parterres et de fleurs...

« Nous nous y sommes trouvés à merveille,
dit-il, pour voir les belles fêtes de la ville, à l'occasion de la naissance du petit-fils de Victor-
Emmanuel [1]. Nous avons admiré la revue des
troupes... ; pour la première fois j'ai vu des soldats en habits de peau blanche avec des casques
d'argent : c'est la garde du Roi. Nous avons assisté à des Saluts du Saint-Sacrement comme
vous n'en voyez pas à Paris. Cette population ita-

---

1. Le fils unique d'Humbert est né le 11 novembre 1869.

lienne qui a si mauvaise réputation est cependant bien aimable.

« Nous avons mis deux heures, poursuit-il, à visiter le palais de Victor-Emmanuel, et à la salle du trône je me suis assis dans son fauteuil. S'il nous avait vus, comme il nous aurait mis à la porte ! »

Après Florence, la pieuse caravane voit successivement Assise, où l'abbé Varet est particulièrement heureux de vénérer les tombeaux de saint François et de sainte Claire. Puis Lorette avec la Sainte-Maison de Nazareth, d'où il emporte de précieux souvenirs destinés à sa famille et à ses amis. Ce fut sa dernière halte. Après quinze heures de chemin de fer, il lui fut enfin donné de saluer Rome, le but de son pèlerinage. C'était le 17 novembre à 8 heures du matin. — « J'ai pleuré et j'ai chanté, écrit-il, lorsque j'ai aperçu de loin le dôme de Saint-Pierre. »

A peine installé, place Colonna, dans une honnête maison dont le maître connaissait Cravant, l'abbé Varet voulut sans retard satisfaire sa piété, en allant prier sur les reliques du Prince des Apôtres. Bientôt, avec deux de ses compagnons, il eut la joie de voir au passage le pape Pie IX, au moment où Sa Sainteté commençait sa promenade.

Mais il faut l'entendre lui-même, dans une lettre où il débute par ce cri du cœur : « Je suis à Rome et j'ai vu le Pape !... »

« Aujourd'hui même, 18 novembre, à 3 heures et demie, j'ai eu le bonheur incomparable de voir le pape, et de tout près, puisque de la main j'aurais pu toucher sa soutane de soie blanche. Tous les jours à cette même heure, Pie IX sort pour se promener. Nous savions cela, et nous nous sommes tenus au bas de son escalier. Là se trouvaient les suisses en grande tenue ; les dragons pontificaux suivaient, le pape allait à pied, marchant un peu vite, le chapeau rouge sur la tête. Il m'a béni en passant. M. Bréchat a crié : Vive Pie IX ! moi j'étais tout ému et je n'ai rien dit. Quelle figure aimable, quelle taille imposante, quelle bonne santé a le pape ! »

Quand le Saint-Père fut loin, nos trois prêtres bourguignons adressèrent la parole à l'un de ses valets. Celui-ci se trouva être un compatriote, un homme de Lucy-le-Bois, non loin d'Avallon : on conçoit dès lors avec quel bonheur le chambrier de Pie IX leur fit visiter en détail l'immense palais du Vatican.

Mais l'abbé Varet ne pouvait être complètement heureux qu'après avoir été reçu par le pape et chez lui. Cet honneur lui fut accordé dans l'après-midi du 22 novembre.

« J'étais avec M. Hamelin et tous ces messieurs, écrit-il. Nous avons fait antichambre près de trois quarts d'heure. Le pape était retenu par deux ambassadeurs qui lui parlaient dans sa chambre. Enfin ses camériers arrivent et nous font quitter nos manteaux et nos gants. Nous nous sommes mis à genoux quand Pie IX a paru. Il nous a fait relever et nous a donné sa main à baiser. Oh !

comme le pape est bon ! comme il est majestueux, simple et modeste ! Sa vue seule pourrait convertir. « De quel diocèse êtes-vous ? » nous a-t-il dit en français. Sur notre réponse, il nous a demandé des nouvelles de Mgr Mellon Jolly ; il nous a bénis, nous, nos familles, nos paroissiens et les objets de piété que nous avions présentés. »

Quinze jours les séparaient encore de l'ouverture du Concile. Nos infatigables pèlerins en profitèrent pour aller jusqu'à Naples. On leur avait dit que le Vésuve était tout en feu, et ils eurent en effet l'avantage d'assister un soir à cet imposant spectacle.

De retour à Rome, ils continuèrent à visiter les tombeaux des saints et à célébrer leurs messes dans les sanctuaires les plus célèbres. Plusieurs fois encore, ils rencontrèrent le pape, soit à Saint-Pierre, soit au cours de ses promenades ; mais ce fut surtout dans la mémorable journée du 8 décembre, qu'ils le virent dans tout l'éclat de son incomparable majesté.

Le mauvais temps qui régnait à Rome ne permit pas de donner à la cérémonie d'ouverture du Concile toute la solennité extérieure qu'on aurait voulu. Mais la magnificence, la sainteté, l'ampleur de la Basilique vaticane compensèrent bien les pompes du dehors que la pluie empêcha. Sept cents évêques, abbés ou généraux d'ordres étaient présents.

A 8 heures, les Pères du Concile avaient pris place dans la chapelle située au dessus du portique de la basilique ; chacun avec les ornements de sa dignité, et au rang assigné par les cérémoniaires pontificaux. L'abbé Varet vit se dérouler une majestueuse procession, dont la croix était portée, entre deux acolytes, par Mgr Isoard, aujourd'hui évêque d'Annecy, alors auditeur de rote. Bientôt Pie IX apparaît au milieu de sa cour et revêtu de tous les insignes du pontificat suprême. Tous les fronts s'inclinent pour recevoir sa bénédiction. Puis retentit le chant du *Veni Creator,* entonné par le Saint-Père lui-même. Cette solennelle fonction ne prit fin qu'à 3 heures de l'après-midi.

L'abbé Varet n'envoya point le récit de ses impressions à sa mère, parce que dès le surlendemain, il devait quitter Rome pour reprendre, aussi rapidement que possible, le chemin de la France.

Il s'embarquait en effet, le 10, à Civitta-Vecchia pour Marseille. Après une traversée heureuse, il saluait le 14 décembre N.-D. de la Garde et parcourait, pour en visiter les églises, la cité qui s'étend à ses pieds. Enfin, heureux d'avoir vu Rome, le pape, le Concile, et de s'être retrempé dans la foi au centre même de l'Unité catholique, il se hâta de regagner la Bourgogne, pour aller embrasser sa bonne mère. Il était temps : le cœur de madame Varet allait défaillir. Elle avait été six semaines sans revoir son fils !

CHAPITRE X.

**Comment le vicaire de Saint-Lazare fut nommé
curé de Sermizelles ;
et comment, appelé dans les Pyrénées,
il fit ses adieux à la Bourgogne.**

Au début de son voyage en Italie, l'abbé Varet était loin de se douter que, parti vicaire, il reviendrait curé.

Pendant son absence, un de ses amis, M. Joachim, avait voulu lui ménager une agréable surprise, en obtenant de Mgr l'Archevêque le poste de Sermizelles, qu'il savait devoir lui être très agréable.

Ce fut à Rome et au moment où il venait de visiter les catacombes, que l'abbé Varet reçut la nouvelle de sa nomination, datée du 1er décembre 1869.

A son arrivée à Cravant, il ne trouva pas, comme il s'y attendait, ses feuilles de pouvoirs : il y avait eu au Ministère des Cultes à Paris, un oubli ou un retard que son oncle le Vicaire général ne s'expliquait pas. « Mais, lui écrivait M. Pichenot, ce n'est pas une raison pour ne pas voir la main de Dieu dans cette affaire [1]. »

La Providence conduisit les choses avec tant

1. Lettre du 20 décembre.

de célérité que la veille de Noël, le nouveau curé arrivait à son poste. Ce ne fut pas sans regretter ses amis et sa vie très occupée de Saint-Lazare d'Avallon. Plus tard, en effet, il écrira : « Voilà déjà sept ans que j'ai quitté l'Avallonnais, et chaque fois que mon esprit se reporte au temps où j'y étais vicaire, j'éprouve une certaine émotion. Cette chère église de Saint-Lazare que j'aimais tant ! Et les enfants, comme tout ce monde a dû grandir ! [1] »

Sermizelles est une paroisse de 340 âmes, située au sud d'Avallon, sur la rivière de Cure et seulement à 23 kilomètres de Cravant en chemin de fer.

Le fils allait donc être rapproché de sa mère ; leurs entrevues seraient désormais plus faciles, mais par contre, les lettres, en devenant plus rares, ne nous laisseront que peu de détails sur le ministère du nouveau curé.

L'abbé Varet n'était pas un inconnu pour ses paroissiens ; depuis longtemps ils le désiraient pour pasteur. Les premiers mois de son arrivée, c'était à qui lui apporterait le plus de présents pour sa table et sa basse-cour. Il en distribuait la meilleure partie aux pauvres, et comme il en restait encore, il les envoyait à sa mère, comme pour lui dire que son fils avait au-delà du besoin. D'un autre côté, ses connaissances et amis d'Avallon ne l'oubliaient pas : on lui faisait des cadeaux plus durables : services de table, nappes, candélabres d'église, et même un calice assez joli.

1. Lettre du 30 juillet 1877.

C'est assez dire que le dévouement de l'ancien vicaire avait été apprécié.

Il avait en même temps à desservir Blannay, petit village de 260 habitants, appartenant au canton de Vezelay ; ce qui faisait pour notre jeune curé une charge de 600 âmes à sauver.

« Imaginez-vous, écrit-il à sa mère au cours du carême, que mercredi à Blannay, je prêchais sur la mort : il y avait beaucoup de monde à l'église, et je parlais de la mort subite. Le sermon fini je rentre à Sermizelles. A peine étais-je au coin du feu, qu'on vient sonner à la porte : c'était un domestique du château de Blannay, qui venait me chercher pour son maître. J'eus bientôt fait d'arriver : il était trop tard : M. de Château-Vieux était mort. Il s'était promené au jardin jusqu'à 6 heures, alors il dîna, et en se couchant, il fut frappé de mort. »

A Pâques, l'abbé Varet fut tout particulièrement satisfait de ses paroissiens.

« La semaine sainte a été édifiante, écrivait-il ; aux offices des Ténèbres l'église était toujours remplie. Le Jeudi-Saint était un vrai jour de fête ; église comble toute la journée, et l'on y a passé la nuit. C'était bien touchant. J'ai fait le chemin de la croix à minuit avec le monde. On a chanté des cantiques depuis le soir jusqu'à 2 heures du matin, sans interruption, et depuis 2 heures jusqu'à 5 on a fait des lectures à haute voix.

« A Blannay tout s'est passé de la même manière. Aujourd'hui, jour de Pâques, on a fait la procession autour du pays, tous les hommes s'y trouvaient et chantaient l'*Alleluia*. »

Son bon caractère, sa conversation si aimable lui gagnait toutes les sympathies. On se disputait le bonheur de le posséder et il attribuait cet empressement à tout autre chose qu'à son bon cœur. « Mon voyage de Rome, écrit-il, est cause qu'on m'invite de tous côtés : on veut que je raconte ce que j'ai vu. »

Il se rendait beaucoup plus volontiers aux Adorations perpétuelles qui se célébraient dans son voisinage. A Thory, où il trouva quatorze prêtres, il fut heureux de rencontrer ses anciens collègues, les vicaires de Saint-Lazare. « J'aurais bien voulu, dit-il, les suivre jusqu'à Avallon ; mais j'ai dû revenir à Sermizelles à cause de mes deux malades : mon voyage est remis après Pâques. » — A sa mère, il ne ménage pas les petits détails, surtout quand ils peuvent édifier. « J'aurais voulu, lui dit-il, vous voir à l'Adoration de Thory : l'église pleine d'hommes en redingote, et de femmes en bonnets blancs : je n'ai pas vu dans toute l'assistance un seul chignon, ni un seul ruban ! [1] »

Mme Varet était venue bien des fois à Sermizelles ; elle était parvenue à monter peu à peu le ménage de son fils, à pourvoir sa maison de tout le nécessaire, depuis une domestique offrant toutes les conditions requises, jusqu'à un chat « pour garder les souris du presbytère ». Pendant ce

1. Lettre du 3 avril 1870.

temps le jeune curé s'adonnait de son mieux à procurer le bien de ses deux petites paroisses, lorsqu'arriva une lettre qui allait changer totalement l'orientation de sa vie sacerdotale. M. le Vicaire général Pichenot venait d'être nommé évêque de Tarbes, et il voulait emmener avec lui son neveu.

Mme Varet apprit avec une joie facile à comprendre la promotion de son frère aux honneurs de l'épiscopat. Mais ce ne fut pas sans verser des larmes qu'elle entrevit le prochain départ de son fils pour un pays si éloigné. Quant au jeune curé, son âme de pasteur éprouva bien quelque regret : mais il cacha sa peine et se contenta de répéter son mot favori : « Faisons toujours ce que Dieu veut. »

Dès lors, il fallut se préparer au nouvel ordre de choses. L'abbé Varet fut invité à se rendre au plus tôt à Sens, auprès de son oncle. A cette nouvelle, ses paroissiens, dont il avait conquis à un haut degré l'estime et l'affection, se concertèrent pour s'opposer à son éloignement. Quand ils virent qu'ils ne parviendraient pas à le garder, ils préparèrent une manifestation publique de leurs sentiments, laquelle devait éclater à l'heure de son départ. Mais l'ayant appris et voulant se soustraire à l'émotion des adieux, l'abbé Varet quitta pendant la nuit, le cœur gros, cette paroisse à laquelle il avait donné ses meilleures affections.

C'était au commencement de juillet de cette fameuse année 1870, année terrible, si fatale à notre pauvre France. Le 15 de ce mois néfaste, l'Empereur des Français déclarait la guerre à la Prusse, et les deux puissances transportaient à la hâte leurs armées sur les rives du Rhin. Ce fut donc au milieu des pressentiments universels et des bruits de bataille, qu'eurent lieu à Sens les préparatifs du sacre de Mgr Pichenot.

Dans les premiers jours d'août, le prélat se rendit à Paris pour prêter le serment ; l'impératrice Eugénie l'avait demandé à Saint-Cloud, mais les fâcheuses nouvelles de la guerre firent renvoyer la cérémonie à un autre jour. On se demandait avec angoisse si le nouvel évêque de Tarbes n'allait pas être bloqué par l'ennemi, et empêché pour longtemps de se rendre dans son diocèse.

« Le sacre se prépare toujours pour le 21 août, écrivait le 7 l'abbé Varet, — à moins que les Prussiens ne soient à Sens. »

Ces craintes, heureusement, ne furent pas justifiées ; le sacre eut lieu au jour fixé, on y compta six évêques.

Une officiature pontificale du nouveau prélat avait été projetée à Nuits, lieu de sa naissance. Elle ne put avoir lieu.

« Je l'avais prévu, écrit l'abbé Varet le 25, car les nouvelles de la guerre ne sont pas meilleures. Nous pensons qu'il faut partir de suite. Ne vous tourmentez pas, chère mère ; Dieu veille sur nous.»

Après une dernière visite à ses parents, qu'il est allé embrasser à Cravant, il part pour Tarbes le 29 août, accompagné de sa tante, Mlle Laurence.

« A Sens, nous avons eu bien peur, écrit-il, je

croyais ne pouvoir en sortir. Les trains sont tellement encombrés, que certains voyageurs avaient
leurs billets depuis deux jours sans pouvoir partir. Les habitants de Sens étaient dans la terreur
et l'épouvante. »

Comme il devait passer par Paris, pour y prendre la ligne d'Orléans, ce ne fut pas sans peine
qu'il put y arriver ; les gares étaient bondées
de soldats et de fuyards. En traversant le bois de
Boulogne, il le trouva « occupé par trois cent
mille moutons qui rongeaient les arbres abattus ».
Le surlendemain 31, après avoir célébré la messe
dans la chapelle des Lazaristes, sur les reliques
de saint Vincent de Paul, il continua sa route
vers le midi de la France, par des trains sans
cesse inquiétés. Enfin, le lendemain 1er septembre, les deux voyageurs descendirent à Tarbes,
vers la fin du jour, remerciant Dieu d'y être arrivés sains et saufs, après un voyage plein d'angoisses et de retards imprévus [1].

1. Lettre du 1er septembre 1870.

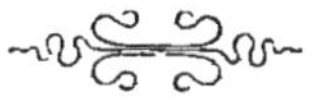

e.
it
r-
n

)-
ie
es
le
it
»,
se
es
te
is
n-
s.
i-
e-

1. Monseigneur Pichenot.
2. L'église la plus célèbre du diocèse de Tarbes.
3. La cathédrale de Chambéry.

SECONDE PARTIE

—

Les dix années auprès de Mgr Pichenot.

—

CHAPITRE PREMIER.

**Comment l'abbé Varet, secrétaire intime
de son oncle, fut aumônier d'un Externat,
et combien les nouvelles de la guerre
firent saigner son bon cœur.**

TARBES, chef-lieu du département des Hautes-Pyrénées, existait déjà au temps de César. Après avoir été sous les Romains un poste militaire, cette ville devint au moyen âge la capitale du Bigorre. Souvent pillée ou brûlée, elle n'offre plus aujourd'hui que l'aspect d'une ville moderne, mais d'un genre à part, qui faisait dire à Napoléon Ier : « A Tarbes, on voit des rues sans maisons, un chœur sans église et un pont sans eau. » Son évêché remonte à l'an 420. Sur les ruines de l'ancien Château-Fort, s'élève la vieille cathédrale et, tout près, l'ancien évêché, dont on a fait, après 1793, la préfecture actuelle, en construisant un autre palais épiscopal qui n'a rien d'extraordinaire.

« C'est une belle maison bourgeoise, écrit l'abbé Varet à sa mère, — elle n'a ni l'étendue ni la beauté de l'archevêché de Sens. Le jardin n'est pas grand, les appartements n'ont pas été réparés, on a attendu les indications et le goût de Monseigneur.

« Mais le Grand-Séminaire est, dit-on, l'un des plus beaux de France. Je n'ai rien vu de plus majestueux : on y a une vue superbe sur les Pyrénées, et l'on y respire un air très rafraîchissant. La cathédrale n'est pas aussi grande que l'église de Cravant. »

On pense bien ce que dut être l'accueil fait par les premiers ecclésiastiques de la ville au neveu et à la sœur de l'évêque attendu.

La réception fut empressée et cordiale, quoique un peu embarrassée pour Mlle Laurence. « Ma tante, raconte l'abbé Varet, a fait la connaissance de la mère du Secrétaire général, c'est une bonne vieille qui comprend le français, mais qui ne le parle pas. Les voilà déjà intimes amies, et elles s'occupent de l'évêché d'où je vous écris [1]. Le clergé m'a reçu avec tant de franchise que j'en suis confus. Les Religieuses se disputent ma tante on nous voudrait partout [2]. »

Cette digne demoiselle Laurence n'était plus jeune, sa vue commençait à se troubler et son ouïe à s'altérer. Mgr Pichenot avait songé à lui

1. Lettre du 1er septembre. — Du 4 septembre.

donner une compagne, en faisant venir à Tarbes Mlle Marie, sa nièce, qui devait se rendre très utile pour la surveillance des gens de service, la lingerie et autres questions d'économie domestique.

Avec la piété que nous lui avons connue, l'abbé Varet ne pouvait manquer de consacrer sa première sortie à N.-D. de Lourdes, qui, distante d'une demi-heure de Tarbes, allait devenir son pèlerinage favori.

Les détails qu'il donne à sa mère de cette première visite sont des plus intéressants, il faudrait tout citer : l'accueil honorable et affectueux que lui firent les missionnaires de Lourdes, son ravissement à la vue de la grotte et de ses sources, la description du costume des habitants du pays ; mais nous trouverons ailleurs des récits à peu près semblables.

On était au 3 septembre. Tous les esprits étaient préoccupés et navrés des tristes nouvelles de notre armée. « A Tarbes, écrivait l'abbé à sa mère le 4, on est un peu abattu, mais calme ; les églises regorgent de monde, on vient prier pour que Dieu sauve la France.

« Mon oncle n'est pas encore arrivé. On devait le recevoir en grande cérémonie ; mais ce matin, à la grand'messe, MM. les Vicaires généraux ont contremandé l'éclat de la réception, à cause des nouvelles alarmantes de la guerre. »

A cette date il ignorait encore la catastrophe de Sedan et la chute de l'Empire. La France ne devait pas périr, mais être humiliée et perdre deux

7

de ses plus belles provinces. L'heure était venue pour le Dieu jaloux des libertés de son Eglise, de châtier et renverser le souverain qui avait abandonné le Pape et préparé les voies à l'envahissement du Patrimoine de saint Pierre.

La République était proclamée à Paris. Dans la province la consternation était universelle, les Allemands avançaient toujours, ils se dirigeaient sur la capitale, envahissant la Champagne et la Bourgogne. Sens, Auxerre, Cravant, étaient menacés de l'invasion. Qu'allait-il arriver ?...

Ce fut au milieu de ces préoccupations, que Mgr Pichenot fit son entrée à Tarbes le mercredi 7 septembre. Une pluie torrentielle fit remettre la réception officielle au lendemain. Le nouvel évêque monta en chaire pour lire son premier mandement. « J'étais près lui, écrit M. Varet. Que de monde ! que de figures, et toutes ces figures nous étaient inconnues ! Monseigneur se prit à pleurer ; par quatre fois il ne put continuer sa lecture : les sanglots lui coupaient la voix. »

Il fallait cependant s'installer à l'évêché, mettre tout en ordre, prendre connaissance des hommes et des affaires du diocèse. Le jeune secrétaire particulier ne fut pas le moins occupé.

Bientôt il fut nommé chanoine honoraire de la cathédrale : sa parenté avec Monseigneur réclamait ce titre que d'ailleurs MM. les Chanoines désiraient pour lui.

Mais ses fonctions de secrétaire particulier étaient loin de suffire à son activité. D'autre part, quelque chose manquait à son zèle sacerdotal : il s'ennuyait de n'avoir plus à s'occuper directement des âmes. Son oncle s'en aperçut ; il le nomma aumônier de l'Externat dirigé par les sœurs du St-Nom de Jésus. Chargé en même temps des Religieuses elles-mêmes, il allait chaque jour leur dire la messe. « Les sœurs sont toutes fières d'avoir le neveu de Monseigneur pour aumônier, écrivait-il à sa mère. Ces bonnes religieuses brûlent de vous connaître, et me font mille questions sur votre âge, votre taille, votre ressemblance [1]. »

Durant les premiers mois, il eut à se dépouiller de l'accent de son pays natal, qui paraissait étrange aux jeunes élèves méridionales de son Externat. Il en parle familièrement à son frère : « J'ai prêché dimanche au couvent, dit-il, et j'ai fait rire tout le monde par mon accent bourguignon, en sorte que je m'étudie à parler charabia [2]. » Mais bientôt, sa piété, sa modestie, sa charité lui gagnèrent toutes les sympathies, et l'on prêta plus d'attention à ce qu'il disait qu'à l'accent avec lequel il le prononçait.

Les premières communions avaient pour lui un charme toujours nouveau.

« La fête d'hier (au couvent) a été bien belle, écrit-il. La chapelle était remplie : il y avait deux colonels d'artillerie en grande tenue, avec leurs familles. J'ai prêché le matin à la messe. Les enfants versaient de douces larmes et les parents aussi. Le soir aux Vêpres, un Grand-Vicaire a

1. Lettres du 6 avril et 7 juin 1871. — 2. Du 10 octobre 1870.

présidé la cérémonie avec deux chanoines [1]. »

L'abbé Varet s'intéressa bientôt au développement de cette communauté dont il était édifié. Il en fit l'éloge à la jeune orpheline d'Avallon, qui se sentit portée à embrasser ce genre de vie. — « Après Dieu, écrit-elle, c'est bien à M. Varet que je dois le bonheur inestimable de la vie religieuse. En arrivant postulante à Tarbes, je le trouvai aumônier du couvent où j'entrais. Il redevint pour moi ce qu'il avait toujours été, un père des plus dévoués. Il alla même jusqu'à recommander aux sœurs de ne pas me laisser le temps de m'ennuyer ; et plusieurs fois il demanda pour moi la faveur d'aller aux offices de la cathédrale quand Mgr Pichenot pontifiait.

« Au bout de trois mois, quand je partis pour la Maison-Mère à Toulouse, il me fit promettre deux choses : d'être toujours bien soumise à mes supérieures, et de dire chaque dimanche un « Souvenez-vous » à la Sainte-Vierge pour lui.

« Il aimait cette devise de saint François de Sales et me la recommandait : « Ne rien demander, ne rien refuser. » Mon enfant, ajoutait-il, faites cela et vous serez une parfaite religieuse. »

Cependant les nouvelles de la guerre devenaient de plus en plus alarmantes. « Pauvre France ! s'écriait l'abbé Varet, faut-il la voir si humiliée et si près de terre ! Heureusement, la Providence est là pour un coup. »

Alexandre, en lui écrivant qu'une seconde levée

1. Lettre du 27 mai 1872.

d'hommes allait être faite, lui avait communiqué une circulaire de l'archevêque de Sens qui recommandait à ses diocésains l'obéissance et le dévouement. L'abbé Varet se hâte d'encourager son frère :

« Cette nouvelle nous a beaucoup attristés, lui répond-il, mais il faut bien défendre sa patrie, et tu as pu voir, dans sa circulaire, que Monseigneur a l'âme bien française. Il ne faut pas que maman se désole outre mesure. Que de familles plus affligées et complètement perdues ! A Tarbes, j'ai rencontré quantité de pauvres Alsaciens, qui ne savent où sont leurs familles, et qui voudraient repartir pour repousser l'ennemi. J'espère bien que cela ne tardera pas, surtout si tu es sergent dans l'armée. Je donnerais quelque chose pour te voir à l'exercice [1]. »

Dans une autre lettre, l'abbé Varet tâche de rassurer sa mère. « Il ne faut pas vous désoler trop au sujet de cette guerre désastreuse. Alexandre sera obligé de partir, la nécessité le commande et il faut bien défendre sa patrie, mais je crois que la paix sera faite avant qu'il ne lui arrive malheur, et que la Sainte-Vierge nous le rendra sain et sauf. Je vais le recommander à Lourdes. Qu'il y pense de son côté et vous verrez que tout ira bien. Ici on est tranquille, mais on a peur de voir arriver l'ennemi. La ville est pleine de Parisiens, de Picards, de fuyards, qui viennent demander un asile à nos montagnes. Il y a beaucoup de blessés. On ne voit dans les rues que

1. Lettre du 10 octobre.

dragons, lanciers, cavaliers de tout uniforme [1]. »

Quinze jours après, le jeune secrétaire de Monseigneur ajoutait ces détails qu'il nous paraît intéressant de recueillir : « Rien de nouveau à Tarbes, si ce n'est le passage de prisonniers bavarois qui ont été conduits à Lourdes : ils sont casernés en face de la Grotte, dans le petit fort qui défend le passage de l'Espagne. Tout le monde remarquait leur santé florissante et leurs uniformes en bon état : on ne pourrait pas en dire autant de nos soldats. Aujourd'hui, la nouvelle de la reprise d'Orléans a ranimé nos troupes. Un soldat d'Avallon, avec qui j'ai fait une promenade, me disait que l'espérance commençait à renaître.

« Nous ne recevons plus rien de Sens ; ni journal, ni *Semaine*, ni lettres... Louise Duchesnay [2], ne nous a pas écrit par le ballon, comme nous nous y attendions... Pourvu que Louis et Hector [3], ne se soient pas trouvés à Metz ! Quelle guerre désastreuse ! L'Histoire de France et du monde ne rapporte rien d'aussi terrible.

« Je pense qu'Alexandre ne partira pas. Je suis allé dire la messe jeudi à Lourdes à son intention. Monseigneur vous recommande le courage et la confiance en Dieu, au milieu de ces évènements [4]. »

La recommandation de l'évêque à sa sœur était des plus opportunes : la pauvre mère avait dû embrasser son second fils partant pour l'armée de la Loire, au poste de Bonny, près de Gien (Loiret).

---

1. Lettre du 28 octobre. — 2. Sa cousine de Paris. — 3. Ses cousins.
4. Lettre du 11 novembre 1870.

L'abbé Varet, lui écrit le 18 décembre :

« Il ne se passe pas un jour qu'on ne parle de toi ici, et souvent le soir, en me trouvant au coin d'un bon feu, je me dis que tu es peut-être gelé. Combien notre pauvre mère doit être tourmentée ! Je ne reçois rien de Cravant depuis quinze jours ; et je suis à me demander si l'on est malade ou si les Prussiens sont chez nous. Ecris souvent à nos parents pour les tranquilliser. C'est bien dur pour un père et une mère de se voir ainsi séparés de leurs enfants. Soigne-toi, couvre-toi bien pendant les nuits. Si tu avais besoin d'argent, écris-moi combien il te faut, je tâcherai de te l'envoyer.

« Hector était au combat d'Orléans, il n'a rien eu ; mais pas de nouvelles de Louis.

« A Tarbes, il y a quantité de blessés. C'est affreux. Monseigneur a déjà visité deux ambulances où sont les blessés de Coulmiers. Pauvres jeunes gens ! L'un d'eux avait reçu une explosion d'obus qui lui a ravagé la figure. Il y a aussi 120 prisonniers bavarois, dont 80 pères de famille [1]. »

Pendant que cette lettre courait d'étape en étape pour trouver Alexandre, celui-ci, retenu dans une ambulance pour une blessure reçue à l'œil, écrivait à son frère pour se plaindre d'être sans nouvelles d'aucun côté. Sa lettre mit dix-huit jours pour arriver à Tarbes ; mais elle rassura tout l'évêché qui le croyait prisonnier de guerre.

« Je voudrais bien, lui répond l'abbé Varet, que ta blessure te fasse obtenir un congé de convales-

1. Lettre du 18 décembre 1870.

cence et que tu puisses venir à Tarbes ; tu serais bien soigné. »

Il lui apprend que, le 20 décembre, la ville d'Auxerre a été envahie par 8.000 Prussiens. Tous les environs, y compris Cravant, ont été occupés ; les habitants ont logé l'ennemi plusieurs jours. A Sens, se trouve un sous-préfet prussien qui ruine tous les villages par ses réquisitions.

Toute cette lettre est palpitante d'intérêt, il faudrait la citer en entier ; elle se termine par cette parole si réconfortante dans le malheur :

« Recommande-toi à Dieu et à la Sainte-Vierge ; ici à Tarbes, on prie tous les jours pour toi [1]. »

Le Dieu des armées n'abandonne jamais ceux qui recourent à lui. Quelques jours après, se trouvant avec son détachement à la gare de Laroche, Alexandre se distingua, au péril de ses jours, par un hardi coup de main qui réussit. Au sortir de là, il fut étonné de se trouver encore vivant. Un ami s'empressa d'en transmettre la nouvelle à l'abbé Varet qui écrivit à sa mère :

« Combien nous sommes redevables à Dieu de cette protection si visible ! J'ai attribué cette faveur à N.-D. de Lourdes, et vendredi 3 j'irai à Lourdes, dire une messe d'action de grâces. La Sainte-Vierge nous le ramènera sain et sauf ; c'est mon espérance bien ferme [2]. »

Une si grande confiance ne pouvait manquer d'être récompensée. Après un séjour à Nevers, où il eut le bonheur d'être logé chez un bon curé

---

1. Lettre du 7 janvier 1871. — 2. Du 1ᵉʳ février 1871.

de la ville, Alexandre put reprendre la route de son pays natal. Il rentra dans sa famille avec le grade d'officier de franc-tireur. Son cousin Hector, fils de Louis Pichenot, le notaire, qui était sous-officier dans l'armée de la Loire, ne fut point aussi heureux. Un obus l'avait couvert de ses éclats au combat de Vendôme, le 18 décembre ; il était mort huit jours après, avec les consolations de la religion [1]. »

Toutes les maisons de la nombreuse famille Varet-Pichenot avaient leurs inquiétudes personnelles, car il en était bien peu qui n'eûssent quelqu'un de leurs membres sous les drapeaux. Les angoisses des pauvres mères ne cessèrent complètement qu'après la chute de la Commune, à Paris.

L'abbé Varet écrivait :

« Les rouges de Cravant doivent porter le deuil de la Commune de Paris. Quels sauvages ! Ils ont fusillé l'archevêque de Paris et tant d'autres prêtres. Monseigneur en connaissait quelques-uns. A Tarbes, on arrêtait tous les trains pour voir si ces Messieurs de la Commune n'y étaient pas renfermés. On n'y a trouvé que quelques individus qui fuyaient en Espagne [2]. »

« Dans certaines campagnes des Pyrénées on aime si peu la République, que le dimanche à la messe les chantres ne veulent pas chanter *Domine salvam fac rempublicam*, il faut que le curé se fâche pour se faire obéir. Je suppose qu'à Cravant, on ne s'occupe guère de ces questions-là [3]. »

1. Lettre du 22 mars. — 2. Du 7 juin 1872. — 3. Du 15 mai 1871.

CHAPITRE II.

**Comment les coutumes et les pèlerinages pyrénéens
excitaient l'admiration du cher abbé Varet.
Ses nombreuses visites à Lourdes.**

Autant les préoccupations causées par la guerre attristaient le cœur si impressionnable du jeune secrétaire, autant les détails du ministère des âmes et des cérémonies du culte le remontaient puissamment. Certaines fonctions liturgiques avaient une couleur locale qui intéressait vivement sa piété : aussi aimait-il à en parler dans ses lettres, pour l'édification de ses parents.

« Dimanche dernier, jour des Rameaux, Monseigneur a officié. C'est la coutume ici de bénir des branches de laurier pour servir de rameaux : ce sont des branches énormes, auxquelles sont parfois suspendus des gâteaux de deux livres et des bonbons. L'église ressemble à une forêt de verdure. Quand la procession sort et parcourt la place, c'est un beau coup d'œil de voir marcher tous ces lauriers. Monseigneur portait une palme de Jérusalem, et comme cette branche desséchée ressemblait à la lame d'un grand sabre, j'entendais les braves gens qui disaient dans leur patois :

Monseignour qu'é né spada : Monseigneur qui a une épée ! [1] »

« Le jour des Rameaux a eu lieu la communion générale des hommes : ils étaient environ dix neuf cents. Quel beau coup d'œil ! Pas une femme ! rien que des têtes d'hommes. Et quel recueillement ! C'est Monseigneur qui a donné la communion, et je vous assure qu'à la fin il était bien las ! [2] »

« Dans ces pays, raconte-t-il encore, la grande procession de la Fête-Dieu est tout une affaire. On m'a dit qu'elle n'avait jamais été aussi belle. Monseigneur officiait. La marche a duré trois grandes heures, de 8 heures et demie à midi. C'était vraiment un spectacle grandiose. L'artillerie à cheval ouvrait la marche ; l'artillerie à pied faisait la haie avec les soldats de la remonte, les sapeurs-pompiers et la gendarmerie. Il y avait la fanfare de la ville, la musique des pompiers et la musique de l'artillerie : c'était ravissant. Tous les élèves du Grand-Séminaire portaient des chapes blanches, rouges, vertes, violettes ; les chanoines en chape tenaient les cordons du dais.

« Après Monseigneur venaient un archevêque espagnol, le préfet, le maire, le général en grande tenue ; trois colonels, un état-major de deux régiments d'artillerie ; les juges en robes, les douaniers, les inspecteurs des tabacs et une foule immense. Toutes les maisons étaient tendues de blanc ; les rues étaient tellement couvertes de fleurs et de verdure qu'on aurait cru marcher

1. Lettre du 6 avril 1871. — 2. Du 29 mars 1872.

dans une prairie. Monseigneur était content [1]. »

« Pendant l'octave, tous les soirs à 8 heures, au Salut du Saint-Sacrement, on fait la procession dehors ; le monde y assiste en foule [2]. »

Au dehors de la ville épiscopale, les scènes grandioses ou pittoresques ne manquaient pas non plus à l'heureux secrétaire de Monseigneur. Outre N.-D. de Lourdes, le diocèse de Tarbes possède aussi le pèlerinage de N.-D. de Garaison, le Lourdes des XVIe et XVIIe siècles. Mgr Pichenot y fit sa première visite huit jours après son installation, accompagné de l'un de ses vicaires généraux et aussi de son neveu, qui raconte ainsi ses impressions.

« Garaison a un couvent de prêtres missionnaires. C'est une solitude magnifique où accourent tous les dimanches des milliers de pèlerins, qui arrivent le samedi avec leurs provisions, et passent la nuit dans l'église. Dimanche, avant 7 heures, il y a eu 4,000 communions, et Monseigneur a donné lui-même, à la grand'messe pontificale, la communion à un millier de personnes.

« Comme tout ce monde est simple ! les jeunes gens sont en grand nombre, ils descendent de leurs montagnes en chantant des cantiques, et repartent le dimanche soir.

« Vous ne vous imaginez pas comme Monseigneur a été bien reçu ; il y avait une centaine de prêtres venus pour assister à l'ordination de quel-

1. Lettre du 8 juin 1872. — 2. Du 14 juin 1872.

ques missionnaires, et aussi pour voir le nouvel évêque. Cette foule qui parle peu le français, mais qui le comprend assez bien, écoutait avec avidité. Jamais je n'avais vu tant de têtes de femmes couvertes de foulards en soie jaune ou bleue ; vous payeriez bien cher pour voir un bonnet. »

« A Vêpres, Monseigneur a officié et prêché une seconde fois ; il a parlé de la France, et naturellement tous les yeux étaient humides [1]. »

Mais nul pèlerinage — est-il besoin de le dire — n'était plus aimé du jeune secrétaire, que celui de N.-D. de Lourdes. Neveu d'un prélat qui était heureux de s'intituler évêque de Lourdes, il partageait la tendre piété de son oncle pour cette blanche Vierge de Massabielle. Il se rendait très souvent à la Grotte ; il y conduisait ses parents, ses amis et ceux de ses compatriotes qui venaient à l'Evêché. Tout ce qui se rapportait, de près ou de loin, au célèbre pèlerinage, lui était spécialement ment cher.

Quelque temps après son arrivée dans le diocèse, il écrivait :

« A Lourdes, nous avons passé une belle journée. J'ai dit la messe sur l'autel principal et j'ai donné le Salut dans la chapelle de la Grotte. J'ai vu le moulin qui est la maison paternelle de Bernadette. Son père est un bien brave homme ; j'avais reçu une averse de pluie, il m'a fait sécher devant un bon feu.

« M. le curé de Lourdes a été bien complaisant

1 Lettre du 27 septembre 1870.

pour moi : il m'a invité à descendre chez lui à mon premier voyage [1]. »

Il eût été heureux de voir aussi Bernadette, mais elle avait déjà quitté Lourdes, pour entrer, comme l'on sait, à la Maison-Mère des Sœurs de Nevers.

Tout le personnel de l'évêché avait son pied-à-terre dans cette charmante maison, ou chalet des évêques, que tout le monde connaît aujourd'hui. L'abbé Varet faisait souvent ce pèlerinage béni, où sa piété se trouvait à l'aise. Il y était chaque fois accueilli avec transports par les missionnaires de l'Immaculée, par les Sœurs, par tout le monde. « Les Religieuses me demandaient — écrit-il à sa mère — si vous viendriez bientôt à Lourdes, et me disaient que votre chambre est toute prête chez elles [2]. »

Une autre fois il s'écriait dans son ravissement : « Combien je suis heureux, ma chère mère, de pouvoir vous écrire de notre belle habitation de Lourdes ! Je suis venu passer ici mes vacances de Pâques. Je suis fêté par tous ces bons Pères de la Grotte..... Vous ne vous imaginez pas comme ce paysage est admirable de verdure et de fleurs. Il y a, aujourd'hui jeudi, un concours incroyable d'étrangers, parmi lesquels, des malades qu'on apporte dans leurs lits et à qui l'on donne à boire de l'eau miraculeuse. J'ai vu des troupes d'hommes communier à midi. Dans la prairie, tout est garni

1. C'était le bon M. Peyramale. Lettre du 11 novembre 1870. —
2. Du 20 octobre 1870.

de pèlerins assis sur l'herbe et faisant leur repas. Je voudrais que vous eussiez ce beau coup d'œil comme je l'ai de ma fenêtre en vous écrivant.

« Le Supérieur des missionnaires veut vous envoyer cette image et mettre votre adresse sur ma lettre [1]. »

L'abbé Varet avait eu, sur tout le corps, plusieurs furoncles que, pour se conformer au langage cravantais, il appelait « ses feux » et qui lui causaient une douleur vive souvent accompagnée de fièvre. Voulant expérimenter pour lui-même sa confiance en N.-D. de Lourdes, il lotionna ses « feux » avec de l'eau miraculeuse. Bientôt, il n'y eut plus trace de boutons, mais il attendit dix mois avant d'annoncer avec plus d'assurance sa guérison.

« N.-D. de Lourdes m'a guéri de mes feux, écrit-il enfin ; je n'ai rien éprouvé depuis le mois de juillet, et j'attribue cela à l'eau de la Grotte [2]. »

Il se fait alors plus que jamais le prédicateur de la confiance en la Vierge « toute-puissante ».

Ayant appris qu'une de ses tantes de Nuîts-sous-Ravières était dangereusement malade, il écrit :

« Dites-lui bien, à cette chère tante, que les Religieuses de Lourdes ont commencé une neuvaine pour sa guérison. On va vous envoyer par la grande vitesse de l'eau miraculeuse. Elle en boira pendant neuf jours, et promettra chaque jour à la Sainte Vierge que, si elle guérit, elle

1. Lettre du 13 avril 1871. — 2. Du 15 mai 1872.

viendra de suite en pèlerinage à la Grotte de Lourdes pour faire son offrande. Pauvre tante ! Dites-lui d'avoir confiance. Il se fait des miracles tous les mois, et la Sainte Vierge est si bonne, qu'elle ne manquera pas de la guérir [1]. »

L'abbé Varet se trouvait à la source des grâces ; on voit qu'il savait en profiter. Quinze jours après, la malade se trouvait beaucoup mieux. Elle vécut encore quelques mois ; et lorsque vint pour elle l'heure de la récompense, la bonne tante mourut réconfortée par la dévotion à N.-D. de Lourdes que lui avait prêchée son neveu.

Jaloux de publier dans son pays natal les gloires de N.-D. de Lourdes, il décrit avec complaisance le grand pèlerinage des bannières, qui eut lieu en 1872, au commencement d'octobre.

Avec Mgr Pichenot, il avait passé huit jours à Lourdes. Le dimanche du Rosaire, il y avait vu neuf évêques, 2,000 prêtres et 50,000 laïques pèlerins. Il remarqua la bannière de l'Alsace-Lorraine. « Elle était, dit-il, en velours noir, brodée d'or et d'argent. Quand elle passa, toute la foule s'écria : « Vive l'Alsace ! » Tout le monde pleurait. »

Plusieurs miracles avaient eu lieu en cette circonstances. « Pour moi, affirme-t-il, j'ai entendu une sourde-muette de 22 ans parler. Elle était de Blois. Ceci s'est passé devant une foule considérable qui peut l'affirmer. J'ai vu sa mère devenir pâle et défaillir, quand sa fille a dit pour la première fois *maman*. Elle était effrayée des sons

1. Lettre du 3 juillet 1872.

qu'elle articulait, et pendant deux heures, elle aima mieux écrire que parler. Sa parole lui faisait peur.

Dans ses excursions, il trouve toujours quelque chose de neuf à raconter, et il en émaille ses lettres. Cauterets, la célèbre station thermale, où il est allé pour l'Adoration perpétuelle, « est une ville enfoncée dans les montagnes. On s'y trouve comme dans une grotte, le soleil n'y paraît qu'une heure chaque jour. Les neiges y sont affreuses : M. le Curé en avait encore deux mètres de haut dans sa cour ; nous passions par des galeries pour nous rendre à l'église [1]. »

Dans l'été de 1871, il eut la consolation de faire un pèlerinage au tombeau de saint Vincent de Paul, à Poy, près de Dax, aujourd'hui dans le département des Landes. Il s'y trouvait le jour même de la fête du saint, le 19 juillet. A son retour, il glanait dans son voyage tout ce qui était propre à intéresser Alexandre.

« J'ai donc traversé, écrit-il, cet affreux département sans villages ; on fait quatre lieues sans voir une habitation ; ce n'est que sable, avec des sapins. Aucune culture n'est possible, les routes sont impraticables, les voitures enfoncent jusqu'à un pied, et moi-même, en faisant ma course, j'avais du sable fin par dessus les souliers. Les habitants marchent sur des échasses : c'est curieux et comique. Figure-toi des échasses qui ont six, sept et huit pieds de haut ; je me demande com-

1. Lettre du 22 mars 1871.

ment ils peuvent s'y tenir. Les bergers viennent près du chemin de fer pour voir passer les trains ; munis d'un grand bâton, ils le tiennent derrière le dos, et peuvent ainsi rester au repos. Les facteurs surtout ont de ces grandes échasses, et vont aussi vite que les chevaux à la course : ils donnent les lettres par les fenêtres, car ils sont trop élevés pour entrer par les portes. Que ce pays est malheureux ! et c'est dans ces contrées qu'est né saint Vincent de Paul ! On conserve encore la chaumière où ce grand saint est né, il y a près de 3oo ans ; les chambres en sont bien conservées ; j'ai pu dire la messe dans celle qui fut son berceau [1]. »

Plus d'une fois, il arriva au neveu de l'évêque de Tarbes d'accompagner son oncle dans ses visites pastorales. Il ne se rassasiait pas du consolant spectacle des religieuses populations accueillant le premier pasteur du diocèse avec un pittoresque achevé. Ecoutons la description qu'il nous donne d'une réception faite pendant le carême de 1872 :

« Cinquante jeunes hommes à cheval, avec pantalon blanc, chemise Henri IV et ceinture rouge, la tête couverte du béret bleu, vinrent à la rencontre de l'évêque sur la route de Pau, jusqu'à une lieue de la paroisse, et, se rangeant de chaque côté de sa voiture, ils lui firent une escorte d'honneur.

« A l'entrée du village, où toute la population

1. Lettre du 24 juillet 1871.

s'était portée, le maire en écharpe, avec son adjoint, complimenta Monseigneur dans sa voiture, sous l'arc de triomphe. Après le compliment, on continua la marche jusqu'au presbytère. Là, attendait le curé, un vieillard aux cheveux blancs, qui tutoyait tout le monde.

« Nous fûmes reçus avec une simplicité touchante. J'étais logé chez M. le Maire, dans une grande chambre de l'ancien temps. C'était une famille riche. Tous les soirs après souper, les domestiques, les enfants se réunissaient autour des parents et on disait le chapelet ; M. le Maire répondait comme les autres. Il y avait là une grand' mère de 82 ans, qui me rappelait maman Pichenot. Cette bonne vieille jeûnait tout son carême ; mais à midi, elle mangeait plus que moi. Après la confirmation, quand Monseigneur partit, la cavalcade de la veille l'accompagna jusqu'au village voisin [1]. »

Dans la plaine, c'était assez gai : mais il en était autrement sur les pentes abruptes des Pyrénées. — « Monseigneur est en tournée pastorale dans les montagnes ; il voyage à cheval à peu près tous les jours. Que vous ririez à Cravant, si vous voyiez arriver un évêque à cheval, avec son grand vicaire et le clergé à cheval ! » Et vingt jours de suite le bon prélat parcourait un quartier de son diocèse en cet équipage et dans des chemins très difficiles ; aussi rentrait-il à Tarbes excessivement fatigué [2].

1. Lettre de mars 1872. — 2. Du 8 juin 1872.

Le jeune secrétaire était d'un abord si aimable, qu'il acquit en peu de temps les sympathies de tous les curés. L'un d'eux lui fit avec tant de cœur une invitation à l'occasion des jours gras, qu'il ne put la refuser. Cela fera plaisir à ma mère, pensait-il, et il lui écrivait :

« Les dimanche, lundi et mardi gras sont de véritables fêtes dans nos Pyrénées. Il y a chaque jour grand'messe et Vêpres, et puis des festins partout. Vous ne vous imaginez pas quelle quantité de poules, de dindes, on consomme. On avait invité le maire et les notables, et à la fin du repas, pour me faire honneur à moi bourguignon, on servit du vin de Bourgogne qu'on avait acheté.

« Je suis obligé de refuser souvent les invitations qu'on veut bien me faire : ces prêtres ont pour moi mille bontés [1]. »

1. Lettre du 12 février 1872.

CHAPITRE III.

Comment les joies et les tristesses de sa famille
se succédaient
dans l'âme si aimante de l'abbé Varet.

DANS le courant de juillet 1871, notre jeune secrétaire reçut une nouvelle longtemps désirée, longtemps attendue et finalement presque désespérée. Alexandre était enfin décidé à se marier, et l'alliance allait se conclure avec une personne digne de sa famille : Mademoiselle Marie Gourlot, fille unique et vertueuse d'un riche propriétaire de Cravant. L'abbé Varet, prend aussitôt la plume pour féliciter son frère :

« Tu ne peux t'imaginer, mon cher Alexandre, toute la joie, tout le bonheur que ta lettre vient de m'apporter. J'étais bien loin de m'attendre à cette bonne nouvelle. Je désirais cette alliance, je priais pour qu'elle se réalisât, et à tous mes voyages à Lourdes, je demandais à la Sainte-Vierge qu'elle te réservât une épouse bonne comme celle que tu as choisie. Je comprends que nos bons parents doivent être au comble de la joie ; ils ont tant fait pour nous, et nous leur avons coûté tant de peines et de préoccupations ! Ton mariage va les rajeunir. Leur existence sera moins sombre, leur vieillesse plus calme, quand ils verront à côté de toi et près d'eux cette ange que tu vas épouser. Aussi quelle tranquillité pour moi ! Et puis cette famille Gourlot est si bonne : tu es vraiment l'enfant gâté de la Providence. Ta position sera honorable et les bons conseils ne te manqueront jamais. Que Dieu soit mille fois béni ! A Lourdes, la tante Laurence a fait toutes ses dévotions pour remercier la Sainte-Vierge, et moi j'ai prié pour que les trois familles marchent à l'unisson dans le bon chemin. Monseigneur est heureux de cette nouvelle: il est absent, mais il m'a écrit pour me féliciter [1]. »

Si l'abbé Varet ressentait une telle joie, c'était surtout pour sa mère. Ce sentiment filial ressort de la lettre précédente : celle qui suit le démontre encore davantage. Il écrit à ses parents :

« En arrivant à Tarbes, il y a tout à l'heure un an, et me trouvant pour la première fois à Lourdes, je sentis dans toute son étendue le sacrifice que vous faisiez en me voyant partir si loin. En retour je demandais à la Sainte-Vierge de donner à Alexandre une bonne épouse et je pensais à Mlle Gourlot. Ici tout le monde est content de ce mariage. J'ai dit ce qu'était Marie Gourlot, sa piété sincère, son bon caractère, la position honorable de sa famille ; ce sera une fille pour vous. Vous voyez qu'il ne faut jamais désespérer et que les prières sont toujours utiles [2]. »

Naturellement Mgr Pichenot fut invité le premier à aller bénir le mariage si chrétien de son

1. Lettres du 24 juillet 1871. — 2. Du 4 août 1871.

neveu ; mais le bon prélat aimait trop l'abbé pour ne pas lui réserver cette consolation, et il répondit à Alexandre :

« Je vous remercie de votre bonne invitation, mais je ne puis réellement pas l'accepter. Un évêque est très embarrassant dans ces sortes de fêtes. D'ailleurs vous avez votre frère, et il n'a que vous ; c'est à lui de bénir votre union. J'ai payé ma tâche en mariant ceux de mes frères et sœurs que j'ai pu marier. N'étant pas encore prêtre, je n'ai pas marié votre mère : je n'ai pu que la prêcher. Du reste je serai en esprit à vos noces, et dès maintenant, je vous donne à vous, mon cher Alexandre, et à votre future, qu'on dit un ange de piété et de modestie, ma meilleure bénédiction. † P. A., *év. de Tarbes* [1]. »

L'abbé Varet partit le 22 août pour Cravant, en vue de bénir le mariage et aussi pour y prendre ses vacances. Il s'arrêta à Issoudun, pour y faire quelques jours de récollection sous le regard de N.-D. du Sacré-Cœur. A partir de ce moment jusqu'à sa rentrée à Tarbes, la joie de se trouver près de sa mère lui fit oublier sa plume, et nous ne savons rien de ses six semaines de vacances, sinon le grand vide que l'absence du cher secrétaire laissait auprès de son oncle.

Vers le 5 octobre, l'abbé Varet ramena les jeunes mariés à Tarbes, pour les présenter à Monseigneur. — Ils furent fêtés partout, notamment à Lourdes, et après dix jours des plus intéressants

---

1. Lettres du 5 août 1871.

passés dans les Pyrénées, ils reprirent le chemin de la Bourgogne [1].

Le jeune secrétaire se remit à ses occupations de bureau, et aux œuvres beaucoup plus aimées qui le mettaient en rapport direct avec les âmes et avec Dieu.

A Noël, nous le trouvons chantant la messe de minuit dans la petite chapelle de son couvent. « C'était la première fois qu'on le faisait, écrit-il, aussi tout l'espace était garni, on ne pouvait plus circuler. Cela me rappelait Sermizelles, où j'ai commencé à être curé par la messe de minuit [2]. »

Le renouvellement de l'année est pour tout le monde l'époque des réflexions les plus sages et des devoirs les plus doux. — Nous ne relèverons pas tout ce que le cœur délicat de l'abbé Varet lui dictait dans ces circonstances à l'adresse de ses parents ; le lecteur, toutefois, nous permettra une exception pour les vœux exprimés à la fin de 1871.

« Malgré la distance qui me sépare de vous, mes chers parents, je ne vous oublie jamais dans mes prières. Je demande à Dieu pour vous tout ce qu'un fils prêtre doit demander : la paix de l'âme, la tranquillité, la santé. Puis la patience pour supporter les séparations, les ennuis de la vie humaine. Nous aurons l'éternité pour nous voir et nous reposer [3]. »

Les souhaits de santé qu'il avait adressés en même temps à M. et Mme Varet jeunes, n'avaient pas été ratifiés par le ciel. Alexandre souffrait

1. Lettre du 24 octobre 1871. — 2. Du 28 décembre 1871. — 3. Ibid.

d'une maladie dont il avait contracté le germe à la guerre. En cette circonstance, comme en tant d'autres, l'abbé Varet se fait le consolateur de tous, et il recourt pour cela aux pensées de la foi.

« Si Tarbes n'était qu'à trente lieues de Cravant, ma chère mère, je serais vite parti ; mais la distance arrête bien des désirs. C'est une épreuve. La vie en est toute remplie. Les méchants sont souvent dans la prospérité, et les bons éprouvent toutes sortes d'afflictions. C'est Dieu qui le veut ainsi, pour nous détacher des choses de la terre, et pour nous faire mieux sentir le besoin de recourir à lui par la prière. Je suis sûr que N.-D. de Lourdes va nous tirer de cette inquiétude, et que dans votre prochaine lettre vous n'aurez que de bonnes nouvelles à me donner [1]. »

Une confiance aussi grande devait être récompensée ; les nouvelles devinrent meilleures ; mais le bien avait été fait ; ceux qui entouraient le malade avaient été encouragés à supporter l'épreuve.

Après Alexandre, ce fut le tour de sa jeune femme et de son père. M. Edme Varet ne s'était point remis d'une infirmité contractée aussi pendant les tristes jours de l'occupation de sa maison par les Prussiens. Le pieux fils l'apprend et recourt à son remède ordinaire :

« N.-D. de Lourdes, écrit-il, veillera sur eux, j'en ai la certitude ; et puis nous sommes dans le mois de saint Joseph. Ce grand saint ne refuse jamais ce qu'on lui demande.

1. Lettre du 12 février 1872.

« Cette année a été remplie d'épreuves. Il le fallait bien : nous eussions été trop heureux. Vous verrez que papa qui est fort se remettra, et qu'Alexandre lui donnera son petit coup de main comme par le passé. Il ne faut jamais se défier de la Providence [1]. »

Ces revers de famille étaient, on le conçoit, d'autant plus douloureux pour le cœur si affectueux de l'abbé Varet, que celui-ci se trouvait à la distance de 260 lieues de ses parents. Mais il priait, faisait faire des neuvaines par les Religieuses, célébrait des messes en l'honneur de N.-D. de Lourdes, et se consolait à la pensée que les vacances lui permettraient de porter aux chers malades les consolations de sa présence et la confiance en l'eau miraculeuse de la Grotte de Massabielle.

Il partit en effet pour la Bourgogne le 5 août. Il fit un arrêt chez des parents qu'il avait dans la capitale de la France.

« J'arrive à Paris, écrit-il à sa mère, et je trouve, chez Duchesnay, la bonne nouvelle de la naissance d'une petite nièce : Alice-Louise-Marie. Que Dieu en soit béni, et N.-D. de Lourdes aussi [2]. »

Après avoir eu, l'année précédente, la consolation de bénir l'union des parents, il eut donc aussi celle de baptiser leur premier enfant. C'était le 15 août, sous les auspices de Notre-Dame. Mais les joies du baptême se trouvaient bien assombries par la triste situation financière à laquelle il voyait réduits ses bons parents.

1. Lettre de mars 1872. — 2. Du 6 août 1872.

Les propriétaires avaient été ruinés par l'occupation des Prussiens et leurs terribles réquisitions. De plus, le vignoble avait eu à souffrir de la gelée pendant plusieurs hivers, avant d'être ravagé par la maladie. Tous ces fléaux avaient causé une perturbation sérieuse dans le budget de la famille, et il avait fallu emprunter pour vivre. M. Edme Varet, et plus encore sa femme, ne savaient se résigner à cette dure nécessité.

Ce fut donc le cœur bien triste que M. l'abbé Varet les quitta pour rentrer à Tarbes. Il n'eut plus de repos, qu'il n'eût trouvé un expédient pour témoigner à ses bons parents son dévouement filial.

Il commence par leur envoyer toutes ses économies avec ces mots :

« Je le fais avec bonheur. Ne vous tourmentez pas : je vous aiderai à payer ces dettes, qui ne sont pas énormes. Dans deux ans cela sera fini. Il ne faut pas que papa se décourage ; toutes les familles ont des époques où elles sont éprouvées de cette façon. Reprenez courage ; l'ouvrage se fera et se vendra, les récoltes ne seront pas toujours aussi mauvaises et vous reprendrez le dessus. Comptez sur moi : je ne pourrai jamais en faire assez pour des parents aussi bons que vous : ma position me permet de vous aider [1]. »

Il fait ensuite des démarches pour retirer une somme de mille francs qu'il avait placée à une assurance, et qu'il voulait aussi envoyer à la même adresse. La négociation n'ayant pas réussi,

1. Lettre du 7 janvier 1873.

il écrit à son frère : « Je ne vois plus qu'un moyen, et il faut le mettre à exécution. C'est de vendre les propriétés qui me sont échues à l'époque de ton mariage : j'en remettrai l'argent à nos parents. Demande-moi une procuration. »

Inutile de dire que M. Varet père ne se pressa point de souscrire à cette mesure.

Alors son fils de Tarbes, n'hésita point à lancer une proposition vraiment héroïque pour un jeune prêtre qui ne manquait de rien et à qui l'avenir souriait : « Je suis tout disposé, écrit-il à Alexandre, à renoncer à une position qui peut, il est vrai, être brillante, mais qui serait un supplice pour moi si je sentais mes parents dans la gêne. S'il le fallait, je rentrerais dans le diocèse de Sens ; l'archevêque me donnerait une paroisse et nos parents viendraient avec moi. La conscience ne s'y oppose pas et la charité m'en fait un devoir. Voyez entre vous. Je ne reculerai devant aucun sacrifice. »

Cette généreuse proposition avait quelque chose de séduisant pour une mère qui ne trouvait de bonheur qu'auprès de ses enfants. Mais Mme Varet avait l'âme trop élevée pour préférer son avantage à ceux du jeune chanoine et de l'évêque de Tarbes. Elle se contenta d'admirer la générosité de son fils et de l'en remercier.

Dans sa piété, le jeune prêtre ne manquait jamais de joindre les secours spirituels aux bienfaits temporels qu'il cherchait à procurer à ses parents : « Nous étions hier à Lourdes, Monseigneur et moi, pour célébrer l'anniversaire de la première apparition de la Sainte Vierge à Bernadette, le 11 février 1858. Monseigneur a fait un très beau sermon et a étrenné une mître en drap d'or sur laquelle se trouve brodée la statue de N.-D. de Lourdes. J'ai passé une partie de la matinée dans la Grotte et j'ai bien prié pour vous tous ; car enfin la Sainte Vierge, qui opère de si grandes guérisons, peut vous rendre la santé, la paix et la prospérité des affaires. Pour moi, je ne cesse de vous recommander la confiance en Dieu et la résignation dans les épreuves qu'il nous envoie. »

N.-D. de Lourdes était l'objet de sa constante pensée ; et quand il apprenait que ses parents, les jeunes comme les vieux, luttaient contre la maladie, — ce qui arrivait souvent dans ces années malheureuses, — c'était encore dans la Vierge des Pyrénées qu'il mettait son unique espoir.

« J'espère que N.-D. de Lourdes vous donnera à tous la santé. » — Et un peu plus tard il revient sur cette même espérance. « J'espère beaucoup de N.-D. de Lourdes ; il faut continuer de la prier. Encouragez papa, il ne faut pas qu'il se frappe et qu'il désespère. Son état est meilleur et moins alarmant. L'exercice de la chasse ne lui fera pas de mal s'il est modéré. Je le répète, nous espérons tout de N.-D. de Lourdes qui est si puissante, et dont tout le monde publie maintenant les miracles [1]. »

Grâce à une telle confiance, toutes les santés se rétablirent dans la jeune famille Varet. Alexandre

---

1. Lettres des 10 et 26 octobre 1872.

reprenait son travail, Marie pouvait vaquer aux soins du ménage : tous deux goûtaient une joie plus complète et voyaient grandir la petite Alice, à qui les bonnes Religieuses du Saint-Nom de Jésus, à Tarbes, avaient confectionné une « jolie robe qui lui allait à merveille ». Le père aussi allait un peu mieux, mais très peu. Ces nouvelles, grandes et petites, rendaient un peu de bonheur à l'abbé Varet, qui répondait à sa belle-sœur :

« Je ne suis plus le même homme, et l'espoir d'une guérison complète renaît en moi. J'étais si désolé de vous savoir tous dans la peine ! N.-D. de Lourdes est bien puissante ; on a fait beaucoup de prières devant la Grotte, et j'irai après demain les faire continuer. »

Et après avoir donné les bonnes nouvelles de Tarbes, il termine ainsi : « Allez lire ma lettre à notre malade, et dites lui que N.-D. de Lourdes le guérira. Consolez aussi ma pauvre mère. »

Quand il touchait son traitement, il s'empressait d'en envoyer la meilleure part à sa mère. Gardez-la pour vous soigner, lui disait-il, et je vous rappelle qu'à la première occasion, vous devez vendre quelques champs de ceux qui sont à moi. Je serai plus tranquille à votre égard [2]. »

Il recommande à Alexandre de veiller sur le papa et la maman, de leur interdire toute fatigue et de leur remonter le moral quand il les verra découragés [3]. On ne saurait porter plus loin les soins de la piété filiale.

1. Lettre du 15 avril 1873. — 2. Du 23 avril 1878.

CHAPITRE IV.

Comment le cher abbé Varet vit son oncle
transféré à Chambéry
et comment il apprit la mort de son père.

Au commencement de décembre 1872, l'*Echo religieux* du diocèse de Tarbes annonçait la nomination de M. l'abbé Varet au secrétariat général de l'Evêché. Mais il était entendu que le nouveau titulaire n'entrerait pas en charge avant Pâques : l'ancien secrétaire demandant quelques mois pour régulariser ses comptes et ses écritures.

M. Varet entra donc en possession de la chancellerie le 15 avril 1873. A peine eut-il pris connaissance des affaires, que déjà il lui fallut songer à transporter ailleurs sa tente. Une dépêche, redoutée de toute la ville et de tout le diocèse, venait de lui arriver en l'absence de son oncle : Msr Pichenot était nommé Archevêque de Chambéry.

« C'est moi qui ai reçu cette nouvelle mercredi soir, écrit-il à sa mère. Depuis huit jours on en parlait beaucoup, et le Ministre des Cultes, ainsi que le Nonce, à deux reprises différentes conjurèrent Monseigneur d'accepter. Il sera le plus jeune Archevêque de France [1]. »

Cette nouvelle était bien faite pour réjouir le

1. Lettre du 21 juin 1873.

cœur de Mme Varet, car le séjour de Mgr Pichenot à Chambéry la rapprochait de son fils : celui-ci, en quatorze heures, pourrait désormais se rendre à Cravant. Mais si elle pouvait se réjouir comme mère, elle était dans la désolation comme épouse : M. Edme Varet allait de plus en plus mal.

Averti du danger, le Secrétaire général envoie aussitôt un exprès à Lourdes, et court lui-même recommander son père aux prières des communautés de la ville ; puis rentré chez lui, plein de confiance, il écrit à sa pauvre mère ces sages conseils, qui, en semblable rencontre, devraient être donnés et suivis partout.

« Il ne faut pas vous décourager, ma chère mère. A la Grotte on prie beaucoup pour papa, et on espère obtenir de la Sainte Vierge son rétablissement. A Tarbes, dans plusieurs communautés, on prie le Sacré-Cœur pour vous. Il faut vous unir à nos prières, et ne pas vous décourager. C'est une grande épreuve que Dieu nous envoie, à moi surtout qui suis si loin de vous. Mais j'irai vous voir, et aussitôt que Monseigneur sera rentré, je partirai pour Cravant.

« Ayons confiance, et surtout soumettons-nous à la volonté de Dieu. Mais il faut que vous ne laissiez pas apercevoir à mon père votre chagrin ; il faut que vous lui remontiez le moral, que vous le rassuriez, autrement il se frappera, et cette émotion pourrait lui être bien nuisible. Je vous demande en grâce d'être bien courageuse [1]. »

1. Lettre du 5 juillet 1873.

L'abbé Varet suivit de près sa lettre. Le 7 juillet il apprenait que son bon père n'était pas loin de ses derniers moments, et il voulait être là pour lui fermer les yeux.

La consolation de revoir son fils sembla rendre un peu de force au malade et tout le monde reprit confiance.

Cependant l'abbé Varet était appelé à Chambéry, pour combiner avec l'architecte les réparations à faire à l'archevêché, avant l'arrivée de Mgr Pichenot. Le médecin de sa famille lui affirma qu'il aurait le temps de faire ce voyage, attendu que son père n'était pas encore à son dernier jour.

Sur cette déclaration, il prit congé du malade le 12 et arriva à Chambéry à dix heures du soir. Le lendemain matin, comme il revenait de dire sa messe, il recevait un télégramme lui annonçant la mort de son père.

Depuis deux ans qu'il luttait contre la maladie et qu'il souffrait avec patience, le pauvre père avait bien gagné le repos. Mais le tendre fils n'avait pas eu la consolation d'adoucir par sa présence les derniers moments de son père, ni de recevoir son dernier soupir.

De Chambéry, il se hâte de retourner à Cravant pour assister du moins à ses obsèques. Là, il apprit que M. Varet avait fait une fin chrétienne, et qu'à Tarbes, dans les communautés aussi bien qu'à l'évêché, on priait pour le repos de son âme.

Après une huitaine de jours passés à consoler sa mère, le pieux chancelier reprit le chemin de

Tarbes, où sa présence était grandement nécessaire, Monseigneur ne pouvant se passer de lui,
au moment de quitter le diocèse.

Au milieu des préoccupations inséparables
d'un changement de pays, l'abbé Varet n'oubliait
point sa mère :

« Je comprends votre isolement, lui écrit-il, et
je suis souvent auprès de vous par la pensée. Je
demande chaque jour à Dieu le courage pour
vous, car il vous en faut [1]. »

Dans une lettre précédente, il lui avait dit : « Je
pense, ma chère mère, que vous avez été bien
courageuse. Il faut que vous le soyez à cause de
moi. Si je vous sais triste et découragée, j'en
éprouverai une grande peine [2]. »

Mgr Pichenot fit ses adieux à son diocèse, dans
la première quinzaine d'août. Il était à Sens pour
la fête de l'Assomption : c'est là qu'il attendit
l'achèvement des réparations de sa nouvelle résidence à Chambéry [3].

Quant à l'abbé Varet, après quelques jours
passés à Lourdes, il fit ses adieux à ses amis de
Tarbes le 4 septembre, et en se dirigeant sur
Chambéry, il s'arrêta quelques jours à Toulouse,
pour y faire une retraite chez les Pères Jésuites.

Le but principal de cette retraite était de bien
connaître la volonté de Dieu sur lui. Devait-il
prendre sa mère chez lui, soit dans une paroisse
du diocèse de Sens, soit à Chambéry ? Non,

1. Lettre du 6 août 1873. — 2. Du 26 juillet 1873. — 3. Du 21 août
1873.

Alexandre serait trop seul, Alexandre avait encore besoin de la présence de sa mère, sous bien des rapports. Le mieux était qu'elle restât encore à Cravant, malgré son isolement, qui n'était pas absolument sans remède.

« De Chambéry j'irai vous voir plus souvent, lui écrit-il ; ma position me permettra de vous venir en aide efficacement : ailleurs, non. Et puis je ne suis pas engagé avec Monseigneur pour toujours ; je serai toujours libre de le quitter et de vous rejoindre à la première nécessité. Soyez donc bien résignée. Que voulez-vous ! la vie est un chemin de croix. Moi-même je souffre de tout cela. J'offre ma souffrance à Dieu pour vous, pour mon père, pour la santé d'Alexandre et celle de Marie [1].»

S'éloigner de Lourdes, avait été pour lui un dur sacrifice.

Son départ de Tarbes, avait causé la désolation la plus vive au couvent du Saint-Nom de Jésus, parmi les Religieuses, les élèves et leurs parents. « Il y régnait, depuis son départ, écrivait la supérieure, un deuil que personne n'expliquait, mais que toutes ressentaient. »

Pendant longues années on lui écrira de Tarbes, à l'occasion du nouvel an. Le jour de sa fête, il ne cessera de recevoir des dons, gracieux témoignages de l'édification profonde que son court séjour au pays pyrénéen avait laissée dans les âmes et dans les cœurs.

---

1. Lettre du 9 septembre 1873.

CHAPITRE V.

Comment, au milieu des fêtes de Chambéry, son cœur demeurait attristé des revers de sa famille.

LES situations les plus honorables ne sont pas toujours les plus heureuses.

Comme les derniers jours de sa résidence à Tarbes, les premiers mois de séjour du chanoine à Chambéry furent mêlés de tristesse. La récente mort de son père, l'isolement de sa mère en pleurs, étaient l'objet habituel de ses pensées, et jetaient sur son visage une mélancolie qu'il ne dissimulait qu'avec peine.

Il arriva seul dans la ville métropolitaine de la Savoie le 13 septembre.

« Ces prêtres de Chambéry m'ont bien reçu, écrit-il le 14, et déjà plusieurs m'ont invité. Je dînerai demain chez un ancien évêque de la Savoie qui est en retraite ici... A l'archevêché, mes chambres sont propres et restaurées ; les appartements de Monseigneur sont finis et remis à neuf [1].»

Le nouvel Archevêque suivit de près son aimable précurseur. Le 18, il arrivait à la gare de Chambéry. Voici en quels termes l'abbé Varet décrit l'enthousiasme de la ville :

« Vous ne vous douteriez jamais de la magnifi-

1. Lettre du 14 septembre 1873.

que réception que nous ont faite les habitants de Chambéry. A la gare attendaient tous les grands personnages en tenue ; deux compagnies de soldats et deux escadrons de dragons. Depuis la gare jusqu'à l'Hôtel-de-Ville, les rues étaient bordées de troupes, et la population était en masse sur les trottoirs, chapeau à la main, et aussi recueillie que devant le Saint-Sacrement. Chambéry est une belle ville, les maisons sont très élevées, avec de grands magasins comme à Paris ; mais ce qui est surtout magnifique, c'est l'aspect des montagnes qui nous environnent [1]. »

Dès le 25, l'abbé Varet put faire connaissance avec NN. SS. les évêques d'Annecy, de Tarentaise et de Maurienne, suffragants de Chambéry ; qui vinrent saluer le nouveau métropolitain. Puis il accompagna son oncle dans ses premières visites officielles.

Une des consolations de sa piété, à son arrivée à Chambéry, fut de se trouver dans un pays tout embaumé des souvenirs de saint François de Sales.

Dans sa première visite au couvent de la Visitation de Chambéry, Monseigneur était accompagné de plusieurs prêtres, parmi lesquels M. Varet. Après avoir fait vénérer à l'archevêque et à sa suite les reliques de l'aimable Saint, et montré un camail, une étole et des gants lui ayant appartenu, la Révérende Supérieure conduisit le prélat et ses prêtres à la salle de communauté. Là, on s'aperçoit de l'absence de M. le Secrétaire géné-

1. Lettre du 24 septembre.

ral. Qu'est-il devenu ?... On cherche, et on le trouve dans la salle où l'on avait laissé les reliques. Il s'était revêtu du camail et de l'étole de saint François de Sales, avait même pris ses gants, et tout heureux de se voir si saintement habillé, il priait à genoux, immobile, les mains jointes. Un peu confus d'avoir été découvert. « Pourquoi me cherchez-vous ? répond-t-il simplement ; on peut bien se passer de moi. Il fait si bon ici ! »

Dans ces premiers mois, les réceptions, les fêtes se succédaient à de courts intervalles. On réclamait partout le nouveau prélat, et c'était partout des réjouissances sur son passage ; il y avait si longtemps que son vénéré prédécesseur, Mgr le cardinal Billiet, devenu vieux et infirme, avait déshabitué les chambériens du bonheur de voir leur archevêque traversant à pied les rues de la ville !

« Nous sommes ici dans des fêtes continuelles, écrit l'abbé Varet ; mais je vous dirai que tout cela ne me touche guère. Je me surprends bien triste au milieu de ces démonstrations de joie, parce que je vous sens seule et dans la gêne, ma bonne mère. »

Et aussitôt un mot de consolation : « Mais il faut bien supporter cette épreuve ; elle ne durera peut-être pas toute votre vie : Qui sait l'avenir ?... Le ciel est si beau, que Dieu veut vous le faire acheter bien cher [1]. »

La situation financière de Mme Varet devenait

1. Lettre du 9 octobre 1873.

de plus en plus difficile. Celle d'Alexandre ne valait guère mieux. Mais le chanoine ne cessait de les fortifier tous deux de ses bons conseils ; et, ce qui valait mieux, leur faisait de temps à autre des envois d'argent, assez souvent pris sur des voyages ou des vacances dont il se privait.

En s'intéressant à la pauvre veuve, il n'oubliait pas le défunt; pendant plus d'un mois, il célébra le saint Sacrifice tous les jours pour le repos de l'âme de son père.

Le jour des Morts ne pouvait que raviver sa douleur : « Hier, écrit-il le 2 novembre, j'étais par la pensée à Cravant, et ne pouvant aller au cimetière et sur la tombe de mon père, je suis allé au cimetière de Chambéry, prier sur la tombe de ceux que je ne connaissais pas. J'ai dit la messe pour lui et pour tous nos parents décédés. »

Le 4 novembre, il accompagnait son oncle à la Grande-Chartreuse ; et le 20, à l'abbaye royale d'Hautecombe qu'il voyait pour la première fois. Il aimait les monastères, et nous le retrouverons plus d'une fois dans ces pieuses solitudes, où il reposait doucement son âme de l'agitation inséparable de la vie ordinaire du siècle.

Il écrit encore : « Attendons avec patience des jours meilleurs. Dieu ne nous abandonnera pas si nous avons confiance en lui, et si nous ne l'abandonnons pas [1]. »

Et pour montrer à Mme Varet, qu'elle n'a point à craindre que son fils l'abandonne, il lui écrit

1. Lettre du 14 novembre.

qu'au mois de juillet, comme il passait à Sens au retour de l'enterrement, Mgr l'Archevêque de Sens s'était offert à lui donner une paroisse dans son diocèse. « Je vous dirai, ajoute-t-il, que cela m'a tenté, mais uniquement à cause de vous, et non pour le diocèse ; les curés sont si malheureux dans ces pays sans foi ! La vie est si remplie de tristesse et d'épreuves, que si j'étais indépendant et libre, je sacrifierais tout pour la vie de missionnaire. Je ne trouve rien d'aussi beau sur la terre ; on est sûr de sauver son âme en sauvant celle des autres. Mais pour cela il me faudrait votre permission et je pense bien que vous me la refuseriez et Alexandre aussi [1]. »

Il profite de toutes les circonstances pour lui exprimer sa compassion, son dévouement, son amour filial. Le 29 décembre il lui écrit : « Je ne pouvais me décider à vous souhaiter la bonne année. La vie est si triste pour vous, et l'année a été si mauvaise, qu'on se sent tout ému dès qu'on prend la plume... Je prie Dieu pour vous, ma chère mère, pour qu'Il vous donne la force de supporter les épreuves qui vous accablent. Que votre résignation soit complète ! Adorez Dieu dans les peines qu'il vous envoie. Je lui demande chaque jour de vous bénir, de vous consoler, puisqu'il vous enlève ce qui pourrait vous consoler. Ne mettons notre espérance que dans la vie future, où il n'y aura plus de larmes à verser, ni de séparations à craindre [2]. »

1. Lettre du 14 novembre 1873. — 2. Du 29 décembre 1873.

Cette lettre arriva bien à son heure, car elle trouva Mme Varet au lit, souffrante de voir Alexandre et Marie assez gravement malades. L'abbé Varet l'apprend le 1er janvier, et au milieu des visites du nouvel an, il trouve moyen de leur envoyer encore le baume consolateur de sa sympathie filiale.

« Ah! si je pouvais donc être vers vous, ma chère mère, pour vous consoler et sécher vos larmes! Vraiment, ces trois mois que je viens de passer à Chambéry ont été pour votre fils des mois de tristesse, parce que je vous sentais seule et sans consolation. Je puis vous l'affirmer, si ce n'était que je veuille économiser pour vous venir en aide, j'aurais déjà fait plusieurs fois ie voyage. Le monde ne voit pas les larmes que je verse, et bien souvent il me faut les cacher pour remplir des devoirs qui me sont commandés par ma position.

« Du courage donc, ma bien chère mère: personne mieux que moi ne comprend votre situation. Il faut que le ciel soit bien beau pour que Dieu nous le fasse acheter si cher. Du reste les épreuves sont le pain de la vie [1]. »

Mais Mme Varet ne cessait de réclamer son fils avec les plus pressantes instances. Malheureusement toutes sortes d'empêchements venaient retarder son départ,

« Vous voudriez bien me voir, ma chère mère, oh! je le crois facilement; croyez que mon désir

---

1. Lettre du 1er janvier 1874.

est aussi grand que le vôtre. Lorsque vous me parlez de cela, je ne puis retenir mes larmes... »

Et après avoir énuméré les principales raisons qui l'empêchent de partir, il laisse entrevoir à sa mère la possibilité de se mettre en route bientôt. « Monseigneur, dit-il, a nommé pour son troisième vicaire général M. Vivien, de Sens. Nous l'attendons dans trois semaines : une fois qu'il sera installé, nous pourrons partager la besogne et nous remplacer au besoin. »

Et il termine par cette fortifiante exhortation : « Prenez courage, ma chère mère, et pensez au ciel. La vie est courte et toujours remplie de peines ; notre pauvre père est déjà parti, je le crois près de Dieu parce qu'il remplissait ses devoirs ; il est plus heureux que nous. Nous le rejoindrons, nous le retrouverons un jour [1]. »

1. Lettre du 23 janvier 1874.

CHAPITRE VI.

Comment, nommé Chanoine honoraire, puis Chancelier, le cher abbé Varet s'occupa des pauvres et accompagna son oncle à Rome.

CEPENDANT Mgr Pichenot avait fait une promotion de quelques-uns de ses prêtres au titre de chanoine honoraire de la Métropole, et M. Varet était du nombre [1]. Ce n'était point par droit de conquête, pour nous servir de l'expression vulgaire, mais par droit de naissance : le neveu d'un prélat devant toujours recevoir quelques rayons de la gloire qui l'environne.

Mais le jeune chanoine ne devait pas être seulement à l'honneur : son oncle voulut qu'il fût aussi à la peine. Il le nomma Chancelier, ou Secrétaire Général de l'Archevêché. L'abbé Varet l'avait été déjà dans les derniers mois passés à Tarbes : mais il avait eu à peine le temps de faire l'apprentissage de cette charge importante. A Chambéry, il allait mettre à profit ses premières connaissances et s'astreindre aux exigences du bureau. Il fallait être là chaque jour matin et soir : de 9 heures à midi et de 3 à 5 ; s'occuper de la comptabilité, répondre à tous ceux qui avaient

1. 1ᵉʳ octobre 1873.

des affaires à régler et des demandes à faire. Le
1ᵉʳ jour de l'an 1874, il écrit : « J'ai reçu au moins
vingt lettres de bonne année, de Tarbes, de Sermizelles, d'Avallon : je ne puis y répondre. Je
suis seul secrétaire : je dois faire la besogne des
deux qui étaient avant moi. J'ai accepté le secrétariat uniquement pour avoir de quoi vous venir
en aide ; vous savez bien que, par goût, j'aimerais mieux autre chose [1]. »

Cette « autre chose », on le devine, était le saint
ministère des âmes, des pauvres et des malades.
Il ne pouvait s'en passer. Les occupations dessé-
chantes d'un bureau offrent, en effet, trop peu de
consolations, pour qu'une âme apostolique comme la sienne puisse s'en contenter. Aussi fallut-il
qu'à Chambéry comme à Tarbes, Mᵍʳ Pichenot
lui permît un peu de ministère, en lui confiant
d'abord le soin des pauvres. On vit donc bientôt
les pauvres de la ville se réunir deux fois la semaine dans la chapelle de la Charité, et l'abbé
Varet leur donna l'instruction religieuse, qui était
toujours suivie d'une aumône.

Mais cela ne suffisait pas à son pieux désir de
sauver les âmes. M. le Curé de la Métropole, qui
s'en aperçut, ne se fit pas faute de fournir un aliment à son zèle : puis le clergé et les aumôniers
de la ville, témoins de sa bonne grâce à rendre
service, s'empressèrent de recourir à lui. Le mouvement était donné. Dès cette époque jusqu'à sa
mort, c'est-à-dire pendant 22 ans, M. le chanoine

1. Lettre du 1ᵉʳ janvier 1874.

Varet ne cessa d'être appelé, invité, à confesser, à parler, à visiter les malades et à remplacer auprès des religieuses les aumôniers absents ou fatigués.

On conçoit combien peu de temps libre il lui restait, surtout dans les premières années, où il avait à prendre connaissance des hommes, des affaires et des établissements de la ville.

« Je suis parfois encombré de visites, écrit-il au cours de la première année ; ces bons curés de la Savoie qui viennent à Chambéry veulent tous me voir. Que de connaissances à faire ! cela n'en finit pas. Je puis bien dire qu'à certains jours je ne m'appartiens pas. Nous sommes en relation avec beaucoup de monde, et la société de Chambéry est très distinguée [1]. »

Quelques mois après, il accompagne Monseigneur dans les environs. « Vous ne vous faites pas une idée des réceptions qu'on lui fait, écrit-il. La poudre se fait entendre pendant toute la journée, et produit dans ces montagnes des échos magnifiques. Chaque cérémonie commence à 8 heures et ne finit pas avant midi. Tout le monde veut communier de la main de Monseigneur et il faut du temps [2]. »

« Monseigneur était dimanche dans un chef-lieu de canton qui est le pays de M. Giraud de Vermenton. Toute cette ville était pavoisée et tapissée : les guirlandes allaient d'une maison à l'autre, comme pour la Fête-Dieu, et les pompiers, en uniforme de coutil bleu, montaient la garde

1. Lettre du 9 janvier 1874. — 2. Du 30 mai 1874.

jour et nuit à la porte du presbytère... Ici tous les pompiers ont communié en habit de pompier, avec la médaille de la Sainte Vierge sur la poitrine. »

Au commencement de juin 1874, il apprend la naissance du neveu qui devait être plus tard le jeune abbé Paul Varet, séminariste à Sens. Il paraît avoir eu comme une révélation de la vocation de l'enfant, quand il écrit à Alexandre : « Je voudrais bien faire ce baptême. Comme c'est un petit garçon et qu'il est né le jeudi de la Fête-Dieu (4 juin), il y a quelque apparence qu'il sera prêtre un jour. Mais ne m'attends pas. Je suis très occupé, surtout aujourd'hui, à cause de la procession de demain [1]. » Il désire qu'on le baptise au plus tôt. « La vie des enfants est si fragile. Un baptême simple me plairait assez : ce n'est plus le temps de faire des fêtes. »

Du berceau il passe à la tombe, à l'occasion du premier anniversaire de la mort de son père, 13 juillet. « Cette date, écrit-il, en nous rappelant notre malheur, doit aussi nous rappeler que le chrétien ne meurt pas pour toujours. Son âme vit auprès de Dieu, et à la fin des temps son corps sortira du tombeau. Ayons cette foi ferme : elle nous aidera à supporter les douleurs de la vie, les épreuves et les séparations. Nous sommes sur la terre comme des soldats qui n'ont point de séjour fixe : nous allons d'étape en étape jusqu'au ciel [2].»

Dans le malheur, la joie des autres ne fait que nous affliger davantage par son contraste avec

1. Lettre du 6 juin 1874. — 2. Du 10 juillet 1874.

notre situation. Le bon fils comprenait qu'il devait en être ainsi pour sa mère. Aussi bien ne lui ménageait-il pas les considérations propres à la réconforter.

« Je veux que vous receviez ma lettre le jour de l'Assomption, lui écrit-il en 1874 ; c'est une grande fête, et je sais que pour vous les fêtes sont des jours de tristesse. La Sainte Vierge a aussi passé la fin de sa vie dans le veuvage ; saint Joseph était mort et son fils Notre-Seigneur, remonté au ciel, était absent. Elle était seule sur la terre, et qui sait toutes les larmes qu'elle a versées ! La mort est venue ; le 15 août elle est montée au ciel rejoindre son époux et son fils ; et maintenant elle est heureuse pour toujours. Que cette pensée, en vous consolant un peu, vous donne la force de supporter les épreuves de la vie. D'après votre lettre je vois qu'elles ne vous manquent pas et je les ressens comme vous. »

Au mois de septembre 1874, nous le trouvons faisant une excursion à cheval au mont du Nivolet, dont le point culminant est à 1,800 mètres au-dessus de Chambéry. Mais laissons-lui la parole : « Au sommet, il y a une croix dont Monseigneur a fait la bénédiction jeudi dernier après la retraite ecclésiastique. Nous avons mis cinq heures pour y arriver, et nous étions tous à cheval. Jamais je n'ai été aussi fatigué, et aujourd'hui encore mes jambes sont engourdies. Il s'est trouvé là au moins quinze cents personnes, il a fallu monter les vivres à dos de mulet. La croix a 18

mètres de haut, elle est large comme votre table à
manger et toute garnie de zinc. De Chambéry, on
la voit briller et elle protège la ville. On a mis
trois mois à la poser à cause des vents et des
orages, et M. le comte qui l'a fait élever [1] m'a dit
qu'elle lui avait coûté 22,000 francs. Monseigneur
a dit la messe à 11 heures et a prêché. Pendant
la messe on tirait le canon pour annoncer la fête
aux villes d'alentour. Du haut de cette montagne,
Chambéry ressemble à un village. On voit Grenoble, Lyon, quantité de fleuves, de lacs, et le
Mont-Blanc qui se dresse au-dessus des autres
montagnes comme un pain de sucre. C'est un
spectacle ravissant. Mais là-haut il fait froid, et
il n'y a pas de quoi s'abriter. On rencontre à
quelque distance quelques misérables chaumières
et des gens bien pauvres ; ils portent des habits
en gros boège et ont le teint blanc comme la
neige. A 2 heures de chemin avant d'arriver à la
Croix, se trouve un gros village, dont le curé me
disait n'avoir jamais vu la fête de l'Ascension
sans neige. »

Il était rare que le chanoine Varet fût sans
avoir quelque chose de curieux ou d'édifiant à
raconter à sa mère. Il aimait à lui parler de la
religion des fidèles de Chambéry, qui contrastait
si fort avec l'indifférence des gens de Cravant :
« Dimanche, fête du Saint Rosaire, il y a eu autant de communions qu'à Pâques. Il y avait à la
procession plus de 200 femmes en blanc. On est

1. Le comte de Fernex de Mongex.

en pleine vendange, et malgré cela personne ne songe à travailler. On interrompt la vendange pour un jour, voilà tout. La Providence leur envoie un temps magnifique [1]. »

Huit jours après, c'est une autre scène. Il revient d'Annecy, où son oncle avait été invité par Mgr Magnin, avec l'évêque de Belley, Mgr Richard, aujourd'hui cardinal archevêque de Paris. « Je crois, dit-il, que ce pays est encore plus beau que Chambéry. La ville d'Annecy est bâtie sur le bord de son lac. Nous avons mis trois heures à faire le tour du lac en bateau à vapeur ; et sur ces rives, nous avons vu sept ou huit gros villages. L'Evêque d'Annecy a été très aimable. Quand les trois évêques se promenaient, le monde accourait par bandes se mettre à genoux et formait le rond autour d'eux. C'est pourtant un pays de vignes et les vignerons ont du vin en abondance : mais ils sont profondément religieux. Mgr l'Evêque de Belley est revenu à Chambéry avec nous...

« Demain nous aurons une très jolie cérémonie. A 2 heures l'archevêque et l'évêque de Belley iront dans un village à une demi-heure de Chambéry [2]. Ce village a été incendié à Pâques, et le curé, qui est riche, a aidé ses paroissiens à reconstruire leurs maisons. Le village est tout neuf. Le maire avec tout le conseil a prié l'archevêque de bénir les maisons nouvelles et cette cérémonie se fera demain. Les deux évêques en mitre et en

1. Lettre du 8 octobre 1874. — 2. Sainte-Ombre (Chambéry-le-Vieux), dont le curé était M. Marc Burdin, qui fut plus tard Vicaire Général.

crosse, parcourront les rues du village et seront suivis du Conseil municipal, de toute la population. Je vous assure que personne n'y manquera [1]. »

Quatre ans s'étaient écoulés depuis que Mgr Pichenot avait reçu la consécration épiscopale : le moment était venu pour lui de faire, comme évêque, sa première visite *ad limina*. Grande fut la joie du chanoine Varet, lorsque le Prélat lui dit : « C'est vous qui m'accompagnerez à Rome. » Il avait conservé, depuis son premier voyage, un souvenir si vivant de Pie IX, qu'il brûlait de revoir ce grand pape.

Partis de Chambéry le 3 novembre 1874, les deux voyageurs étaient à Milan le lendemain. Toute la ville fêtait alors son patron saint Charles Borromée. L'accueil plein de distinction que le successeur de saint Charles fit à l'Archevêque de Chambéry, détermina Mgr Pichenot à passer trois jours dans cette ancienne capitale de Lombardie, et il fut particulièrement fêté par les Religieuses Marcellines, qui avaient depuis peu une succursale à Chambéry.

Le lundi suivant, après un voyage de seize heures en express, « nous arrivâmes à Rome, raconte notre chanoine. A peine installé au Séminaire français, Monseigneur a demandé à être reçu par le pape, et c'est aujourd'hui même, 11 novembre, que nous avons eu cette faveur. Je n'oublierai jamais cette visite, j'en suis tout ému.

1. Lettre du 17 octobre 1874.

Nous sommes allés au Vatican et les Suisses nous ont conduits jusqu'à la chambre du Souverain Pontife. Monseigneur est entré tout seul, et moi j'étais seul aussi dans un salon tout garni de rouge. Au bout de vingt minutes, une sonnette se fit entendre et un camérier vint me dire d'entrer. Mon cœur battait bien fort. Tout hésitant, mais heureux, j'entrai dans la chambre du pape, du successeur de saint Pierre. Pie IX était debout devant son bureau et Monseigneur debout à côté de lui. Je me mis à genoux et lui baisai les pieds. Il me tendit la main que je baisai en restant encore agenouillé. Monseigneur lui dit que j'étais son neveu et son secrétaire. Alors j'osai ouvrir la bouche. — « Saint Père, lui dis-je, je vous demande une bénédiction pour mon frère malade et pour ma mère. » Je ne pus en dire davantage, la pensée d'Alexandre me revint plus pressante, et je me sentais suffoqué. — « Oh ! oui, oui, me répondit le Pape avec une bonté qui me donna une idée de la bonté de Dieu, oui je les bénis, eux et tous vos autres parents. » Et il me donna son anneau à baiser. Il se retourna ensuite et prit sur son bureau une médaille d'argent qu'il me donna, et il s'assit. Enhardi par une si paternelle bonté, je tirai de ma poche une feuille de papier que j'avais préparée et je dis : « O bon Saint-Père, veuillez m'écrire cette bénédiction sur cette feuille. » Et le pape prit sa plume, je me mis à genoux tout à côté de lui pour tenir mon papier ; et il écrivit qu'il bénissait tous mes parents et nous accordait à chacun une bénédiction particulière pour l'heure de la mort, et il signa son nom.

« Comprenez ma joie si vous le pouvez. Je le remerciai et lui baisai le pied gauche ; il donna à Monseigneur un magnifique Pontifical en quatre volumes et il nous congédia.

« J'emporterai ma feuille à Chambéry et la ferai encadrer. De plus, Pie IX m'a autorisé à entendre demain sa messe dans sa chapelle et à y communier de sa main.

« Le pape a 83 ans, et il a le visage frais comme celui d'un adolescent. A son air de douceur, de majesté, de simplicité, on voit qu'il tient la place de Dieu sur la terre [1]. »

Quelques jours après, il eut la joie d'être admis, avec son oncle, à la promenade de Pie IX. Laissons-lui encore la parole.

« La promenade du pape se fait de midi à midi et demie. Il nous a bénis dès qu'ils nous a vus. Il y avait là trois cardinaux, une douzaine de prélats et moi. Je suivais le pape de tout près. Il parlait italien, mais je le comprenais assez. »

Ici l'heureux correspondant fait une description des jardins du Vatican avec ses bosquets fleuris, ses jolis points de vue, ses allées spacieuses bordées d'orangers dont les fruits étaient arrivés à maturité.

« Ces oranges étaient magnifiques, continue-t-il, j'en ai rempli mes poches. Il y avait avec nous cinq dames françaises qui ont joliment volé le

1. Lettre du 11 novembre 1874.

Pape. Elles ont emporté des bouquets énormes et des branches d'oranger chargées de trois ou quatre oranges. »

Il raconte ensuite les visites faites avec son oncle aux divers sanctuaires de la Ville-Eternelle, toutes les reliques qu'ils ont vénérées, les invitations à dîner dont on les a honorés, notamment chez notre Ambassadeur français à Rome.

Sur ces entrefaites, une lettre de Cravant lui annonce que ses parents ont recouvré la santé. Sa foi vive lui fait trouver la cause de ce mieux dans une intervention surnaturelle : la bénédiction du pape : c'est elle qui leur a porté bonheur [1].

Le 30 novembre, il vit encore Pie IX, dans la visite d'adieu que lui fit Mgr Pichenot : et cette fois, il se trouva en compagnie de sœur Marie-Eustelle, fondatrice de la société de Jésus-Hostie, que Monseigneur avait voulu présenter lui-même au Pape, afin d'obtenir un bref d'éloge en faveur de cette société [2].

Le lendemain les deux pèlerins quittèrent Rome pour rentrer en France, en passant par Lorette et Assise.

Quelques semaines après son retour à Chambéry, le chanoine Varet eut à décrire une scène d'un genre bien différent.

« Figurez-vous, dit-il, que nous avons eu à Chambéry une inondation épouvantable par suite de la fonte des neiges. Elle a commencé dans la

1. Lettre du 27 novembre 1874. — 2. *L'Evangile de l'Eucharistie.* Notice prélim., p. xxiii.

nuit de dimanche à lundi. On a sonné le tocsin dans la paroisse qui n'a pas été envahie, mais il était déjà trop tard, l'eau montait rapidement et avec un bouillonnement terrible. La cathédrale a été envahie, et pendant quatre jours le service religieux a été interrompu. Les sacristies surtout ont été ravagées, les ornements sont perdus. A l'archevêché, nous avons eu bien peur : il y avait dans la cuisine un pied d'eau bourbeuse au-dessus du fourneau. Nous avons pu installer une cuisine en haut. Nos pertes sont insignifiantes, mais les dégâts de la ville sont de deux millions. Impossible de circuler dans les rues. A la caserne des dragons, hommes et chevaux ont été une journée sans manger. Il n'y a pas eu d'accidents aux personnes, mais on est encore dans l'inquiétude, car la neige a recommencé hier de plus belle, et au moindre vent chaud, elle va fondre en masse. »

On le voit l'abbé Varet conservait dans les sinistres, le même calme et la même douceur que dans les fêtes.

CHAPITRE VII.

**Comment il conjure son frère gravement malade
de revenir à Dieu ; et comment,
accourant près de lui, il l'aida à faire une sainte mort.**

LE mieux signalé à Rome dans l'état de son frère ne s'était pas maintenu. Du reste depuis la guerre, Alexandre ne s'était jamais entièrement remis des infirmités contractées dans l'humidité des bivouacs. Averti du danger, le bon chanoine se hâte d'organiser dans les maisons religieuses de la ville une croisade de prières, non seulement pour la santé du corps, mais surtout pour celle de l'âme de son frère, qui, malheureusement comme tant d'autres et peut-être à cause des autres se tenait encore éloigné des pratiques de la religion.

« On fait ici les mêmes prières qu'il y a huit jours, écrit-il à sa mère, et je compte beaucoup plus sur Dieu et la Sainte-Vierge, que sur le secours des hommes. Qu'Alexandre s'unisse à ces prières, et qu'il nous donne la satisfaction de le voir rentrer en grâce avec Dieu. L'occasion est favorable. Qui sait si Dieu n'attend pas cet acte de bonne volonté de sa part ; l'âme de notre pauvre père en serait si consolée ! [1] »

[1]. Lettre du 7 décembre 1874.

On conçoit ce que durent être en cette circonstance les souhaits du nouvel an 1875. « C'est avec tristesse que je vous les fais, ma chère mère, parce que je sens bien que le bonheur n'est pas pour nous sur la terre. Dieu le permet ainsi pour l'expiation de nos fautes et pour nous convaincre qu'il y a une autre vie après celle-ci.

« Je ne cesse de prier et de faire prier pour Alexandre, afin que Dieu lui donne la résignation, la patience et la santé. Quand tous les remèdes humains sont inutiles, il faut recourir à Dieu, qui est le grand médecin des âmes et des corps, et qui nous console par la promesse d'une vie meilleure. Alexandre comprendra ces choses, je pense, et tournera ses regards et sa confiance vers Dieu [1]. »

Le 11 janvier, M. l'abbé Clouzard, curé de Cravant, écrivait au chanoine Varet, que l'illusion sur la gravité du mal de M. Alexandre n'était plus possible et que sa maladie en était à une période où l'on avait tout à craindre. C'était aussi l'avis du docteur [2].

Dans l'impossibilité où il est de partir, il prie et fait prier autour de lui avec plus d'instance.

« Nos domestiques récitent le chapelet pour notre malade, écrit-il à sa mère. Ils désirent autant que nous sa guérison, et demandent pour lui l'esprit de patience et de résignation. Il faut qu'Alexandre prie aussi, qu'il prie surtout la Sainte-Vierge. Je voulais lui écrire directement,

1. Lettre du 30 décembre 1874. — 2. Du 11 janvier 1875.

mais il est préférable que je vous écrive à vous et que vous lui portiez ma lettre. Voilà certes pour lui une bonne occasion de rentrer en grâce avec Dieu. Quand on a le cœur en paix et l'âme tranquille, le corps s'en trouve mieux ; le moral influe sur le physique. Et puis, Dieu qui nous a donné notre corps et notre âme est le maître de l'un et de l'autre. Ce serait une grande consolation pour moi, et qui m'aiderait à supporter les inquiétudes de l'éloignement, si vous m'appreniez qu'Alexandre a rempli ses devoirs et qu'il est décidé à continuer de les remplir [1]. »

Pendant cette longue maladie d'Alexandre, il partage toutes les inquiétudes et les angoisses de sa mère, et promet de ne l'abandonner jamais. Il voudrait partir, Monseigneur le retient. Puis il n'a plus de volonté ; puis il ajoute que s'il s'écoutait, il partirait le soir même ; mais il prévoit que s'il partait, il devrait probablement revenir puis repartir ; enfin il ne sait plus à quoi se résoudre ; mais il continue les prières commencées et se console en voyant que son frère pense à son salut éternel. « Quand l'âme est sauvée, ajoute-t-il, tout est en sûreté ; on est sûr que l'éternité sera heureuse [2]. »

Cependant Alexandre n'était pas facile à persuader ; il avait la foi, de bonnes dispositions, mais une certaine crainte d'aborder franchement et sans détour la question de la confession.

« Si Alexandre n'était pas si faible, je lui écri-

1. Lettre du 16 janvier 1875. — 2. Du 26 janvier 1875.

rais et le conjurerais de ne point résister à la voix de Dieu qui l'appelle de toutes façons, ni à la voix de sa conscience qui certainement doit se faire entendre. Puisqu'il a la conviction, pourquoi tarder ? [1] »

Tant de supplications et de prières ne devaient pas demeurer sans résultat. Le malade se confessa, et sa pieuse femme, en annonçant cette nouvelle au chanoine, s'écriait : « Quand je suis rentrée vers lui après sa confession, il pleurait. je pleurais, nous pleurions de joie. Je n'oublierai jamais ce beau jour [2]. »

De son côté le bon prêtre qui avait été l'instrument de cette touchante réconciliation, écrivait au chanoine : « Votre zèle a été largement récompensé. Jamais, non, jamais on ne peut voir une âme plus sérieusement, plus efficacement travaillée par la grâce, ni celle-ci se produire aussi visiblement. Il s'est confessé dans les meilleures conditions qu'on puisse désirer. Ce matin à minuit et demi, Alexandre a fait la sainte communion. Avec quelle foi, quelle humilité, quelle ferveur, ce cher ami ne reçut-il pas son adorable Maître en son cœur ! Je ne puis vous l'exprimer ici. Les larmes qui inondaient son visage, les touchantes paroles qu'il fit entendre, témoignaient hautement de ses excellentes dispositions [3]. »

A ces consolants détails, le chanoine répondit : « Je suis tombé à genoux et j'ai remercié Dieu et

---

1. Lettre du 30 janvier 1875. — 2. Du 8 février 1875. — 3. Du 9 février 1875.

la Sainte-Vierge de cette bonne nouvelle. Le 1er vendredi du mois, je finissais une neuvaine au Sacré-Cœur, et je vous avoue que j'avais la confiance la plus ferme que ce 1er vendredi ne se passerait pas sans qu'il arrive quelque chose. Je partage votre joie, et j'embrasse Alexandre. Qu'il soit heureux et content [1]. »

Le bon chanoine, tranquille sur l'avenir éternel de son frère, pourra désormais se livrer plus entièrement à ses occupations du secrétariat, et surtout à son cher ministère des âmes.

« Nous sommes en plein carême et très occupés, écrit-il le 22 février, sans cela je partirais pour vous voir... Si vous voyiez la prière du carême, comme elle est bien suivie ; la cathédrale est pleine et les hommes sont en très grand nombre. On prêche partout. Pour ma part je prêche le mardi et le vendredi à une centaine de pauvres, qui reçoivent l'aumône à la fin du sermon. Le lundi et le jeudi, je prêche au Bon-Pasteur. »

Pie IX avait accordé, pour l'année 1875, un de ces jubilés universels qui reviennent tous les vingt-cinq ans et qu'on appelle « Jubilés de l'année Sainte ». Les exercices en furent donnés à Chambéry pendant ce même Carême, et le chanoine Varet écrivait : « Il y a, à Chambéry, un mouvement religieux vraiment extraordinaire. Trois sermons par jour à la cathédrale ; la foule des auditeurs ne diminue pas, et après les sermons il faut passer des heures au confessionnal. Les

1. Lettre du 13 février 1875.

hommes sont là qui attendent. Je voudrais bien qu'il en fût ainsi dans toutes les villes de France. Nos processions sont bien belles [1]. »

Inutile d'ajouter qu'en fait de pénitents, il en avait sa bonne part ; souvent il passait quatre heures consécutives au confessionnal. Rentré chez lui, il noubliait pas son frère, et il écrivait pour l'exhorter : « Alexandre est-il toujours bien résigné à la volonté de Dieu, qui lui envoie une épreuve si grande ? Nous continuons de prier beaucoup pour lui ; qu'il s'unisse à nous ! Qu'il s'abandonne entre les mains de la Providence ! Dans ce mois de saint Joseph, je l'engage à prier ce grand Saint qui est si puissant dans le ciel [2]. »

Le jubilé devait se clôre, à la cathédrale, le dimanche de la Passion. Le chanoine Varet comptait pouvoir enfin se rendre en toute hâte à Cravant. Les jours lui paraissaient des siècles. Il en parla directement à Monseigneur, qui s'effraya de le voir partir au moment où les cérémonies de la Semaine-Sainte allaient réclamer son concours. La désolation de notre chanoine fut grande. On peut en juger par la lettre qui suit : « Je n'existe plus, ma chère mère, et le tourment est capable de me rendre malade. Monseigneur, après m'avoir dit qu'il est sûr qu'Alexandre ira jusqu'au mois de mai, ajoute que je vais le mettre dans l'embarras si je pars avant Pâques. Il me dit d'attendre que M. Billaut m'écrive ou m'envoie une dépêche. Mes malles sont prêtes, et au premier

1. Lettres du 4 mars 1875. — 2. Du 4 mars.

signal je prendrai le chemin de fer. Votre position surtout me tourmente, vous allez vous rendre malade de fatigue et de chagrin.

« Puisque tous les remèdes sont inutiles, puisque Dieu veut emmener Alexandre et le retirer d'une vie où il aurait eu tant à souffrir, il faut se faire une raison et se résigner. Son âme est en grâce avec Dieu ; que pouvons-nous désirer de mieux ? Bon courage, ma chère mère, nous vous embrassons tous. »

Mgr Pichenot avait prophétisé juste ; le malade devait aller jusqu'au mois de mai, mais le cœur de notre bon chanoine redoutait à tout instant le coup de la mort.

« Je vis à Cravant plus qu'à Chambéry, écrit-il, et je demande tous les jours à Dieu de nous accorder à tous la résignation, l'abandon à sa sainte volonté. Ces épreuves sont une sûreté pour l'avenir ; Dieu ne frappe de la sorte que les âmes qu'il destine au ciel. Que cette pensée vous console au milieu de vos tribulations. »

En attendant qu'il puisse partir, il est, en esprit, aux petits soins auprès du malade. — « Alexandre a dû être plus accablé ces jours-ci, car il fait bien froid. Si le soleil se montrait, Alexandre pourrait peut-être respirer le bon air à sa fenêtre, et cela ranimerait ses forces et son courage. Il ne faut pas qu'il se laisse abattre, ni qu'il manque de confiance en Dieu. Dans la Semaine-Sainte, il faut qu'il unisse ses souffrances et ses peines à celles de Notre-Seigneur, qui a été une victime pour nous et un modèle ; il a tout supporté sans se plaindre [1]. »

Le chanoine Varet n'est point tranquille, il veut savoir confidentiellement du docteur Billaut, médecin de sa famille, ce qu'il pense du malade.

— « Il peut encore aller un mois, répondait le docteur, je vous écrirai pour que vous puissiez voir votre frère. » Aussitôt il envoie à Mme Varet, une promesse formelle qu'il sera là au moment voulu. « Préparez Alexandre à mon arrivée, ajoute-t-il, car Monseigneur craint qu'elle ne le frappe. Encouragez-le, et surtout soyez bien résignée vous-même et pleine de force. Dieu va nous demander un grand sacrifice, et nous aurons besoin de toute notre foi pour l'accepter. Je demande à Dieu qu'il vous donne le courage nécessaire ainsi qu'à Marie. Inspirez à Alexandre des pensées de confiance en Dieu, de regret de ses fautes. N'oublions pas que l'âme n'est jamais assez purifiée pour paraître devant son souverain Juge. Veillez à ce qu'il porte au cou sa médaille. Faites-lui embrasser le crucifix ; les instants sont précieux.

« Il ne faut pas, devant lui, vous laisser aller à une tristesse trop grande, ni montrer un excès de sensibilité. On ne paraît qu'une fois devant Dieu, et il faut en mourant le calme et la tranquillité. »

Enfin, aux premiers jours de mai, n'y tenant plus, et Monseigneur, qui était en tournée pastorale, pouvant se passer de ses services, il prit le train le plus rapide pour Cravant.

1. Lettre du 20 mars 1875.

Son arrivée fut un baume qui adoucit bien des douleurs. Il ne quitta presque plus Alexandre, et mit lui-même en œuvre auprès du malade les sages conseils qu'il avait donnés à sa mère dans ses lettres. La suave présence de son bon frère sembla quelque temps prolonger la vie d'Alexandre ; le médecin ne s'expliquait pas comment le malade pouvait vivre encore. Déjà le chanoine parlait de revenir à Chambéry pour les fêtes de la Pentecôte sauf à retourner ensuite à Cravant, lorsque des signes non équivoques annoncèrent l'approche de la mort. Le 15 mai 1875, Alexandre rendit paisiblement son âme à son Créateur, fortifié par une dernière communion et consolé par les paroles de son saint frère qui lui ferma les yeux.

La même lettre qui transmit la douloureuse nouvelle à l'archevêque de Chambéry, annonçait que le bon chanoine était indisposé. Mais Monseigneur, sa sœur et sa nièce, qui connaissaient son dévouement auprès des malades et des morts, ne virent, et avec raison, dans cette fatigue qu'une conséquence naturelle de son zèle et de sa douleur.

En voyant ses larmes, la population de Cravant pouvait dire de lui, avec plus de vérité que de tout autre : « Voilà comment il l'aimait ! Voilà comment on aime un frère ! »

CHAPITRE VIII.

Combien fut constante la piété filiale du cher Chanoine, et comment, échappé au fer d'un assassin, il revit N.-D. de Lourdes.

LA piété filiale de notre Chanoine, on a pu le constater déjà, était portée au suprême degré. Après le culte de Dieu, de la Sainte Vierge et des Saints, venait le culte de sa mère. Ajoutons que cette tendresse chrétienne était corrélative : le fils et la mère n'étaient heureux que quand ils se trouvaient réunis.

Les derniers devoirs à peine rendus au cher Alexandre, le chanoine Varet apprit à sa mère que Mgr Pichenot l'invitait à venir passer trois semaines à Chambéry. Il la ramena donc avec lui en Savoie. Elle avait besoin, en effet, la pauvre femme, d'une diversion prompte et complète à sa mortelle douleur. De son côté, fidèle à cette recommandation de la sagesse : « Mon fils, n'oubliez pas les gémissements de votre mère », l'abbé Varet ne cessa de l'entourer des mille petites attentions que la tendresse filiale sait inspirer.

Après les honneurs de l'archevêché, il lui fit ceux de toutes les églises, des couvents, des établissements publics de la ville et des environs.

Elle était émerveillée, autant que consolée, de l'estime et du dévouement religieux et franc dont son fils était l'objet. Puis, le soir venu, tout le personnel de l'archevêché s'empressait autour d'elle : et comme on ne l'entretenait que de choses agréables et intéressantes, elle pouvait ainsi s'a-breuver aux douces et saintes joies de la famille.

Cependant des devoirs appelèrent bientôt Mme Varet à Nuits et surtout à Cravant : au bout de quinze jours il lui fallut quitter Chambéry. Mais le bon chanoine ne lui laissera pas le temps de rester seule en face d'elle et de son chagrin. Il lui écrira sans cesse, et ses lettres seront désormais d'autant plus intéressantes, qu'elles parleront à sa mère de personnes et de lieux dont elle a main-tenant connaissance.

Parfois de gentilles allusions à la simplicité de Mme Varet émaillent ses lettres. Un jour il ter-mine ainsi : « Je vous quitte, on m'attend déjà au saint tribunal. Si vous étiez encore ici vous vien-driez regarder... »

Une autre fois, il la transporte par le souvenir au couvent du Bon-Pasteur : « Sœur Marie-Thérèse me dit qu'en passant sur le boulevard, elle regarde avec tristesse les fenêtres de votre chambre. La pauvre chambre, je n'y suis plus entré !... — Tout le monde me demande de vos nouvelles... — Avez-vous parlé de la neige que vous avez vue ? Hier, du côté de la Visitation, on la voyait à ravir, c'est vraiment admirable [1].

1. Lettre du 12 juin 1875.

Ce qui peinait le plus Mme Varet, était de savoir, pour l'avoir constaté de ses yeux, que tous les jours son fils était appelé au confessionnal.

« Ne soyez pas inquiète pour le tribunal, lui répond-il, cela me distrait de mes occupations de bureau. Il me vient du monde de toute la ville ; mais je ne confesse plus qu'à des jours fixes : les mercredis, vendredis et samedis.

Pendant qu'il écrivait ces lignes, fin août 1875, l'abbé Varet était encore sous l'impression d'une tentative d'assassinat dont il avait été l'objet quinze jours auparavant. Il la cachait soigneusement à sa mère. Voici comment la chose s'était passée.

Le jour de l'Assomption, à 5 heures du matin, le chanoine Varet se rendait au couvent du Bon-Pasteur pour y célébrer la messe. Comme il traversait le jardin public, d'un pas assez lent pour réciter son bréviaire avec plus de convenance, voici qu'un individu vient se poser en face de lui. Croyant à la présence d'un pauvre qui veut lui demander l'aumône, le charitable prêtre, sans interrompre son office, porte déjà la main à la poche pour en tirer une petite pièce. Mais tout à coup il voit briller la lame d'un poignard qui va le frapper en pleine poitrine. Lever le bras, faire dévier l'arme meurtrière et fuir à toutes jambes fut l'affaire d'un instant. Pendant que l'assassin s'enfuit du côté de la ville, le chanoine court dans la direction du Bon-Pasteur, heureux d'en avoir été quitte pour de simples déchirures à sa ceinture et à sa soutane.

« Ce fut mon bréviaire qui para le coup, écrira-t-il plus tard. J'arrivai tranquillement à la chapelle, je ne dis rien à la Sœur, qui n'aperçut pas le désordre de ma ceinture, et je célébrai paisiblement la messe. Rentré ensuite à l'archevêché, je mangeai une côtelette sans rien dire et sans être ému, puis je me rendis au confessionnal, où je restai jusqu'à la grand'messe.

« Pendant ce temps, le même assassin rencontrait en ville un vénérable prêtre à cheveux blancs, le chanoine Mermillod, doyen du Chapitre, et lui demandait la bourse ou la vie ! C'était sur le boulevard, non loin de la colonne de Boigne. Vous pensez bien qu'il fut arrêté par le monde qui se rendait à la messe, et conduit au bureau de police et de là en prison [1]. »

C'était un franc-maçon doublé d'un fou. Il ne me connaissait pas, mais il a dit qu'il en voulait aux prêtres [2]. »

A la Métropole, lorsqu'après la grand'messe pontificale le cortège de l'Archevêque fut rentré à la sacristie, les chanoines s'empressèrent d'informer le prélat que M. Mermillod avait été menacé de mort par un fou.

— Ce même homme, ajoutèrent-ils, venait de faire une tentative semblable sur un autre prêtre de la ville.

— Sur lequel ? demande vivement l'un d'eux.

— Nous l'ignorons encore.

— « C'est sur moi, Messieurs », fait en sou-

1. Lettre du 17 septembre 1875. — 2. Du 9 septembre 1875.

riant le chanoine Varet. En même temps il montre les déchirures que le poignard avait faites à ses habits, et raconte simplement toutes les circonstances de l'agression.

On ne put s'empêcher d'admirer la modestie du jeune chanoine et sa charité envers le coupable qu'il cherchait à excuser, et à qui, disait-il, il pardonnait de bon cœur.

Mgr Pichenot connaissait le fait depuis les 7 heures. En allant prendre son petit déjeûner, l'abbé Varet n'avait pas tellement réussi à cacher le trou de sa ceinture, qu'il ne fût remarqué par une personne de l'archevêché. Celle-ci, non sans peine, avait fini par arracher l'aveu de ce qui s'était passé, puis elle avait couru chez le Prélat, lui disant que son neveu était bien vivant et l'invitant à remercier la Vierge dans son Assomption de l'avoir préservé de la mort. Monseigneur avait pâli à la seule pensée du danger couru par son neveu ; il lui défendit, à plusieurs reprises, de retourner au Bon-Pasteur sans être accompagné.

Cependant les Religieuses de ce couvent, terrifiées à la première nouvelle, ne cessèrent de remercier la Sainte Vierge d'avoir sauvé le bon prêtre. La première fois qu'elles le virent, ce fut une scène indescriptible. — « Vous auriez bien ri, écrit le chanoine, quand je suis allé voir ces enfants et ces Sœurs : leur joie, leurs cris ; Sœur Marie-Thérèse pleurait [1]. »

Le mardi 18 août, l'agresseur fut conduit au

1. Lettre du 17 septembre 1875.

palais de justice. M. Varet fut naturellement appelé. Lui qui n'avait pas été ému sous le couteau de l'assassin, le fut jusqu'aux larmes, en voyant le pauvre prisonnier couvert de chaînes et son poignard déposé sur la table. Le malfaiteur lançait sur le prêtre des regards haineux. Les juges, ne voyant en lui qu'un maniaque et un fou, le condamnèrent simplement à finir ses jours dans l'Hospice des aliénés, à Bassens.

Malgré toutes les précautions prises et une vraie « conspiration du silence », ourdie à l'égard de Mme Varet, la nouvelle arriva bientôt à Cravant, où on lisait les journaux de Chambéry. La veuve d'Alexandre se hâta d'écrire pour avoir les détails. L'abbé Varet voyant qu'il n'était plus possible de rien cacher à sa mère, se hâte de la rassurer dans ce simple *post-scriptum* : « Marie vient de m'écrire ; elle dit avoir appris qu'on avait voulu m'assassiner. Je n'ai pas été assassiné ; c'est une fausse nouvelle. Un fou a parcouru les rues avec des menaces, et les journaux ont fait là-dessus des histoires. »

Mais le bon chanoine comptait sans la clairvoyance du cœur maternel, lequel sentit et soutint qu'il y avait autre chose que « des histoires ». De Cravant vint l'ordre d'envoyer un récit détaillé. Ce fut alors que l'abbé Varet écrivit les détails que nous avons rapportés.

Plus tard, quand il présuma que Mme Varet était à peu près rassurée, il demanda au procureur de la République, et obtint à force d'instances, le corps du délit, le fameux poignard, qu'il envoya à sa mère, comme pour achever de la convaincre que réellement cette arme n'était pas teinte du sang de son fils.

Plus tard, averti par la sœur du pauvre fou, que celui-ci était en danger de mort, et désireux de lui exprimer son pardon avec quelques paroles d'amitié, notre chanoine courut à l'Hospice. Mais le directeur le pria de ne pas se montrer au malade. — « La vue de votre habit, lui dit-il, réveillerait sûrement ses anciennes fureurs contre le clergé. »

« Je ne suis donc pas entré, écrit le chanoine, mais l'aumônier a pu le voir à ses derniers moments ; il s'est calmé, et je ne doute pas que Dieu, dans sa miséricorde, ne lui ait inspiré quelques sentiments de repentir. »

Sur la fin du carême de 1876, Mme Varet revint à Chambéry, où elle suivit les offices et cérémonies de la Semaine-Sainte. Elle y resta jusqu'à l'Ascension. Ce fut un mois de bonheur. Mais quand vint l'heure de reprendre le train pour la Bourgogne, les adieux furent plus déchirants que de coutume. C'est que la position de la pauvre veuve devenait de plus en plus précaire, et le chanoine, désolé, se demandait ce qui allait advenir.

Rentrée chez elle, elle ne tarda pas à confier à une lettre les amères tristesses de son isolement. Le cher fils lui répondait :

« Je souffre moi-même autant que vous, ma chère mère. Aussi je suis prêt, si vous êtes d'avis, à accepter un poste de curé de campagne voisin de Cravant, comme me l'a proposé l'archevêque de Sens. Moi, je n'hésiterais pas à quitter la Savoie, bien qu'elle ait toutes mes affections, pour retourner au pays, au milieu de paroissiens qui ne font pas baptiser leurs enfants, et qui se font enterrer civilement. »

Ce sacrifice héroïque, la pieuse mère ne le permit pas. Touchée du dévouement de son fils, elle prit confiance elle-même, et resta dans sa solitude, attendant tous les huit jours avec une fiévreuse impatience les nouvelles de Chambéry, avec les avis salutaires qui fortifient les cœurs et relèvent les courages.

« La séparation, lui écrivait le chanoine quelque temps après, est une des grandes épreuves de la vie, et pour moi c'est la plus grande. Il faut que je me rappelle souvent que Dieu le veut ainsi, pour l'accepter avec générosité [1]. »

Ayant appris que Mme Varet avait éprouvé beaucoup d'ennuis dans une question d'intérêt, il écrivait : « Tout cela est bien fait pour nous détacher du monde et nous tourner vers Dieu. La vie est si peu de chose ; faut-il voir encore, après la mort, des discussions aussi pénibles ? Ne vous tourmentez pas, vous avez votre conscience pour vous, et Dieu saura bien vous défendre [2]. »

Au mois de juin 1876, le chanoine Varet eut la satisfaction de voir une démarche de son oncle couronnée d'un plein succès. L'évêché de Mau-

1. Lettre du 2 août... — 2. Du vendredi 31.

rienne étant devenu vacant, Mgr Pichenot en sa qualité de métropolitain de la Savoie, avait proposé au Ministère des cultes un ancien professeur de son grand séminaire, M. Michel Rosset, qui fut agréé par le gouvernement, et préconisé par Pie IX. « C'était un hommage rendu à la science, à la piété, à toutes les qualités solides d'un enfant du pays, et une gloire de plus pour la Savoie et l'épiscopat français. »

Mais le Grand-Séminaire se trouvait en quelque sorte découronné par le départ de Mgr Rosset, qui en était la règle vivante. Ce fut en cette circonstance, que cédant aux instantes prières « d'un très grand nombre de membres sérieux et expérimentés de son clergé » l'archevêque résolut de mettre à la tête de cet établissement les PP. Jésuites, qui le dirigèrent pendant cinq ans (octobre 1876-juillet 1881.)

On revoit toujours avec plaisir des lieux bénis qu'on n'a point quittés sans regret. Depuis trois ans qu'il avait dit adieu aux Pyrénées, le chanoine Varet n'était point retourné à Lourdes, ce paradis de son âme si dévote à la Vierge Immaculée. Il eut la joie de s'y trouver au commencement de juillet 1876, à l'occasion du couronnement de la Vierge de Massabielle. Il raconte en ces termes, son voyage et ses impressions :

« Impossible, ma chère mère, de vous dire toute la reconnaissance que je dois à Dieu, pour avoir permis que je vinsse aux fêtes de Lourdes, fêtes qui surpassent tout ce que j'avais vu.

« Nous avons quitté Chambéry jeudi, et jeudi soir nous arrivions à Nîmes. Là, nous avons trouvé douze évêques ; nous avons dîné ensemble, puis voyagé ensemble jusqu'à Toulouse dans un wagon réservé. Nous sommes repartis de Toulouse samedi et le soir nous étions à Lourdes, avec une quarantaine d'évêques.

« Que ce spectacle était beau ! mais surtout le couronnement de N.-D. de Lourdes. Le dimanche, la cérémonie s'est faite au milieu d'une prairie, sur une estrade où étaient montés les évêques et leur suite. Il y avait plusieurs milliers de prêtres, et peut-être 80,000 assistants. On a chanté la messe, et quand ces cent mille voix chantaient le *Credo*, on aurait dit que l'écho venait du ciel.

« Monseigneur était au premier rang parmi les archevêques, qui étaient ceux de Paris, de Bordeaux, de Toulouse, de Reims, d'Avignon, de Chambéry, d'Aix, d'Alger, de Catane en Sicile, de Damas et de la Nouvelle-Orléans. Si je voulais vous nommer les évêques, le temps et le papier me feraient défaut. Ils étaient tous en mître, crosse et chape d'or, et tous ensemble ont donné la bénédiction au peuple.

« Le couronnement a eu lieu à la fin de la messe. Le Nonce apostolique, envoyé par le pape, a béni une couronne magnifique. La statue était élevée à cinq mètres au-dessus de l'estrade, et comme suspendue. Au milieu d'un silence majestueux, le Nonce est monté et a déposé la couronne sur la tête de la statue, qu'on aurait dit vivante. Bien des larmes ont coulé. Bientôt tous les archevêques et évêques sont venus l'un après l'autre encenser la statue, et le peuple chantait et les musiques militaires de Tarbes faisaient entendre leurs accords. Que sera-ce dans le ciel, si sur la terre il nous est donné de voir des choses aussi belles !

« J'ai revu bien des connaissances des Pyrénées, surtout de Tarbes. Nous irons demain à Tarbes, nous ne serons à Chambéry qu'à la fin de la semaine [1]. »

Dans les derniers jours de mai 1876, les Pères d'Hautecombe avaient déposé à l'archevêché, venant de Turin, un grand reliquaire renfermant le corps de saint Félix, martyr. C'était un don de la Maison royale de Savoie à l'église d'Hautecombe, et en attendant le jour de sa translation solennelle à l'Abbaye, le jeune saint devait reposer trois mois dans la chapelle de Monseigneur. Le chanoine Varet, qui aimait et vénérait beaucoup cette relique, la fit exposer à la vénération publique dans l'église métropolitaine le jour de l'Assomption. Le 20 août, il dirigeait l'inoubliable cérémonie de translation qui eut lieu à Hautecombe, sous la présidence de Mgr Pichenot, et en présence de NN. SS. Mermillod, évêque auxiliaire de Genève, Gros, ancien évêque de Tarentaise, et Serre, évêque espagnol de Daulia. Il n'eut pas le temps de faire la description de cette fête. Rentré

1. Lettre du 4 juillet 1876.

à Chambéry le 21 au soir, il fut obligé de travailler sans retard aux préparatifs du sacre du nouvel évêque de Maurienne.

Quelques semaines après, il se trouvait à Nuits-sous-Ravières avec son oncle ; la visite de Mgr Pichenot à sa paroisse natale coïncidait avec une cérémonie de première communion. L'abbé Varet, prié de prêcher aux Vêpres, débuta par quelques paroles de circonstance qui émurent profondément les bons compatriotes de l'archevêque de Chambéry.

« La cérémonie qui nous réunit ce soir au pied des autels, dit-il, va terminer saintement cette journée déjà si remplie d'émotion. Ces chers enfants vont renouveler les vœux de leur baptême et se consacrer à la Sainte-Vierge. Ces engagements, ils vont les prendre à la face du ciel et de la terre, et sous les yeux d'un pontife bien-aimé qui a quitté un instant ses montagnes pour donner à cette fête un éclat inaccoutumé.

« Monseigneur, votre présence ici met la joie dans tous les cœurs. Quel beau jour en effet pour cette paroisse qui vous a vu naître et qui est fière aujourd'hui d'avoir donné à la Savoie son premier Pasteur ! Ce matin, vous donniez la communion à ces enfants, à l'autel même où, vous aussi, vous reçûtes il y a déjà un demi-siècle, pour la première fois le Dieu de l'Eucharistie !

« Comme les temps ont marché ! Il y a 50 ans, vous puisiez auprès du tabernacle de cette modeste église la science et l'amour de l'Eucharistie et cette science et cet amour, vous les avez déjà communiqués aux Pyrénées et aux Alpes.

« Il y a 5o ans vous serviez à cet autel, comme enfant de chœur, et aujourd'hui, la mître sur la tête, la crosse à la main, vous bénissez ce peuple attendri et vous donnez à ces enfants l'onction sainte de la Confirmation.

« Ah ! nos ancêtres ont dû tressaillir dans la tombe quand vous avez traversé ce matin le lieu de leur repos. Il vous contemplent du haut du ciel, je l'espère, et sont les heureux témoins de notre joie et de notre bonheur. Que de touchants souvenirs se présentent à ma pensée et à mon cœur! Quel beau jour pour la paroisse de Nuits rassemblée ce soir autour de vous! Quel beau jour pour nos familles en particulier! Elles se sont réunies tant de fois dans cette église pour pleurer sur nos morts et les accompagner à leur dernière demeure, qu'elles peuvent bien aujourd'hui prendre part à l'allégresse de tous... »

CHAPITRE IX.

**Comment, promu à la dignité de pro-vicaire général,
l'abbé Varet parle de deux têtes couronnées,
ainsi que de l'intérieur de l'archevêché.**

MONSEIGNEUR m'a nommé vicaire général honoraire. Je l'ai remercié de cette nouvelle dignité. Je m'empresse de vous annoncer cette promotion, parce que, si j'en suis content, c'est surtout à cause de vous [1]. »

Voilà ce que le chanoine Varet écrivait à sa mère le 26 novembre 1877. Il est bien permis de croire, en effet, que pour son propre compte, l'humble prêtre ne devait pas être fort enthousiaste d'une dignité qui allait ajouter à ses occupations quotidiennes et lui créer des responsabilités. Il ne se faisait aucune illusion sur ce point. Parlant plus tard d'une servante à qui l'on affectait de dire que son maître allait être nommé évêque, et qui en était toute glorieuse, il s'écriait : « Ah ! la pauvre fille, si, comme moi, elle voyait de près toutes les responsabilités et les ennuis de la charge épiscopale, elle ne la désirerait pas tant pour son maître [2]. »

Mais le bon chanoine, qui jamais ne demandait rien pour lui, ne savait aussi jamais rien refuser,

1. Lettre ainsi datée : 26, 2 h. 1/2. — 2. Lettre fin janvier 1879.

surtout à son oncle dont la santé réclamait des ménagements.

Ce ne fut pas autre chose, en effet, qu'un besoin de repos absolu qui détermina Mgr Pichenot à faire cette nomination. Les lignes suivantes le font entendre suffisamment.

« Au retour de Lyon, Monseigneur que sa maladie rend un peu triste, a voulu se décharger de la plupart de ses occupations. Pour cela, sans me rien dire, il m'a apporté chez moi ma nomination de vicaire général honoraire, C'est un surcroît de besogne, si vous voulez ; mais les prêtres en paraissent contents, car ils aiment mieux traiter leurs petites affaires et demander les permissions dans ma chambre. Tout le monde est satisfait, et pourvu que Dieu soit glorifié, le reste, la fatigue, n'est rien [1]. »

Un synode diocésain avait été célébré à Chambéry au mois de septembre de cette année. L'hiver 1877 à 1878 fut consacré par la Commission, dont le nouveau pro-vicaire général faisait partie, à rédiger les conclusions de cette assemblée générale. Elle avait eu principalement pour but la révision des Constitutions synodales, qui sont, on le sait, un abrégé usuel du droit canon à l'usage du diocèse, tout comme le catéchisme diocésain est un abrégé de l'Ecriture Sainte et de la Théologie. La dernière édition de ces Constitutions, publiée en 1842, avait grand besoin, en effet, d'être mise en harmonie avec les récents décrets de Rome,

____

1. Lettre de vendredi...

la législation française, les besoins du temps et les transformations qui s'opèrent en tous lieux [1]. » Ce travail conduit à bon terme, avec la coopération du chanoine Varet, est l'un des meilleurs souvenirs de l'épiscopat de Mgr Pichenot.

Les premiers jours de l'année 1878, furent signalés par la mort foudroyante du spoliateur de l'Eglise, et bientôt après, par la tranquille naissance au ciel de Pie IX, son auguste prisonnier. Le monde catholique ne se méprit point sur la différence notable qui existait entre ces deux têtes couronnées et entre les circonstances de leur mort. Le décès de Victor-Emmanuel inspira partout la plus navrante anxiété au sujet de la conversion restée problématique de ce malheureux prince. Le chanoine Varet, avec toute sa douceur, le juge sévèrement.

« Comme on voit dans cette mort la main de Dieu ! s'écrie-t-il. Victor-Emmanuel n'avait que 59 ans et le pape en a 87. Il y a quinze jours Pie IX était malade, et déjà Victor-Emmanuel prenait ses dispositions pour empêcher la nomination d'un autre pape ; il croyait pouvoir bientôt loger au Vatican. Il avait fait un grand festin pour les Rois. La nuit suivante, comme il était agité, et que la colère le tourmentait comme autrefois Hérode, il s'est levé, et vêtu de sa chemise seulement, il s'est mis à la fenêtre pour respirer le grand air et fumer sa pipe. Alors Dieu lui a envoyé la fièvre, la pleurésie ; tous ses médecins sont accourus,

1. Lettre de Mgr Pichenot, du 30 juin 1877.

mais il n'y avait plus rien à faire. Il a compris qu'il allait mourir, et il a eu peur, lui qui faisait trembler les autres. Quelle leçon pour les méchants !... Il ne fait pas bon se révolter contre Dieu et le pape [1]. »

Trois semaines après, la scène est bien différente. Si la mort de Pie IX fut un deuil universel pour l'Eglise, elle fit du moins éclater dans tous les cœurs et sur toutes les lèvres, des sentiments et des ovations qui furent, pour le Pontife défunt, le plus beau des triomphes.

C'est que Pie IX laissait une mémoire glorieuse et immaculée. Il avait éclairé, dirigé, étonné le monde ; sa parole avait été reçue en tous lieux avec la plus respectueuse obéissance par les deux cents millions de ses enfants fidèles. Ses moindres allocutions devenaient de véritables événements, elles étaient répétées d'un pôle à l'autre, parce qu'elles portaient avec elles le salut et la vie. Et maintenant, Pie IX apparaissait à tous environné de gloire dans le ciel et d'immortalité sur la terre, avec la triple auréole de la sainteté, de la longévité et de la tribulation noblement supportée. A Chambéry, on lui fit, le 19 février, des funérailles splendides.

« Je renonce, écrit le chanoine Varet, à vous dépeindre notre cérémonie d'hier. Depuis huit jours, on travaillait à la décoration de la cathédrale. Par une quête faite dans toutes les maisons, on avait recueilli quatre mille francs. Tentures

1. Lettre du 12 janvier 1878.

noires, candélabres immenses aux quatre angles de l'église, catafalque très élevé, très orné et garni de cinq cents cierges, rien ne manquait. Chose admirable, tous les magasins de la ville restèrent fermés jusqu'à midi. L'infanterie, les dragons, toute l'armée était sur pied, avec la musique militaire, les tambours, etc. A 10 heures, on ne pouvait plus circuler sur la place. Monseigneur a officié pontificalement ; il y avait 200 prêtres en surplis. Tous les ornements des chanoines étaient de velours noir galonné d'argent. Le préfet, le général, le consul d'Italie, la Cour d'appel avec les vingt-quatre conseillers en robe rouge, 60 officiers d'état-major, étaient présents. Jamais on n'avait vu une cérémonie aussi imposante. L'église va rester tendue et ornée jusqu'à vendredi par décision de Monseigneur, afin que tout le monde des environs puisse venir voir. Vous n'avez pas idée de cette multitude de gens de la campagne qui viennent prier [1]. »

D'autres lettres du chanoine nous apprennent que ce qui surpassa encore la beauté des décorations, fut l'affluence des pieux fidèles qui se confessèrent. Le plus grand nombre voulut offrir une communion à l'intention du pape défunt et pour le bon choix de son successeur.

Au sujet de l'avènement de Léon XIII, nous ne trouvons, de la main de l'abbé Varet, que les lignes suivantes : « Nous avons été bien occupés, tous ces temps. L'élection du nouveau pape a été

1. Lettre du 20 février 1878.

l'occasion de grandes fêtes, et par conséquent de nombreuses confessions. Vendredi et samedi dernier, j'ai été au tribunal comme pour les fêtes de Pâques. »

Comme l'on voit, notre bon prêtre ne restait pas inactif. Entre ses heures réglementaires de secrétariat, il trouvait du temps pour le confessionnal, pour les pauvres, pour d'autres fonctions du saint ministère. Afin de pouvoir tout faire, il avait l'habitude de se lever très matin, toujours avant cinq heures.

Chaque jour il assistait l'archevêque à sa messe. Depuis l'arrivée à Chambéry de Mgr Pichenot, l'intérieur du palais archiépiscopal avait été transformé par une série de réparations urgentes, que S. G. Mgr Hautin, l'archevêque actuel, devait compléter de ses propres deniers, avec un goût si artistique et un succès si complet. Mais il fallait veiller à ce que tout fût en harmonie avec le rajeunissement des bâtiments, et c'était l'affaire de l'abbé Varet.

Son obligeance était de tous les instants, sa complaisance universelle ; on le savait, et quiconque se trouvait dans l'embarras s'adressait à lui. Quand Monseigneur recevait une visite importante, ce qui arrivait souvent, c'était le chancelier qui devait organiser la bonne réception.

« Nous avons eu cette semaine, écrit-il, le cardinal-archevêque de Rouen, l'évêque de Tarentaise, etc... et comme toujours, c'est M. le chanoine Varet qui va à la gare, qui promène Les Grandeurs, et pendant ce temps, on demande des dispenses au secrétariat, on demande un confesseur à l'église. Si M. C... était à ma place, il ne s'en tirerait pas [1]. »

Vrai majordome de l'archevêché, l'abbé Varet connut plus d'une fois les embarras d'intérieur. Tantôt se déclaraient des commencements d'incendie, — il y en eut trois en six mois, — qui donnaient lieu à des réparations et souvent à des déplacements. Tantôt c'étaient les valets, ou bien les cuisinières, qui, décidés à se marier, demandaient leur compte et s'en allaient ; et alors le bon M. Varet était obligé de courir la ville pour en trouver d'autres. Et lorsque ceux-ci avaient terminé leur formation spéciale, qu'ils pouvaient faire seuls leur service, et que le chanoine commençait à compter sur eux et à respirer enfin, les braves serviteurs tombaient tous malades en même temps. Témoin le bulletin qui suit : « Nos domestiques vont mieux. Il y en avait trois au lit : le valet de chambre avait une pleurésie, le jardinier une fluxion avec un abcès à la tête, et la cuisinière la fièvre. »

Il convient d'ajouter que dans l'intervalle des moments pénibles, il y avait d'innocentes distractions fournies le plus souvent par des oiseaux en cage, dons de Mme Varet. C'était tout un ministère, du ressort de Mlle Marie qui, écrivant à la mère du chanoine, lui annonçait cette grave nouvelle : « Votre douzaine de serins est installée dans le corridor depuis la semaine dernière ; les chanteurs

1. Lettre fin août 1875.

sont en grand nombre et gratifient les passants de leurs harmonieuses chansons. MM. les Grands-Vicaires s'arrêtent devant la cage en attendant l'heure du conseil, et rient comme des écoliers. M. votre fils, au besoin, les encourage par son exemple. »

Le chanoine, à son tour, veut intéresser sa mère :

« Nos serins, lui écrit-il un jour, ont déjà fait trois nichées ; la cage est remplie ; les chardonnerets les battent. »

Un autre jour il dépeint une scène tragi-comique. « Un tourtereau s'était échappé par la faute du petit domestique ; François reçut pour pénitence de laisser courir, en le retenant par un fil à la patte, un autre tourtereau pour rappeler le fugitif qui voltigeait de branche en branche aux arbres du jardin. Mais hélas ! tout fut inutile. C'est un malheur irréparable : attendez-vous à recevoir un billet de faire part. »

Pendant plus de dix mois la gazette épistolaire s'occupe de la gent aîlée, et le cher chanoine y mêle parfois une aimable ironie.

« Mercredi nous attendons des évêques pour la fête de saint Anthelme à Chignin ; vous rappelez-vous que nous sommes allés voir cette église en construction, il y a deux ans ? Dix évêques assisteront à cette cérémonie : ceux d'Annecy, de Belley, de Grenoble, de Saint-Jean de Maurienne, de Tarentaise, Mgr Mermillod, et les deux de Chambéry. Marie est dans tous ses états, et par dessus le marché, deux serins sont morts. »

CHAPITRE X.

Comment il fut installé Chanoine titulaire et chargé de l'Œuvre de Sainte-Marthe.

DE plusieurs côtés, on demandait à Mgr Pichenot qu'il voulût bien donner de l'avancement à son neveu : et par un sentiment louable de désintéressement, l'oncle ne se pressait pas d'accueillir ces demandes. A la fin, considérant d'une part, que sa santé compromise ne lui permettait guère de compter sur l'avenir, et d'autre part, que le zèle sacerdotal de l'abbé Varet, son dévouement pour les œuvres diocésaines, son empressement à prêter le secours de son ministère au clergé de la ville, méritait bien une récompense, il écrivit à Versailles, sans lui en rien dire, pour le faire nommer chanoine titulaire de la Métropole.

Quelque temps après, il lui fit confidence de la démarche commencée. L'abbé Varet en fut touché, mais, comme toujours, s'il s'en réjouit, ce fut surtout pour sa mère. « Monseigneur m'offre la place de chanoine titulaire, lui écrit-il. Dois-je l'accepter ? [1]. »

L'interrogation était gracieuse et d'une amabilité toute filiale. On devine la réponse de Mme Varet.

1. Lettre du 20 février 1878.

Celle du Ministère des Cultes fut autrement dé-
cisive. Datée du 1ᵉʳ avril 1878, elle accordait la
nomination demandée. A cette nouvelle, « tout le
monde, clergé et fidèles, se réjouit de voir ce bon
prêtre attaché au diocèse par une dignité que jus-
tifiaient un mérite sérieux, un zèle infatigable, la
noblesse du caractère et les plus rares qualités du
cœur [1] ».

L'installation du nouveau chanoine eut lieu le
jeudi 11 avril. Le lendemain, il annonçait à
Mᵐᵉ Varet sa nomination et son installation, avec
tous les détails propres à faire plaisir à une mère :
« Si jeudi vous aviez été ici, vous auriez été bien
heureuse : c'était le jour fixé pour mon installation comme chanoine titulaire.

« A 10 heures, le bourdon a sonné, tous les
Chanoines étaient en beaux manteaux d'hermine
dans les stalles du chœur ; il y avait beaucoup de
monde dans la cathédrale. J'avais envie de rire,
car beaucoup de messieurs, de dames, de domestiques, me disaient en me complimentant : « Vous
voilà tout à fait Savoyard, vous ne pouvez plus
nous quitter ! » Et moi je répondais sur le même
ton. Car par ici on est convaincu que la Savoie
est le premier pays du monde, et qu'il n'y a pas
de plus beau titre que celui de Savoyard.

« Mais revenons à la cérémonie. Tous les chanoines, honoraires et titulaires, étaient donc réunis, et moi j'étais seul dans la sacristie. Le suisse
en habit rouge, les clercs en surpris se mettent en

[1]. *Courrier des Alpes.*

marche, et, au sortir de la sacristie, les grandes orgues se mettent en jeu. Le vieux prévôt du Chapitre, avec ses 87 ans, me conduisait. J'entrai dans le chœur, et à droite et à gauche, saluts profonds. On me conduisit au maître-autel, je le baisai, et de là dans ma stalle qui se trouve la cinquième au-dessous de Mgr Gros, et par conséquent au-dessous de la tribune. Vous auriez été bien heureuse de pouvoir vous y trouver. On a chanté le *Te Deum*, et tous les chanoines sont venus l'un après l'autre m'embrasser au pied de l'autel. Ma joie eût été complète si vous aviez été là. »

La modestie est une vertu aussi belle que rare : c'était la vertu du chanoine Varet ; et cependant il n'hésite pas, en cette circonstance, à lui préférer une vertu plus belle encore, la charité, pour faire du bien à sa mère absente.

Jusqu'alors le secrétaire général de l'archevêché de Chambéry avait été seul à la Chancellerie, se faisant remplacer en cas d'absence et pour un temps seulement. Mgr Pichenot crut le moment venu de lui donner un auxiliaire à demeure et il prit à ses frais un prêtre de Chambéry, qui devait manger à sa table et travailler au bureau cinq heures par jour. Notre chanoine fut heureux à la pensée que désormais il aurait plus de temps à consacrer aux âmes. Celles qui demandaient à être dirigées ou consolées par lui devenaient de jour en jour plus nombreuses.

Sa nomination au titre de chanoine lui avait

attiré de toutes parts des félicitations, ainsi qu'à sa mère. Nous ne citerons que celles-ci, d'une dame de la ville : « J'ai eu le bonheur d'assister à l'installation de votre très cher fils Louis ; tout en priant pour lui, j'ai beaucoup pensé au bonheur que vous avez d'avoir un tel fils. J'aurais voulu vous voir auprès de moi dans cette touchante cérémonie. Je désirais depuis longtemps cette nomination, afin que votre fils, sans préjudice de vos droits, fût tout nôtre... »

Non seulement les félicitations, mais des cadeaux de toutes sortes pleuvaient chez notre jeune chanoine. C'étaient les malades qui en profitaient. « La mère D... m'envoie des bouteilles de vin vieux, écrit-il ; je les fais passer à mes pauvres malades ; et je lui dis que son vin me fait du bien ; elle en est si heureuse ! [1] »

C'est ainsi que les présents offerts à cet homme de Dieu faisaient du bien à tout le monde : à celui qui les recevait, aux personnes qui les faisaient, et à ceux qui s'en trouvaient réconfortés.

La chancellerie, les confessions, la visite des malades, ne suffisant pas à dévorer l'activité de notre chanoine, son oncle dut lui trouver un supplément d'occupations. Il lui confia l'Œuvre de Sainte-Marthe, dont nous ne ferons que mentionner l'origine.

Elle fut fondée en 1840 par le chanoine Billiet, neveu du cardinal de ce nom, dont la pourpre illustra le siège métropolitain de Chambéry. Tou-

1. Lettre du 12 avril 1878.

ché des dangers et de l'abandon où se trouvaient les servantes ou domestiques sans place, il comprit qu'il y avait quelque chose à faire en leur faveur. Il créa donc une association destinée à les recevoir et un local spécial où elles pourraient s'abriter jusqu'à ce qu'elles eûssent retrouvé du service. Mais pour y être reçues, elles devaient présenter un certificat de bonne conduite et fournir tous les ans une cotisation très légère. A la mort du fondateur, l'œuvre fut dirigée par M. le Vicaire Général Gros, plus tard évêque de Tarentaise, et ensuite par M. le chanoine Mareschal, aujourd'hui curé de la Métropole.

A ce dernier succéda le chanoine Varet, qui devait donner à cette œuvre une grande extension.

Il convoquait, le deuxième dimanche de chaque mois, non seulement les Marthes sans place, mais aussi toutes celles de la ville qui avaient quelque souci de leurs intérêts spirituels, et les réunissait dans le préau couvert de l'Asile, que les Sœurs de Saint-Joseph mettaient gracieusement à sa disposition dans ce but.

« Dimanche dernier, écrit-il, j'ai eu ma première réunion pour l'Œuvre des servantes. Elles étaient environ trois cents. J'aurais voulu que vous vissiez cette masse de bonnets et de tabliers blancs. »

On le devine, cette lettre était destinée à Mme Varet, qui se complaisait dans ces descriptions.

Nous reviendrons sur cette Œuvre de Sainte-Marthe, que le bon chanoine dirigea tout le reste de sa vie.

Cette année 1878, 26 juin, les fêtes de saint Anthelme, à Belley, eûssent été particulièrement brillantes, sans la pluie d'orage, les éclairs et les grondements de la foudre, qui ne discontinuèrent pas tout le jour. Il y avait quatre archevêques et quatre évêques, Mgr Pichenot était du nombre. Les fêtes passées, le chanoine Varet transmettait à sa mère les détails suivants qui durent lui causer la plus douce émotion.

« Nous avons ramené jeudi à Chambéry Son Em. le cardinal Caverot, archevêque de Lyon, et Mgr Mermillod. Nous avons eu trois dîners de vingt personnes. Mgr Caverot a 72 ans, on ne lui en donnerait que 50 ; il a une taille gigantesque, puisque Pie IX disait en le voyant : « Voilà un évêque et demi. » Il est né à Châtillon près Nuits, et c'est son père qui a fait le contrat de mariage de papa Pichenot. Il y a quarante-deux ans qu'il n'est pas allé à Nuits, et il se rappelle toute la famille. Il a demandé à voir la tante Laurence, et à table il a voulu l'avoir près de lui. Je n'ai pas pu m'empêcher de pleurer quand il m'a parlé de « Louise », et quand il m'a dit combien il estimait le papa Pichenot. Jeune séminariste, il s'arrêtait chez lui en vacances ; prêtre, il a marié Varet Servule. C'est le portrait frappant du père Caverot, notre cousin d'Asnières ; même figure, même voix, même bonté. Il est petit-cousin des Caverot d'Asnières [1]. »

Au mois de juillet suivant, le chanoine Varet se

1. Lettre de juillet 1878.

trouvait heureux de humer encore une fois à pleins poumons l'air frais et réconfortant des rives du lac. Il vint passer quatre jours à Haute-combe, avec Monseigneur, qui avait à présider deux élections. Il assista, comme notaire de l'ar-chevêque, aux deux séances où il s'agissait d'élire un Prieur, puis un Sous-Prieur. Comme ces sortes d'opérations, dans les cloîtres, sont entou-rées d'un cérémonial assez imposant, et que cha-cune des élections se trouva faite dès le premier tour de scrutin, à l'unanimité et dans le plus re-ligieux silence, notre chanoine ne pouvait conte-nir son admiration et son étonnement. Quelle paix ! quel accord merveilleux ! s'écriait-il. Nos gouvernants et les électeurs français devraient venir ici prendre des leçons, pour rendre leurs élections plus dignes et moins tapageuses. »

Et dans une lettre subséquente, il ajoute :

« Nous avons profité de la circonstance pour prendre quelques jours de repos et des bains sur les bords du lac. Quel agréable séjour ! Le soir nous passions notre récréation sur la terrasse qui domine le lac, et d'où on pourrait pêcher à la ligne. Les montagnes semblent se mirer dans les eaux. Et puis il y a une solitude et un silence que rien ne trouble... [1] »

1. Lettre du 19 juillet 1878.

CHAPITRE XI.

Comment il décrit la procession du 15 août, inaugurée par son oncle à Chambéry et comment il fit son troisième voyage à Rome.

DIX-HUIT ans s'étaient écoulés depuis l'annexion de la Savoie à la France, et la procession du vœu de Louis XIII, si populaire dans toute la patrie française, et qui se fait le jour de l'Assomption, n'avait pas encore été inaugurée à Chambéry. Mgr Pichenot souffrait de voir sa ville métropolitaine privée d'une cérémonie aussi glorieuse pour la Mère de Dieu, qu'édifiante pour ses fidèles enfants. Il se décida, en 1878, à en faire l'essai. Notre chanoine, qui était Maître des cérémonies à la Métropole, mit tout son cœur à la faire réussir, et voici comment il en parle : « Notre procession du 15 août a été fort belle. C'était la première fois qu'on la faisait en Savoie, et nous étions bien inquiets, parce qu'on avait l'air de critiquer cette procession française. Nous avons eu un succès complet. La statue de la Sainte Vierge est magnifique : c'est l'Archevêché qui en a fait l'acquisition et tous les frais...

« Quatre diacres portaient la statue. La musique militaire, les tambours, la troupe, les quatre paroisses étaient présentes, et de l'aveu de tout le monde c'était plus beau que pour la Fête-Dieu. L'archevêque et Mgr Gros étaient en mitre et en crosse. Derrière eux marchaient, sur quatre rangs, environ 400 messieurs, la tête nue. La procession est allée jusqu'au grand jardin ou promenade publique.

« Sortis de la cathédrale à 8 heures et demie, nous n'y sommes rentrés qu'à 11 heures moins le quart. La cathédrale était remplie d'une foule serrée, et quand la sainte Image est rentrée dans l'église, les orgues et les chantres ont entonné le *Magnificat*. C'était triomphal.

« La statue arrivée sur son trône, les deux évêques sont allés devant elle et l'ont encensée. Les clairons sonnaient et les tambours battaient aux champs, comme pour le Saint-Sacrement. Nous étions tous heureux et je crois que la Sainte Vierge n'a pas été moins contente que nous.

« Pendant la procession le temps était gros ; à peine étions-nous rentrés, que l'orage éclatait [1]. »

La Toussaint avec la fête des morts était pour lui une excellente occasion de glisser dans ses lettres à sa mère quelques consolantes pensées. Le 2 novembre 1878, il lui écrivait : « Je ne veux pas que ce jour des morts s'écoule sans que je vous dise un mot. J'ai bien pensé ce matin à mon père et à Alexandre : j'ai dit la messe pour eux... Hier soir à vêpres, il y avait plus de monde que l'église n'en pouvait contenir ; trois cents personnes étaient debout, ne trouvant pas où

1. Lettre du 23 août 1878.

s'asseoir. Quel spectacle ! Confessions et communions nombreuses [1].

« Hier après vêpres, le cimetière ressemblait à une place de marché, tant la foule était immense, mais recueillie et silencieuse. C'est bien consolant. Du reste, ici, tout le monde croit à la vie future et on a le respect des morts [2]. »

Le temps était venu, pour Mgr Pichenot, de faire sa seconde visite au Souverain Pontife. Le chanoine Varet, choisi pour *socius*, accompagna d'autant plus volontiers son oncle, qu'il avait un désir plus vif de voir Léon XIII.

Les deux pèlerins quittèrent Chambéry le lundi 18 novembre à 10 heures du matin, et dès le lendemain à 3 heures de l'après-midi, ils étaient à Rome.

« Quel beau voyage ! s'écrie le bon chanoine dès son arrivée ; hier nous étions dans la neige, et ce soir nous voici dans les fleurs. Jamais je n'avais trouvé les Alpes aussi grandioses, ni le Mont-Cenis aussi escarpé. A Turin, nous avons entendu les chants de victoire que toute la ville faisait retentir en l'honneur du roi, qui vient d'échapper à la mort [3]. Au delà de Turin, nous avons parcouru une centaine de lieues le long de la Méditerranée : on voyait les vaisseaux en marche et les voiles gonflées par le vent. A 2 heures,

1. Lettre du 2 novembre 1878. — 2. A un autre, 2 novembre 1878. — 3. Le 17 novembre, à Naples, pendant que plusieurs personnes présentaient des pétitions au roi Humbert, Passavanti, ouvrant un couteau, avait frappé le Souverain, qui en fut quitte pour une égratignure au bras gauche. La reine Marguerite avait dit en cette circonstance : « Si ce crime m'afflige, c'est surtout pour son côté moral : *la poésie de la Maison de Savoie est finie !* » (*Courrier des Alpes*, 28 novembre 1878.)

nous apercevions les dômes de toutes les grandes églises de Rome [1]. »

Ce qui réconfortait le plus sa foi et sa piété envers l'Eglise était cette pensée, qui fait le désespoir de la révolution : les papes meurent, mais la papauté ne meurt pas. Nous sommes toujours assurés de trouver ici-bas un lieutenant de Jésus-Christ, dépositaire des clefs du royaume des cieux.

« Il y a quatre ans, disait-il, j'ai vu Pie IX, maintenant c'est Léon XIII ; rien n'est changé que le nom. »

Plus loin il parle de ses audiences au nombre de trois. « J'ai eu le bonheur de voir le pape jeudi pour une première audience. Demain soir, nous le verrons encore dans une audience particulière où il n'y aura que Monseigneur et moi.

« Nos affaires sont à peu près terminées. Je passe mes matinées à porter dans les bureaux du pape toutes nos écritures et à rendre compte de tout ce qui se fait dans le diocèse de Chambéry [2].

Dans ses lettres, le chanoine Varet se mettait toujours à la portée de ceux à qui il écrivait : il ne disait à sa mère que ce qu'elle pouvait comprendre avec ce qui était de nature à la contenter. Il continue, deux jours après : « Rien n'est comparable au bonheur que nous avons eu de voir le pape Léon XIII. Il nous a reçus lundi soir à 6 heures et nous a retenus jusqu'à 7. Il parle très bien le français, mais avec l'accent belge, parce qu'il est resté cinq ou six ans en Belgique. Il con-

1. Lettre du 20 novembre 1878. — 2. Du 24 novembre 1878.

naît et surtout aime la France. Sa maigreur et sa pâleur sont extraordinaires. Il est sérieux, parle lentement et a une expression de douceur et de bonté que sa photographie ne rend pas. Je lui ai parlé à genoux ; il m'a recommandé de travailler pour Dieu et pour l'Eglise. Il m'a demandé si vous étiez avec moi à Chambéry. Il vous a béni, vous, Marie et ses enfants, parce que je le lui avais demandé spécialement. Il a béni ensuite tous mes parents, tous ceux qui me sont chers, et il a eu la bonté d'apposer sa signature sur une de ses photographies, en ajoutant *qu'il ne fallait avoir peur de rien, et craindre Dieu seul.* Vous pensez bien que ma joie a été grande. Nous verrons encore le pape avant de quitter Rome [1]. »

Il y avait en ce moment à Rome cinq évêques français ; ils se réunirent un jour à la même table, chez Mgr Langénieux, déjà archevêque de Reims. Le chanoine Varet était au nombre des invités. « Si vous aviez vu, écrit-il, comme nous étions heureux de nous trouver ensemble. A l'étranger, ce bonheur est d'autant plus grand qu'on est plus éloigné de sa patrie. »

Un plaisir plus grand encore pour l'abbé Varet était la visite des sanctuaires de Rome. Le jour de la fête de sainte Cécile, il passe une partie de la journée dans l'église bâtie sur le lieu où la sainte reçut la palme du martyre. Le lendemain, il vénère, à Sainte-Croix de Jérusalem, les insignes reliques de la Passion ; elles lui sont montrées par

1. Lettre du 26 novembre 1878.

les Cisterciens qui desservent cette basilique, fondée par la piété de sainte Hélène. « J'aurais bien passé ma journée, dit-il, auprès de ces objets sacrés, témoins des souffrances de notre Sauveur ; et j'aurais été heureux de vous voir à côté de moi [1]. »

Rien de particulier ne signala son retour en France.

Mgr Pichenot voyait parfois l'horizon bien sombre. En présence d'élections si peu favorables à l'Eglise de France, il ne comptait pas sur six mois de tranquillité religieuse. Pendant le Carême de 1879, il avait fait espérer à son neveu, pour le mois de septembre, quelques jours de vacances au pays natal. Mais voici qu'à Pâques, il lui dit tout à coup : « Faites venir ici votre mère, car qui sait si au mois de septembre il y aura des curés et des évêques ! »

Mme Varet vint donc à Chambéry le mercredi après Quasimodo, à la grande satisfaction du chanoine, qui se promit bien de mettre à profit la période des visites pastorales de son oncle, pour organiser quelques bonnes promenades en faveur de sa mère.

Il avait souvent parlé à celle-ci de l'abbaye d'Hautecombe. On était au mois de mai : c'était le moment de lui faire contempler cette charmante solitude avec son église merveilleuse et ses riches mausolées. Mais il avait compté sans l'antipathie naturelle de Mme Varet pour les grandes eaux : il fut impossible de la décider à traverser le lac.

1. Même lettre.

On fit donc un grand détour et l'on demanda une voiture. Comme la route actuelle n'existait pas encore, aucun voiturier ne voulait se hasarder sur les pentes ardues, les roches vives et glissantes, qui émaillaient le chemin de ce temps-là. On n'y voyait jamais ni un cheval, ni une voiture à ressorts. Seuls des chars à bœufs, construits de telle sorte qu'ils pouvaient verser à volonté sans nuire à l'attelage, affrontaient le danger, et ce n'était pas toujours impunément.

Ce ne fut qu'à un prix fabuleux qu'un agriculteur consentit à exposer son cheval à un accident. Encore posa-t-il la condition que les deux pèlerins mettraient pied à terre aux passages scabreux.

Par la protection divine, on arriva sain et sauf ; et grâce à la générosité du chanoine Varet, les religieux et les gens du pays purent, une fois enfin, pousser cette exclamation : « Un cheval à Hautecombe !... »

On devine facilement que si la pauvre mère admira les mausolées de la basilique royale, ce fut d'une admiration plus d'une fois distraite par l'émouvante pensée des dangers courus et à courir encore.

De retour à Chambéry, les détails de ce fameux voyage défrayèrent les conversations de l'archevêché pendant plusieurs jours. Et plus tard, quand Mme Varet fut rentrée à Cravant, son fils l'interrogeait encore : « Avez-vous raconté autour de vous le voyage d'Hautecombe ?... Avez-vous parlé du lac, de notre voiture, du chemin rapide, impraticable ?... » Le bon chanoine avait le cœur content ; sa mère avait vu Hautecombe.

Une excursion autrement importante, offrit bientôt un nouvel aliment à son goût des beautés de la nature : nous voulons parler de la Salette. Lui qui avait assisté, en 1876, au triomphe de N.-D. de Lourdes, se voyait appelé à suivre aussi son oncle au couronnement de la Vierge des Alpes et à la consécration de sa basilique, qui eurent lieu les 20 et 21 août 1879.

Ce voyage fut fort pénible à notre chanoine. Comme les Pères Missionnaires avaient à loger, sur la sainte montagne, un cardinal et douze évêques, les lits manquèrent pour les ecclésiastiques de leur suite, et M. Varet n'eut pour dormir qu'un matelas étendu sur le plancher, sans aucun accessoire : et encore n'en usa-t-il qu'une seule fois. Son cousin, le jeune abbé Paul Juste, étant venu le rejoindre le deuxième jour, il lui céda sa modeste couche, se contentant, pour lui-même, du plancher de l'appartement.

« Mon cousin, raconte le jeune séminariste, a dormi trois nuits consécutives tout habillé, à la manière d'un simple moine ; et comme il n'avait point la vocation monastique, il se trouvait littéralement brisé [1]. »

De retour à Chambéry il eut à soutenir un véritable assaut de témoignages d'amitié et de sympathie à l'occasion de sa fête. On n'avait pas pu s'habituer en Savoie, à lui reconnaître pour

[1]. D'après une lettre du 25 août 1879.

patron saint Louis de Gonzague, et l'usage s'était introduit de lui porter des souhaits et des cadeaux à la fête du saint roi de France, 25 août.

« J'aurais voulu, écrivait à Mme Varet le jeune abbé Juste, témoin oculaire de ce qu'il raconte, — que vous vissiez comment on a souhaité la fête à ce bon Louis. Les bouquets remplissent sa chambre ; il y en a sur sa commode, sur son secrétaire, par terre ; il ne sait où les placer. Il a reçu une plante grasse très belle et très grande, comme il n'y en a pas au jardin ; et avec cela, une cage et deux rossignols. C'est effrayant tout ce qu'on lui donne. Du reste il le mérite bien. Il est si bon ! Qui donc pourrait ne pas l'aimer ? [1] »

Cette année-là, 1879, la fête de sainte Barbe si populaire en Savoie, offrit, à la cathédrale de Chambéry, un caractère pittoresque autant que religieux, dont le souvenir mérite d'être signalé.

« En ce moment, raconte le chanoine, il y a trois ou quatre mille ouvriers mineurs occupés à percer la montagne non loin de la cascade de Couz. On veut faire un tunnel pour le chemin de fer qui conduira directement de Chambéry à Lyon. Ces ouvriers ont voulu avoir leur messe, et ç'a été magnifique. Un pain bénit haut comme une montagne... Beaucoup de musique... Tous les Piémontais et leurs grandes bottes étaient rangés en ligne dans la cathédrale. Le soir ils ont eu un banquet, auquel ils ont invité les curés de la ville et ceux des environs [2]. »

1. Lettre du 25 août 1879. — 2. Du 5 décembre 1879.

Nous ne nous lassons pas de citer ce que l'aimable chanoine ne se lassait pas d'écrire. Comme lui nous sommes heureux de rendre justice à la population de Chambéry, qui se fait gloire de conserver intacte la religion des ancêtres.

« Depuis que je suis en Savoie, disait-il encore au lendemain de Noël 1879, jamais je n'étais resté aussi longtemps à l'église. Les deux jours avant Noël, je me levais à 4 heures, disais ma messe à 4 et demie ; à 5 heures je prenais une tasse de bon café, et jusqu'à 10 heures du matin, j'étais à l'église. Le soir, c'était depuis 2 heures jusqu'à 8 ; et, la veille de la fête, de 2 à 11 heures du soir. Je suis étonné de n'avoir pas eu l'ombre d'une fatigue 1. »

Ce que ne pouvait pas dire l'humble prêtre, c'est que la grâce divine accompagnait et soutenait son zèle tout apostolique. Dieu bénissait son ministère en lui envoyant des légions d'âmes à guérir, à fortifier, à soutenir. Ces longues séances au saint tribunal n'étaient point rares. Aux Quarante-Heures de 1880, il confessa depuis le vendredi précédent, tous les jours, du matin au soir, soit au pensionnat de Saint-Joseph, soit à la cathédrale, où la communion fut donnée à près de 1800 personnes à la messe de 5 heures, avant l'exposition du Saint-Sacrement.

Sa charité ne se plaignait jamais d'avoir trop d'occupations à l'église ; ou bien, s'il éprouvait silencieusement quelque fatigue, une large compensation lui était fournie par la sainte joie que

1. Lettre du 27 décembre 1879.

lui causait la solennité des offices ; joie qu'il aurait voulu partager avec ceux qui lui étaient chers.

« Nous avons eu des fêtes très-belles, écrivait-il un jour à sa mère. Néanmoins j'y éprouve toujours une certaine tristesse : celle de ne pas vous avoir ici pour partager notre consolation. Cette tristesse a été plus grande encore pour Noël. C'est la fête des familles et je vous sentais seule à Cravant, où vous avez si peu de joie et de bonheur. Dieu exaucera mes prières, et tout en nous soumettant avec confiance à sa volonté, nous lui demanderons de nous réunir [1]. »

Au secrétariat, son auxiliaire M. Ducis était remplacé depuis le 14 octobre 1879, par M. l'abbé Gabriel Blais, dans des circonstances qui méritent d'être rapportées.

Ordonné prêtre depuis quatre mois à peine, M. Blais avait été placé successivement comme vicaire dans deux paroisses, et avait vu enterrer les deux prêtres auxquels il se trouvait adjoint. On raconte qu'en présence de ce fait extraordinaire, Mgr Pichenot aurait dit : « Du train qu'il y va, ce bon vicaire va faire mourir tous mes curés. Je n'ai qu'un parti à prendre, c'est de le retirer chez moi, comme auxiliaire à la Chancellerie. Je le nomme secrétaire. »

L'abbé Blais vint donc résider à l'archevêché, sans se douter qu'un an plus tard il enterrerait aussi son archevêque.

---

1. Lettre du 27 décembre 1879.

CHAPITRE XII.

**Combien le cher neveu fut anxieux de la santé
de son oncle,
et comment il le bénit, et lui ferma les yeux.**

Les quatre dernières années que le chanoine Varet passa auprès de son oncle furent des années d'inquiétude, au sujet de la santé vacillante du vénéré Prélat.

Dès le mois de novembre 1876, il commençait, dans sa correspondance, à signaler ces divers petits accidents qui sont les signes avant-coureurs des maladies mortelles. Mgr Pichenot « paraissait triste et craintif [1]. »

Quatorze mois plus tard, l'inquiétude du neveu était déjà voisine de l'angoisse.

« Je vous dis donc, écrit-il, que Monseigneur est malade, et cette fois cela m'inquiète. Dimanche après vêpres, il s'aperçut que ses bas étaient mouillés et il pensait que c'était la neige qui avait pénétré dans son soulier. Le soir, quel ne fut pas son étonnement de voir son gros doigt de pied suintant du sang décomposé ! et cela continue depuis dimanche.

« Le médecin dit que ce n'est rien, que c'est l'effet du froid, et moi je crains que ce ne soit

1. Lettre du 20 novembre 1876.

l'effet du diabète. Parlez demain à M. Billaut, et écrivez-moi la vérité. Ah ! si Monseigneur voulait consulter une célébrité ! mais il s'abat, il se frappe [1]. »

Il y eut un mieux sensible : mais il fallut accompagner chaque jour à la promenade le bon Prélat, tantôt à pied en faisant le plus souvent le tour du champ-de-mars ; tantôt en voiture découverte, et l'on se rendait à quelque village. La promenade durait deux heures. « Aujourd'hui, nous arrivons de Barberaz. Le temps est magnifique : pas un nuage. Le soleil illumine les Alpes blanchies par la neige.

Mais bientôt les petits accidents reparaissent. Après la guérison du pied droit, Monseigneur prend une entorse au pied gauche, ce qui prouve une grande faiblesse [2], Plus tard, ses mains se couvrent de taches toutes rouges et assez grandes. Au mois de novembre, étant à Rome, une enflure se déclare à la joue [3]. Puis lorsque ces petites misères ont successivement disparu, c'est le tour du gros doigt de pied, qui se met à suppurer du sang.

« Cette infirmité, écrivait encore le chanoine, rend Monseigneur tout triste. Il ne pense plus à rien, absorbé qu'il est par les soins dont il a besoin. Je confie tout cela à ce bon saint Joseph, auquel j'ai grande confiance, et que je voudrais faire aimer davantage. Hier et ce matin j'ai con-

1. Lettre de février 1878. — 2. Carême 1878. — 3. Lettre du 19 novembre 1878.

fessé pendant 6 heures et demie des personnes qui voulaient commencer dévotement son mois [1]. »

Dans le courant de 1879, l'espoir revint ; et notre chanoine écrivait joyeux :

« Monseigneur suit un régime qui, je crois, le guérira. Son appétit est revenu. Et puis il est tout content de m'avoir fait partager sa responsabilité.» Ce fut pendant cette accalmie que le saint Prélat, si ami de l'Eucharistie, publia sous la date du 15 décembre 1879, cette magnifique Lettre pastorale, par laquelle il instituait dans son diocèse l'Adoration perpétuelle, et qui fut justement regardée comme son « chant du cygne ».

C'était la trentième de ses lettres, toujours si pieuses et si élégantes, adressées au clergé et aux fidèles depuis qu'il était à Chambéry, et que le chanoine Varet avait eu à faire passer, d'une écriture vraiment hiéroglyphique, dans une autre plus accessible aux imprimeurs.

Le samedi d'avant Noël, le bulletin de santé change de ton et de couleur : « Je vous dirai que l'état de Monseigneur m'inquiète ; il est si altéré qu'il se lève la nuit pour boire, au risque de ne pouvoir pas dire la messe. Les médecins, à force de recherches, ont découvert qu'il a la même maladie que mon oncle Cadet, le diabète. Cependant soyez sans inquiétude ; on lui a donné un régime fortifiant et les médecins espèrent le guérir. Seulement il n'est pas facile à soigner. Je me rassure sur la réponse des médecins, qui m'ont affirmé

1. Lettre du 1" mars 1879.

que Monseigneur guérira, et cela dans un mois. Il se frappe beaucoup. Il a fait ce matin une petite ordination dans sa chapelle, et cela l'a beaucoup fatigué. Je redoute pour lui les fêtes de Noël : il y a office pontifical et messe de minuit [1]. » Au printemps de 1880, les craintes du bon chanoine, n'avaient point encore cessé : « Il y a un symptôme qui me préoccupe beaucoup sans que je le dise, écrit-il, c'est que Monseigneur éprouve à un doigt du pied des douleurs presque continuelles, et j'ai connu un Monsieur diabétique qui souffrait du pied de la même manière ; on croyait que c'était un accès de goutte, et point du tout c'était l'effet du diabète. »

Ces tristes préoccupations firent place un instant à l'agréable surprise de la visite d'un éminent Cardinal qui, se rendant à Rome, s'arrêtait à Chambéry, le 20 mars 1880, pour y passer deux jours. C'était un honneur pour toute la ville autant que pour l'Archevêché.

« Le jour des Rameaux nous avions le Cardinal Pie, évêque de Poitiers, qui a officié au trône de Monseigneur en grand manteau de soie rouge ; Monseigneur était en face en manteau de soie violette. C'est moi qui ai chanté la grand'-messe et j'en étais fier. Le Cardinal a attiré à la messe et à vêpres une foule immense qui remplissait l'église et la place de la cathédrale. Le temps était magnifique et Son Eminence a pu admirer nos montagnes de neige que le soleil éclairait. »

1. Lettre du 20 décembre 1879.

Le saint évêque de Poitiers demanda qu'on le conduisît aux deux monastères du Carmel et de la Visitation, où il voulait se recommander aux prières de ces saintes filles. Le lendemain, il se remit en marche pour Rome, très édifié de la piété de l'archevêque et de son neveu, qu'il laissa eux-mêmes charmés de sa conversation douce, ainsi que de son appréciation judicieuse des affaires et des hommes de son temps. Le cardinal Pie, à son retour d'Italie, mourait à Angoulême, le 18 mai, sans pouvoir regagner son diocèse.

Ce qu'il fallait au vénérable malade, c'était une fréquente diversion à ses travaux d'esprit. On lui recommandait beaucoup d'exercice, de fréquentes promenades au grand air. Il aimait Hautecombe, et venait chaque année s'y reposer plusieurs jours. On le voyait alors, son ombrelle à la main, arpenter allègrement les sentiers de la propriété royale, à l'ombre de la forêt touffue. En 1880, six semaines avant sa mort, il accepta plus volontiers que jamais l'invitation du Prieur à la fête de saint Bernard.

En partageant le bonheur de son oncle, le chanoine Varet voulut, à son tour, le faire partager autant que possible à la pauvre veuve qui, là-bas, toute seule au logis, soupirait après son fils tant aimé. Voici les lignes qu'il lui traçait à la hâte :

« Ma chère mère, je vous écris de ce célèbre monastère d'Hautecombe, que je trouve de plus en plus beau. Nous sommes ici depuis jeudi. Notre séjour est délicieux.

« Hier, fête de saint Bernard, il y a eu grand’ messe pontificale, comme aux grandes fêtes à Chambéry. Le bateau à vapeur a amené 200 personnes, en sorte que l’église, ordinairement vide de fidèles, était remplie.

« Monseigneur et moi, nous sommes allés en promenade sur le chemin que vous connaissez. Le soir au clair de la lune, nous conversons sur la terrasse du jardin jusqu’à 10 heures. Ces bons Pères font tout ce qu’ils peuvent pour nous être agréables. Monseigneur, qui a beaucoup souffert du pied vers l’Assomption, se trouve très bien à Hautecombe [1]. »

Pendant que le chanoine Varet, de sa grande cellule, écrivait cette lettre, Monseigneur, descendu à la salle capitulaire, adressait aux religieux une allocution sur les avantages de la vie contemplative. Ils en ont gardé un délicieux souvenir. Ce jour-là, 21 août, était le dixième anniversaire de sa consécration épiscopale. A cette occasion, le Sous-Prieur lui présenta, au nom de la communauté, des vœux de bonheur et de longues années, auxquels le Prélat répondit simplement qu’il ne fallait guère y compter.

Quelques jours plus tard, le chanoine écrivait : « Depuis le retour d’Hautecombe, Monseigneur est plus souffrant, son pied enfle. Ce matin il me dit qu’il n’a pas pu fermer l’œil de toute la nuit. »

Bientôt on recourut aux eaux sulfureuses de Challes. A cette station située à proximité de

1. Lettre du 21 août 1880.

Chambéry, tout près de Myans, le malade était conduit en voiture tous les matins, accompagné ou de M. le chanoine, ou de l'abbé Blais, qui alternaient ensemble. Ce traitement sembla, vers la mi-septembre, favorable à la guérison. On reprit courage : on projeta un voyage en Bourgogne. Le prélat put faire, le 16, la consécration épiscopale de Mgr Galfione, en religion P. Ignace de Villafranca, capucin de Savoie, nommé vicaire apostolique des îles Seychelles ; et le soir du même jour, il présida l'ouverture de la retraite ecclésiastique au Grand-Séminaire.

Le lendemain, M. Varet écrivait à sa mère : « Nous sommes en retraite depuis hier. Monseigneur va mieux, et nous comptons toujours partir pour Nuits. Il a dit que s'il était plus malade, il m'enverrait seul [1]. »

Hélas ! il s'agissait bien de vacances en ce moment !

Les quatre premiers jours de la retraite, Monseigneur avait voulu se rendre tous les matins, de l'Archevêché au Séminaire, pour y faire les exercices avec ses prêtres. Mais le cinquième jour, qui était le vendredi 21, il ne put que s'y traîner, appuyé sur le bras de M. Varet, « à qui ce spectacle arrachait des larmes d'attendrissement et de douleur. Il lui fallut vingt minutes pour arriver au Séminaire, mais il ne put se rendre à la chapelle [2]. »

1. Lettre du 17 septembre 1880. — 2. Notice sur Mgr Pichenot, dans l'*Evangile de l'Eucharistie.*

Vers 9 heures, le chanoine dut prendre une voiture pour reconduire le prélat à l'Archevêché. Là, en présence de l'indécision des docteurs appelés en toute hâte, le vénéré malade se prépara sérieusement à la mort.

Le 3 octobre, fête du Rosaire, le chanoine écrivait : « Les médecins n'ont pas perdu tout espoir ; mais je crois qu'ils ne me disent pas toute la vérité.

« Ce matin à 5 heures, j'ai dit la messe dans sa chambre et il a communié. Il ne souffre pas, il ne dit rien, il semble endormi. Le P. Prieur d'Hautecombe est ici [1]. »

Le lendemain lundi, nouvelle dépêche à Cravant :

« Il y a une légère amélioration. — Hier après Vêpres, Monseigneur a reçu solennellement l'Extrême-Onction. On avait fait des prières pour lui. Après la procession des confréries, tout le clergé et les fidèles sont montés, et Monseigneur a reçu les derniers sacrements. Il a fait ses recommandations à haute voix. Tous pleuraient, excepté lui... [2] »

En ces circonstances pénibles, les lettres de notre chanoine étaient et devaient être, on le conçoit, sobres de détails. Mais il a décrit ailleurs avec autant de soin que de piété les derniers moments de son oncle [3]. Nous citons, en abrégeant un peu son récit : « A ce moment commença le défilé des pieux fidèles : il dura plus

---

1. Lettre du 3 octobre. — 2. Lettre du 4 octobre. — 3. *Notice sur Mgr Pichenot*, p. XXXI.

d'une heure. Les personnages les plus considérables, mêlés aux ouvriers ; des femmes et des enfants surtout, venaient le contempler une dernière fois, et lui demander une bénédiction, avec un souvenir au ciel. Chacun s'agenouillait auprès du lit du Prélat mourant, et ce bon Pasteur bénissait avec la dignité et la piété qu'on admirait en lui aux jours des offices pontificaux. Cette scène était pour ce père bien-aimé un vrai triomphe.

« La nuit de dimanche au lundi fut bonne. Le lundi Monseigneur se leva. Vers dix heures il se remit au lit, et présida lui-même son conseil avec la lucidité de ses meilleurs jours, faisant à ses conseillers des observations dont la justesse les étonnait. Il reçut quelques visites dans la journée. Le soir venu, il voulut rester seul. Cependant on le veilla. Une soif dévorante le consumait et il ne s'en plaignait pas, il ne demandait même pas à boire. Sa prière et son union à Dieu étaient remarquables ; jamais son visage n'avait paru plus beau, son âme, sa sainte âme le transfigurait. A minuit, il communia en viatique. »

Nous voici au mardi 5, qui fut le jour de son trépas. Le matin il crut pouvoir se lever, mais une demi-heure après, le froid de la mort lui glaçant les doigts, on fut obligé de le remettre sur son lit. Bientôt il fut grandement consolé par la visite de Mgr Rosset, évêque de Maurienne, puis par des télégrammes d'autres évêques lui annonçant qu'ils priaient pour lui ; et enfin, par une dépêche de Rome, lui apportant la bénédiction du pape.

Ce fut M. Varet qui lui fit lecture du message. Tout à coup la figure du mourant s'illumina, et de son cœur jaillit un sentiment de vive reconnaissance, que ses lèvres ne purent exprimer que par ce simple mot : « Je suis content. »

— « Monseigneur, lui dit alors notre chanoine, vous m'avez béni toute votre vie, permettez-moi de vous donner la bénédiction de Léon XIII. » Et sans attendre de réponse, il ajouta : « Au nom du Père et du Fils, et du Saint-Esprit : Ainsi soit-il. »

Le malade, qui avait les mains jointes, essaya d'accompagner ces paroles d'un signe de croix : il ne put l'achever.

Il était 5 heures. Cependant. depuis midi, le prélat n'avait cessé de bénir prêtres et fidèles qui accouraient de toutes parts, ainsi que les membres de sa famille, et il devait continuer presque jusqu'à l'heure de sa mort. Jamais il ne donna autant de bénédictions qu'en ce dernier jour de sa vie. « Ses yeux se couvraient d'un voile précurseur du trépas. Il n'eut pas d'agonie... A 8 heures ses lèvres murmuraient les prières qu'on récitait auprès de lui. Le malade respirait doucement, serrant avec amour le crucifix sur son cœur... Le moment suprême arriva pour le saint archevêque : un dernier souffle s'échappa de ses lèvres sans la moindre convulsion : son âme était retournée à son créateur, à son Père, à Jésus, juge souverain de tous les hommes.

« Il était 9 heures. C'était précisément l'heure où chaque soir, abattant en esprit la cloison qui séparait sa chambre de la chapelle, il s'endormait sous les ailes de Jésus-Hostie. Cette fois, il s'endormit dans les tabernacles éternels. »

C'est en ces termes que finit le récit du chanoine Varet.

Dix années de familiarité n'avaient point affaibli en cet excellent prêtre le respect religieux qu'il professa toujours pour son oncle. Il vénérait en Mgr Pichenot, et à juste titre, un saint, et il s'efforça toute sa vie d'imiter ses vertus. La mort du pieux archevêque sembla grandir encore sa vénération et son amour vraiment filial.

Au moment où le chanoine Varet recevait son dernier soupir, commençaient pour lui de nouvelles et pénibles préoccupations. Les larmes aux yeux, il passa la nuit à diriger les détails de l'exposition du corps dans une chapelle ardente. Puis le lendemain, à la hâte, il adresse à sa mère un billet, dont le laconisme et le négligé trahissent l'émotion et le manque de temps.

« 6 oct. — Ma chère mère. Il est mort hier à 9 heures du soir, comme un saint, et sans secousse. Tous les prêtres étaient là. Quelle mort édifiante ! Son testament est des plus touchants, il fait pleurer.

« Il est exposé en vêtements pontificaux dans le premier salon : toute la ville et la campagne viennent prier.

« Ayez courage, cette mort est un triomphe. Je vais bien. — Louis. »

Dix évêques furent invités, et il fallait préparer

toutes choses pour leur réception et leur logement. Mme Varet vint immédiatement joindre ses
larmes à celles de son fils et de sa sœur. Nous
n'avons point à décrire ici les funérailles, qui furent ce que sont toutes les funérailles d'évêques : somptueuses, majestueuses, émouvantes.
— Mgr Pichenot fut déposé dans les caveaux fu-
néraires de la Métropole, à côté du cardinal Billiet, son prédécesseur.

Bientôt les Vicaires capitulaires du siège vacant annoncèrent le service solennel du trentième
jour. Il fut célébré avec beaucoup de solennité le
16 novembre, et Mgr Fava, l'éloquent évêque de
Grenoble, prononça l'éloge funèbre de son pieux
voisin et ami, en qui il fit voir principalement le
prêtre pieux, l'homme de l'Eucharistie. On nous
permettra de citer les paroles suivantes de sa pé-
roraison qui, tout en faisant l'éloge de l'oncle,
semblent avoir été écrites aussi pour le neveu :

« C'est la piété qui, dès son entrée dans la vie,
lui a montré Dieu comme un père, et il l'a aimé
aussitôt... La piété lui a fait voir, à travers les
voiles eucharistiques, Jésus-Christ, vrai Fils de
Dieu, et il l'a aimé... C'est Lui, Lui Jésus, qui fut
sa vie, parce qu'il fut l'objet de son unique et ardent amour. Il n'a vécu, travaillé et souffert que
pour lui et pour la sainte Eglise !... »

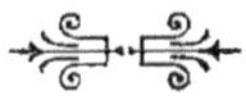

1. La maison habitée par le chanoine Varet.

2 et 3. Ses deux pupilles.

TROISIÈME PARTIE

—

Le Chanoine, rue du Château à Chambéry.

———

CHAPITRE PREMIER.

**Comment le bon chanoine Varet, en sa nouvelle
demeure,
eut trois nouveaux deuils en cinq ans.**

LE chanoine Varet avait suivi, la mort dans
l'âme, tous les détails de la sépulture de son
oncle ; il avait dû faire les honneurs de
l'archevêché aux six pontifes, qui, des dix invités,
avaient seuls pu se rendre à la cérémonie. Mais
les évêques une fois partis, cette vaste demeure
privée de son archevêque comme de son foyer de
lumière et de chaleur, lui parut un désert.

Il l'occupa néanmoins jusqu'après les fêtes de
Noël. Mais il n'attendit pas jusques-là pour résigner ses fonctions de chancelier : il le fit dès le
lendemain des funérailles, se bornant, pour le
reste, à mettre ordre aux affaires courantes du
secrétariat.

En même temps il fallait chercher en ville un logement nouveau, et assez spacieux pour abriter convenablement, près de lui, sa tante, sa cousine et aussi sa bonne mère, qui désirait ne plus jamais se séparer de lui.

Il trouva cette nouvelle habitation à une certaine distance de la cathédrale, au n° 1 de la rue du Château, entre la place de ce nom et la place Caffe, sur laquelle donnaient la plupart de ses fenêtres. Il allait donc résider à l'ombre de la Sainte-Chapelle qui abrita longtemps le Saint-Suaire de Notre-Seigneur, et qui est annexée à l'ancien Château, où résidèrent durant des siècles les comtes et ducs de Savoie, et où descendirent plus tard les rois de Sardaigne.

Le deuil de l'abbé Varet ne fit qu'accentuer davantage la sympathie que toute la ville éprouvait pour son caractère conciliant et sa bienfaisante action. Les pauvres, les ouvriers, les enfants, les affligés connurent bientôt la nouvelle résidence de leur ami, de celui qu'ils appelleront encore plus que jamais : « Monsieur le Chanoine », sans addition.

Cependant, depuis la mort de son oncle, l'abbé Varet se trouvait dans un milieu si nouveau pour lui, qu'il lui semblait n'avoir plus rien à faire. Chanter ou réciter l'office divin chaque jour à certaines heures à la cathédrale, lui paraissait trop peu de chose. Dieu ne lui avait point révélé tout le bien qu'il allait faire autour de lui, pendant les quinze ans qu'il devait encore passer sur la terre.

D'autre part la tournure des affaires pendant la vacance du siège lui faisait pressentir des modifications importantes dans quelques institutions dues à son oncle : et il se demandait si la continuation de son séjour à Chambéry n'allait point être pour d'autres un sujet de peine.

Cette question, secondaire aux yeux du bon prêtre, mais grave pour la délicatesse de ses sentiments, il résolut de l'examiner devant Dieu.

A l'automne de 1881, se trouvant en visite dans son pays d'origine, il fit, à Sens, une retraite spirituelle. Pendant ces jours de prière et de réflexion, il demanda au Seigneur de lui faire connaître s'il devait se fixer dans ce diocèse ou retourner à Chambéry. Il n'avait aucune préférence : tout ce qu'il désirait était de faire ce que Dieu voudrait.

Or, le dernier jour de sa retraite, une dépêche télégraphique vint lui apprendre que Mlle Laurence était gravement malade. A ce trait, il crut reconnaître la volonté de Dieu et il reprit à la hâte le chemin de Chambéry. « C'est de lui-même que je tiens ces détails », ajoute la personne qui nous les a transmis.

Le jour où le chanoine Varet monta dans l'express qui devait le ramener en Savoie, les pauvres de Chambéry « firent une bonne journée ».

Il trouva sa tante assez mal, mais hors de danger. Mlle Laurence devait languir plusieurs mois encore sur cette terre. Elle n'avait jamais pu se consoler de la mort du saint frère auprès duquel elle avait passé quarante ans : aussi ce ne fut pas sans consolation qu'elle alla le rejoindre au ciel le 1er avril 1882, à l'âge de 75 ans. Elle avait demandé à être transportée dans son pays natal, à Nuits-sous-Ravières, où elle fut inhumée dans le tombeau de sa famille. Sa vie s'était passée dans la prière et les bonnes œuvres. C'était le type de la sainteté humble et recueillie en Dieu.

Mais un deuil bien autrement douloureux attendait notre chanoine, qui en avait eu déjà de si cruels. Mme Varet, depuis la mort de l'Archevêque, demeurait la plus grande partie de l'année auprès de son fils ; c'est à peine si elle allait passer trois mois à Cravant pour les affaires de famille. La mère et le fils trouvaient leur plus grande consolation à s'encourager à la pratique des vertus, et ils espéraient passer encore ensemble des jours longs et sereins. Dieu, qui éprouve ceux qu'il veut sanctifier davantage, ravit au chanoine Varet l'objet de ses plus chères affections en ce monde. Après une courte maladie, Mme Varet mourut à Chambéry, le 9 mars 1883, à l'âge de 68 ans.

Nous n'entreprendrons pas de décrire le déchirement qu'éprouva le cœur du fils, à la vue des restes inanimés de cette mère tant aimée. La douleur le rendit malade, et il se vit obligé de faire appel à un ami pour le suppléer aux funérailles. Cette séparation fut, on peut le dire, la plus grande épreuve de sa vie. Il voulut du moins que sa mère reposât dans le cimetière de la ville, où il pourrait se rendre fréquemment et déposer une prière sur sa tombe.

Mme Varet a laissé le souvenir d'une femme éminemment chrétienne. Elle avait une foi très vive, que son séjour à Cravant n'avait pu ébranler. Comme son fils, elle mettait son bonheur à visiter les pauvres, et à leur inculquer des principes religieux.

Le Chanoine supporta cette perte avec la plus entière résignation : mais ce ne fut pas sans avoir besoin d'une grande force d'âme.

Vers le même temps, Mlle Marie, désireuse de goûter dans une plus grande mesure les joies suaves du service de Dieu, allait habiter une maison religieuse.

Cependant depuis la mort de Mgr Pichenot, il s'était élevé dans la ville des dissentiments au sujet de certains actes de son administration, tels que le choix de M. Vivien pour vicaire général, et l'introduction des Jésuites au Grand-Séminaire. La mémoire de l'archevêque défunt fut assez malmenée par le parti qui avait blâmé ces actes et voulait en faire disparaître les dernières traces. Les journaux rouges de la localité s'emparèrent de la querelle et causèrent beaucoup d'ennuis à notre chanoine, qui s'y voyait insulté en compagnie de M. Vivien. L'arrivée du nouvel archevêque, Mgr Leuillieux, lui aussi de pieuse mémoire, ne parvint que difficilement à mettre fin à ces conflits d'opinion, et au mois de mai 1883, l'effervescence durait encore. Hâtons-nous d'ajouter à l'honneur de M. Varet, que l'estime et la sympathie dont toute la ville l'entourait en furent à peine altérées.

Mgr Bernadou, archevêque de Sens, plus tard cardinal, qui honorait de son affection le neveu de Mgr Pichenot et qui connaissait sa valeur, voyait avec peine les ennuis et la situation du bon chanoine. Déjà ce prélat avait fait plusieurs tentatives pour l'engager à rentrer dans son diocèse d'origine. A la faveur de ce qui se passait à Chambéry, il revint à la charge et, par la plume de M. Duranton l'un de ses vicaires généraux, il lui proposa l'importante cure de Notre-Dame, à Tonnerre. C'était une paroisse de plus de 3,000 âmes, où il eût été non seulement curé-doyen du canton, mais aussi archiprêtre de tout l'arrondissement.

L'humble prêtre prit plusieurs semaines pour y réfléchir et demander conseil.

« — Voyez cette lettre, dit-il un jour à un de ses anciens collaborateurs au secrétariat de l'Archevêché. Peut-être ferais-je bien d'accepter ; car ici je n'ai pas toute l'activité que je désire : je la trouverai dans mon diocèse d'origine. Qu'en pensez-vous ?

« — Sans doute, lui répondit son interlocuteur : mais n'est-ce pas la divine Providence qui vous a amené ici ?... Près du tombeau de votre saint oncle qui vous protégera, vous pouvez produire de très abondants fruits de salut parmi nous. Restez, M. le Chanoine, car vos amis, et ils sont nombreux, seraient inconsolables de votre départ. »

« — Cependant j'ai grand besoin d'un ministère actif ! »

« — Demandez alors une paroisse, mais une paroisse rapprochée de Chambéry. »

C'est ce qu'il fit : il en demanda une où il y avait beaucoup de bien à faire.

Mais Mgr Leuillieux savait combien il était difficile alors de remplacer un chanoine titulaire. D'autre part, on lui avait dit tout le bien que M. Varet avait déjà fait à Chambéry, et il pressentait celui qu'il pourrait y faire encore. Aussi l'engagea-t-il puissamment à suivre l'attrait de son zèle dans la ville même, tout en gardant ses attributions de chanoine.

Le bon prêtre s'inclina devant le désir de son archevêque, et ne songea plus désormais qu'à se sanctifier davantage, pour travailler avec plus d'ardeur que jamais, de concert avec le clergé de la ville, à la sanctification des âmes qui feraient appel à son ministère.

Cependant la mort guettait encore une proie dans la famille du chanoine Varet.

Sa belle-sœur Marie, depuis dix ans fidèle à la mémoire de son cher Alexandre sans vouloir se remarier, n'avait jamais joui d'une robuste santé. Quelques infirmités négligées la conduisirent promptement au tombeau. Elle mourut en 1885, à la fin de mai, à peine âgée de 35 ans.

« Ceux qui l'ont connue ne parlent qu'avec

admiration de sa rare énergie et de sa vaillance chrétienne. Elle avait toujours fait passer, dans sa mission éducatrice, le devoir avant la vivacité de ses sentiments affectueux [1]. »

Elle laissait les deux enfants au baptême desquels nous avons assisté. Alice avait été mise en pension chez les Ursulines de Noyers, pour y recevoir une éducation chrétienne et forte ; et Paul venait d'entrer au Petit-Séminaire de Joigny, avec l'espoir de devenir un jour prêtre. Les deux orphelins passèrent sous la tutelle de leur grand père maternel, M. Gourlot. Mais, hélas ! l'année suivante ce digne tuteur fut à son tour rappelé à Dieu.

C'était le sixième grand cercueil que les enfants voyaient mettre en terre, et l'aînée avait à peine treize ans !

Mais Celui qui, du sein de sa gloire éternelle, prend soin des petits oiseaux, a promis de n'abandonner jamais l'orphelin. Il a formulé pour lui, dans la Sainte Ecriture, ce cri de consolation et d'espérance : « Mon père et ma mère m'ont abandonné ; le Seigneur m'a recueilli ! [2] »

Le mandataire de Dieu, à l'égard des deux petits infortunés qui nous occupent, sera le chanoine Varet. A la mort de M. Gourlot, il devint leur tuteur, avec dispense de l'archevêque de Sens (1886).

Ces chers enfants, il les avait toujours aimés, malgré la distance qui ne lui permettait pas de les voir souvent. Dans ses lettres, il y avait tou-

---

1. *Semaine religieuse de Sens,* 23 mai 1896. — 2. Psaume XXVI, 16.

jours pour eux un gros baiser, avec une parole d'encouragement ou de tendresse. Cette tendresse allait désormais s'accroître d'un dévouement aussi éclairé que persévérant.

Vers le milieu de 1887, Alice fut atteinte d'une hémoptysie bien caractérisée, et le médecin ordonna sa sortie de pension. Dans sa sollicitude, le chanoine la fit venir chez lui (commencement de 1888). Il savait qu'en la recueillant, il recueillait une infirme dont le mal serait peut-être long à soigner ; mais loin de s'en effrayer, son zèle ne vit qu'une occasion de faire une bonne œuvre pour la gloire de Dieu.

Paul, lui, avait une excellente santé ; il se bornait à venir passer les vacances chez son oncle.

CHAPITRE II.

Comment **M.** le Chanoine était pieux et modeste, et comment aussi, à côté de ses qualités, il avait ses petits défauts.

L'EXCESSIVE rareté des lettres du chanoine Varet, après la mort de sa mère, ne nous permettra pas toujours, comme nous l'avons fait jusqu'ici, de le suivre pas à pas durant les dix années comprises entre 1883 et 1893. Mais dans toute existence humaine, il est certains faits qui ne se rapportent à aucune date, parce qu'ils sont de toute la vie ou de toute une période de la vie. Cela est vrai surtout des vertus, des qualités, des habitudes qui caractérisent le héros ou le sujet que l'on veut peindre. Ce sont des traits qui veulent être présentés à part et comme dans une série de tableaux.

C'est ce que nous allons faire, avec d'autant plus de bonheur que les traits de vertu que nous avons à présenter ici conviennent plus spécialement à cette dernière période de la vie du chanoine. Ils nous conduiront ainsi très naturellement à ceux de ses derniers actes dont la date nous est connue comme certaine.

Depuis la mort de Mme Varet, on avait remarqué en lui une tendance à la pauvreté volontaire, embrassée pour imiter de plus près le divin Ami des hommes, qu'il avait pris pour modèle. Le confortable de son ameublement disparut peu à peu. Au bout d'un an, on ne voyait plus chez lui que le strict nécessaire. Son salon lui paraissait trop luxueux, il évitait d'y entrer. Le magnifique encrier de bronze qui ornait son bureau était relégué dans une chambre inhabitée, et remplacé par un plus simple. Les porte-plumes en nacre ou en ivoire, les chapelets de prix avaient été cachés dans un tiroir avec les belles montres, en attendant l'occasion de les distribuer, soit en secours, soit en cadeaux. Les grands rideaux des fenêtres s'entassaient dans des malles. Tout, jusqu'aux objets de toilette, avait été simplifié. Il ne se servait plus, pour se raser, que d'une glace très petite, encore était-elle brisée. Enfin la frugalité de ses repas, lorsqu'il mangeait seul, semblait la conséquence d'un vœu particulier de pauvreté.

Au début de sa *Notice sur Mgr Pichenot*, M. le chanoine rappelle cette parole tombée des lèvres de Mgr Fava, prononçant l'oraison funèbre de son collègue dans l'épiscopat : « Si j'avais un mot à graver sur le tombeau de votre archevêque, ce serait celui-ci : *Pius* ; il fut pieux. » Et notre biographe ajoute : « Oui, cette parole résume toute la vie de Mgr Pichenot. Sa vertu dominante était la piété, et, pour être encore plus précis et plus vrai, nous ajouterons que sa piété a été toute eucharistique... »

L'humble prêtre qui publiait ces lignes ne se doutait pas qu'en donnant cette note caractéristique à son oncle, il traçait du même coup la sienne propre. De lui aussi, l'éloquent évêque de Grenoble pourrait dire : « Au jour des funérailles, j'ai recueilli ce mot tombant des lèvres des pontifes, des vénérables chanoines de cette métropole, des prêtres du diocèse, des fidèles grands et petits, des riches et des pauvres, qui répétaient dans un concert unanime et avec l'accent de la sincérité : *Il était pieux.* »

Cette piété, il la puisa, comme Mgr Pichenot, dans la sainte Eucharistie. Nous avons vu par ses lettres combien, dès sa première année de pension, il aimait à décrire les belles cérémonies de la Fête-Dieu. Plus tard, il se rendait aux cérémonies d'Adoration perpétuelle et surtout aux Saluts du Saint-Sacrement, comme on se rend à un festin. La visite quotidienne au divin Prisonnier de nos Tabernacles était l'un des principaux articles de son règlement.

Uni par le cœur, depuis longtemps déjà, à la pieuse « Association des Prêtres adorateurs », M. le Chanoine voulut, dès qu'il le put, en faire canoniquement partie. Il lui donna son nom en 1884. Quatre ans après, s'étant propagée dans le diocèse de Chambéry, l'Œuvre eut besoin d'un Directeur diocésain : on nomma M. Varet.

' « Pendant les sept années qu'il remplit cette fonction, disent les Annales de cette association, il fit preuve d'un zèle exemplaire et d'un dévouement de tous les instants. Profondément attaché à notre chère œuvre, pour laquelle il avait autant d'estime que d'affection, il aurait voulu la voir s'accroître rapidement et se répandre dans tout l'univers. Sa plus grande joie était de nous envoyer les noms de nouveaux adhérents.

« Aimant passionnément l'Eucharistie, il n'avait voulu accepter les fonctions de Directeur diocésain, que dans cet espoir de contribuer à grossir la phalange des Adorateurs du Très Saint-Sacrement ; et son extrême modestie lui faisait toujours paraître insuffisants les efforts qu'il faisait pour la diffusion de notre Association dans le diocèse de Chambéry [1]. »

Un prêtre de la ville, aumônier des Sœurs de Saint-Joseph, lui rend aussi ce témoignage : » M. le chanoine Varet était très fidèle Adorateur du Très Saint-Sacrement, dont il parlait toujours avec une onction si pénétrante. Aussi aimais-je l'inviter à prêcher à mes novices, chaque fois que j'avais le bonheur d'avoir l'exposition du Très Saint-Sacrement dans notre petite chapelle... [2] »

Qu'est-il besoin, après cela, de supputer et de décrire ses autres dévotions : il les avait toutes. Un ami du Saint-Sacrement ne saurait ne pas être l'ami de tout ce qui le touche de plus près : le Sacré-Cœur, l'image de la Croix, les instruments de la Passion, la Sainte-Face, le Saint-Suaire, etc.

Dans les dernières années, il avait exposé dans une antichambre une grande image de la Sainte-Face de Notre-Seigneur, devant laquelle brûlait nuit et jour une petite lampe, comme on en voit

1. *Annales.* — 2. Lettre au Directeur des *Annales de l'Association.*

aux pieds des Madones dans les familles chrétiennes d'Italie.

Pour vénérer à son aise le Saint-Suaire, il se
rendit à Turin, accompagné de son neveu, d'un
de ses cousins prêtres et de M. l'abbé Blais (1894).

« Je ne saurais exprimer, rapporte ce dernier,
combien il nous édifia par son recueillement dans
les églises et par sa piété. C'était pendant la neuvaine préparatoire à la fête de N.-D. des Sept-
Douleurs de septembre. Tous les matins, nous
allions célébrer nos messes près du St-Suaire, dans
la splendide chapelle en forme de coupole que nos
anciens ducs de Savoie élevèrent à Turin pour y
conserver cette insigne relique, après qu'ils l'eurent emportée de Chambéry. La pensée que le
Saint-Suaire avait séjourné longtemps à quelques
pas de sa demeure intéressait vivement sa piété.

« Le soir il nous conduisait à l'église Saint-
Charles, où avaient lieu les exercices de la neuvaine. Là il se délectait du chant du *Stabat* exécuté par la foule avec une expression religieuse et
plaintive à fendre des cœurs de bronze. »

Au retour de ce pieux pèlerinage (car c'en était
un) le bon chanoine était heureux d'avoir fait
partager à ses compagnons les sentiments de dévotion qu'il en avait rapportés lui-même.

S'il est vrai que la piété, suivant le mot de saint
Paul, est utile à tout, on peut dire aussi qu'elle
envahit tout.

En ce saint prêtre, elle s'étendait particulièrement aux cérémonies liturgiques.

Quand saint Vincent de Paul célébrait la messe, le peuple s'écriait : « Voilà un ange, voilà un saint. » On pouvait dire la même chose de M. le chanoine Varet à l'autel. On sentait qu'il s'était formé à l'école d'un saint évêque, et qu'il avait sans cesse à l'esprit cette belle maxime de Mgr Pichenot : « Un prêtre qui dit bien la messe se sanctifie nécessairement, édifie son peuple, glorifie Dieu, sauve les âmes [1]. »

Il n'avait point oublié qu'à la cathédrale de Sens, la démarche grave et recueillie de son oncle se rendant de la sacristie à l'autel avait tellement frappé un jeune magistrat visitant l'édifice, que celui-ci, la messe dite, voulut se confesser à lui, et se convertit [2]. Qui peut savoir toutes les conversions, sinon éclatantes, du moins intérieures et réelles, qui ont été opérées par la modestie, la piété de notre chanoine à l'autel ou à la prière ?

Ce n'était pas seulement à l'église qu'il glorifiait et portait Dieu dans toute sa personne ; sa modestie le suivait jusques dans les rues de la ville et les chemins de la campagne. Partout sa démarche était une véritable prédication. En le voyant passer, un protestant disait d'un air grave et d'un accent convaincu : « *Voilà un prêtre, un saint prêtre.* » Aussi rendait-il respectueusement le salut que le bon chanoine savait toujours donner le premier.

---

1. Notice déjà citée, p. xxix. — 2. Placé plus tard à Chambéry comme avocat général, il fut heureux d'y voir arriver son ancien Père spirituel devenu archevêque, et continua de se confesser à lui.

« On peut dire que le chanoine Varet était le paroissien le plus assidu de la Métropole. Sans y être obligé, il assistait régulièrement à tous les chemins de croix, à toutes les bénédictions du Saint-Sacrement, ainsi qu'aux divers exercices du mois de Marie, du Sacré-Cœur et du Rosaire. Sa présence, comme sa tenue si humble et si pieuse, faisait l'édification de tous les assistants. »

Ainsi s'efforçait-il de réaliser ce vœu qu'il avait exprimé à sa mère dans une de ses lettres : « Ce que je désire, c'est de rester toujours bon prêtre, car je crois qu'il n'y a rien de plus beau sur la terre [1]. »

La piété n'est pas seulement agréable à Dieu, elle l'est aussi aux hommes les plus indifférents, parce que, avec elle, ce que le monde appelle bienséance ou convenance purement civile ne se dément jamais et se perfectionne de plus en plus.

« Il n'y a de personnes vraiment aimables que celles qui le sont toujours et avec tout le monde. M. le chanoine Varet était de ce petit nombre d'âmes dont le contact charme et rend meilleur. C'est sa bonté, fruit de sa piété constante, qui donnait à sa physionomie son premier et plus invincible attrait. Il plaisait sans le savoir, il touchait sans recourir à la parole. »

Il eût été difficile, en effet, de trouver un homme plus égal à lui-même que l'était le chanoine Varet. Chez lui et chez les autres, avec les autorités comme avec ses inférieurs, au milieu de ses

1. Lettre du 30 décembre 1879.

connaissances comme parmi les étrangers, toujours et partout on admirait en lui une dignité agréable dans sa personne, une douce retenue dans son maintien, un visage souriant, une politesse exquise. Si l'on voyait s'opérer un changement, c'était au seuil des églises. Dans la rue, c'était le salut amical, la parole bienveillante, parfois enjouée. Dès qu'il entrait dans une église, sa physionomie souriante devenait grave, recueillie ; il semblait toujours y marcher sous le regard de Dieu. A certaines heures où l'on savait qu'il n'était ni à l'église ni chez les malades, M. le chanoine recevait de nombreuses visites. Il accueillait tout le monde avec douceur et bonté. Le plus souvent c'étaient des affligés qui venaient lui raconter leurs peines ou solliciter de lui une aumône. Il écoutait leurs demandes avec patience, avait des paroles de vive et sincère condoléance pour quiconque était dans la peine, et les personnes nécessiteuses ne sortaient jamais sans recevoir un secours, dont la discrétion doublait le mérite, et la promptitude la valeur.

Telles étaient les qualités et les vertus, du moins les plus apparentes, du chanoine Varet : on comprend que nous ne saurions passer en revue toutes les autres.

Est-ce à dire que le chanoine Varet était sans défauts ?

Non, sans doute. Comme tout homme vivant en ce monde, il avait ses défauts ; mais on les oubliait facilement en considération de ses bonnes qualités. C'était le plus souvent des défauts provenant des vertus contraires portées à l'excès. On sait que le trop est l'ennemi du bien.

Le chanoine Varet était extrêmement timide : c'était la conséquence du sentiment intime qu'il avait de sa prétendue incapacité en toutes choses. Peut-être s'y mêlait-il un peu de crainte de paraître trop au-dessous de ce qu'il devait être comme prêtre et comme dignitaire du clergé.

Il était crédule, et souvent dupe des belles paroles, ou des apparences trompeuses de personnes qui voulaient lui soutirer une aumône nullement motivée par leur situation. Mais il se rappelait la parole de saint Paul : La charité ne pense pas à mal, elle ne soupçonne pas la méchanceté dans les autres.

Il se montrait parfois bonhomme. Dans l'intimité, à table, à la promenade, avec des amis de vieille date, lorsqu'il s'agissait de fournir son contingent d'anecdotes ou de bons mots, il tombait parfois dans la puérilité : mais il le faisait avec une intention si pure, avec tant de douceur et d'obligeance, que tout le monde s'en montrait satisfait et riait de bon cœur. Bien que membre d'un vénérable chapitre, il ne dédaignait pas, pour égayer la société, de rajeunir certaines vieilles malices qui, de tout temps, ont couru au sujet des chanoines [1].

---

1. Nous n'en citerons qu'une. — « Allons, messieurs interrompait-il, ne dites pas du mal des chanoines. Ne savez-vous pas que le canonicat est un huitième sacrement ? — Pas possible ! répondait-on. — Oui, et

Les chanoines sont, en général, des prêtres qui ont vieilli dans le saint ministère ou dans l'enseignement, et que les évêques ont voulu récompenser par une dignité. Souvent ils ont contracté, dans les travaux de l'apostolat, des infirmités corporelles qui leur commandent une vie calme et des travaux modérés. Mais le monde qui ne juge que d'après ce qui parle aux sens, ne voit dans un chanoine qu'un honorable ecclésiastique mis au repos et n'ayant plus d'autre souci que de bien soigner sa table et son appartement. On ne voit pas, on ne veut pas voir le trésor des vertus acquises dans la lutte soutenue pour la gloire de Dieu, le salut des âmes, la formation des clercs, la défense de l'Eglise ; ni le mérite des mortifications accomplies dans le silence par ces hommes, qui, placés entre le temps et l'éternité, se préparent pieusement à la mort.

Quand il avait à parler de lui, le chanoine Varet, dans son humilité, se considérait comme un chanoine tel que le monde l'entend. C'est ainsi qu'ayant reçu un jour du Prieur d'Hautecombe, des Lettres d'affiliation aux prières et aux mérites de cette communauté, il lui répondait : « Ce diplôme m'a procuré une grande satisfaction en m'unissant à la famille cistercienne d'Hautecombe. Mais hélas ! cher Père, je ne puis vous rendre la pareille, car les mortifications d'un chanoine sont

un sacrement que Notre-Seigneur a lui-même institué. — Quand ? — Lorsqu'il a dit à ses apôtres : *Dormite jam et requiescite.* (Dormez maintenant et reposez-vous.) — On objectait : Voilà bien la forme du sacrement ; mais où est la matière ? — La matière, c'est le chanoine ! »

bien rares et ses bonnes œuvres aussi maigres que les vaches du Nil. »

S'il est exact que le vrai mérite s'ignore lui-même, on peut dire que notre bon chanoine possédait sans le savoir un rare et vrai mérite.

Quelques-uns lui ont reproché une grande simplicité. Le bon chanoine eut, en effet, une simplicité d'enfant, laquelle toutefois ne manquait pas d'une certaine dignité. Mais depuis quand la simplicité de l'enfant, qui est celle du juste, est-elle un défaut ? Le pape saint Grégoire, au contraire, en fait l'éloge, quand il la met en parallèle avec la duplicité, la sagesse, la prudence du monde, qui cherche à tromper sur ses véritables affections, à déguiser le sens de ses paroles, à faire voir les choses autrement qu'elles ne sont : tandis que la sagesse de l'homme droit est de ne connaître aucune feinte, de parler avec franchise, en un mot d'agir avec simplicité.

« Or, continue saint Grégoire, cette simplicité du juste est tournée en ridicule par les sages de ce siècle, qui la traitent de folie. Qu'y a-t-il, en effet, de plus insensé aux yeux du monde, que de parler selon sa pensée, de ne recourir jamais à la ruse et de prier pour ceux qui disent du mal de nous [1] ? »

Telle était la simplicité de notre chanoine. Il l'aimait et la pratiquait, sans se mettre en peine du jugement des hommes.

---

1. *Les Morales de S. Grég.*, lib. X, chap. 16. *Deridetur justi simplicitas,* etc.

CHAPITRE VIII.

Comment le chanoine Varet fut un homme d'oraison.

Nous l'avons vu, en fait de récréations, de frivolités, de badinages, cet homme de Dieu n'y entendait pas grand'chose. Ses goûts le portaient ailleurs, et il réussissait davantage dans les devoirs sérieux de la vie sacerdotale. Le chanoine Varet était un homme d'oraison.

Toute affaire sérieuse, pour être convenablement traitée, exige qu'on s'en occupe fréquemment, qu'on l'étudie à fond, qu'on prévoie les obstacles qui pourraient la faire échouer, et qu'on recherche au contraire les moyens de la faire réussir. Or, il n'est pas sur la terre d'affaire plus importante que la mission du prêtre. Elle lui crée l'obligation non seulement de sauver son âme, comme tout le monde ; mais aussi de s'employer activement à sauver celles des autres. C'est un emploi qui n'a rien de terrestre. Un prêtre abandonné à lui-même est absolument incapable de remplir ses obligations avec la sainteté voulue ; à chaque instant le secours divin lui est nécessaire.

L'abbé Varet le sentait, et ce secours, il le puisait dans l'oraison. C'est dans l'oraison qu'il trouvait les lumières pour s'éclairer et éclairer les autres, l'ardeur avec laquelle il cherchait à ramener les brebis égarées, la force dans ses fatigues, les consolations dans les ennuis inséparables du service du prochain.

Non seulement il était fidèle à sa méditation de chaque jour, mais il la soignait. Nous avons retrouvé des pensées pieuses, saisies par lui dans la ferveur de ses retraites, et confiées au papier pour s'en servir dans ses méditations ordinaires. Elles respirent une simplicité toute évangélique; c'est l'abandon naïf d'un enfant qui parle à un père adoré : et de ce colloque il se dégage un parfum qui révèle une âme sacerdotale déjà avancée dans les voies de l'oraison.

Dans le premier exemple qui nous tombe sous les yeux, l'abbé Varet s'excite à *la piété sacerdotale*, sans laquelle il comprend qu'il ne saurait faire aucun bien dans les âmes : « Mon Dieu, ayez pitié de moi, secourez-moi. Voilà que commence le saint temps du Carême : ce temps doit être pour moi un temps de recueillement et de mortification. Je ne suis pas prêtre pour moi seul, je suis prêtre pour sauver les âmes ; or, il est bien sûr que je ne ferai rien pour le salut des autres si je ne suis pas un saint prêtre. J'aurai beau m'agiter, me remuer, aller, venir, prêcher, tout cela ne me servira de rien, si je ne suis pas pieux et fidèle à Dieu dans les petites choses. Et moi surtout, ô mon aimé Sauveur, comme je devrais être pieux, puisque vous m'avez confié un monde si difficile : je devrais n'aimer que Vous, ne penser qu'à Vous, ne chercher à plaire qu'à Vous, quand je suis à l'autel, en chaire, à la Persévérance, au Saint Tribunal, au catéchisme, dans les rues, en visitant mes malades. Je ne sortirai que par nécessité pendant ce temps de carême et, en sortant, je tâcherai de mieux garder votre sainte présence. Je m'appliquerai à être bien recueilli à la Messe, bien silencieux chez moi.

« O mon Dieu, je me donne à Vous, je me jette à vos pieds, je les embrasse de tout mon cœur et vous demande les grâces qui me sont nécessaires pour vous mieux servir.

Jésus, Marie, Joseph, mon saint Ange, saint Louis, priez pour moi. »

Cette méditation du chanoine semble se rapporter à l'époque de son vicariat à Avallon. Il en est de même de la suivante sur *la douceur*.

« O mon Dieu, me voici en votre sainte présence, vous m'environnez de votre immensité, comme les eaux de la mer environnent les poissons qu'elle renferme. Je viens vous demander ce matin, la grâce de la douceur ; j'en ai plus besoin que jamais ! Voilà les grandes solennités de la Religion qui approchent, et cette solennité, plus belle que toutes les autres, me rappelle votre naissance à Bethléem. Oh ! qu'il me faut de douceur pour tenir votre place au saint tribunal, pour ne pas m'impatienter, pour entrer jusqu'au fond des consciences ; en arracher le péché et vous y faire naître. Oui, ô mon frère Jésus, je suis votre frère dans le sacerdoce, je renonce à toute pensée humaine, c'est vous seul que je veux faire naître dans les âmes...

« Vous êtes, ô Seigneur, la douceur même ; vous aimez les prêtres doux et pacifiques, vous les aimez parce qu'ils vous ressemblent. Faites donc que je vous ressemble ! Aujourd'hui je penserai à vous, au confessionnal, en disant la messe, en faisant le catéchisme, en faisant des visites ; je porterai les âmes à se préparer à la fête de Noël par le recueillement et la pénitence. »

Ne sont-ce point là les saintes effusions d'une âme aimante qui dit tout ce qui se passe en elle, sans art, sans méthode, parce que Dieu n'a pas besoin de nos méthodes pour nous comprendre.

Il s'agit maintenant de la *mission du prêtre* : « O Sainte-Trinité, vous êtes ici présente ! Père, Fils, Saint-Esprit, vous remplissez tout. Je vois ce matin un soleil brillant qui éclaire le monde, et qui pénètre par ses rayons jusqu'au bout de l'univers. C'est une faible image, ô mon Dieu, de votre splendeur et de votre immensité. Vous pénétrez partout et votre présence ne connaît rien qui l'arrête. C'est cette présence que j'adore, ô mon Père. Je me rappetisse devant vous, je m'humilie jusqu'à terre et dans la poussière pour vous adorer.

« Je suis prêtre, c'est bien vrai. Qu'est le prêtre par rapport à l'Eglise ? C'est vous, ô mon Dieu, qui avez fait l'Eglise et les prêtres. L'Eglise est votre Epouse, et comme vous ne pouviez pas rester sur la terre, qu'il fallait retourner à votre

Père, vous avez donné d'autres *vous-mêmes* à cette Eglise. Ces autres *vous-mêmes*, ce sont les prêtres ; et moi, ô mon Dieu, je suis un de ces prêtres. Maintenant, si je considère pourquoi vous avez fait l'Eglise, je vois tout naturellement pourquoi vous avez fait les prêtres. L'Eglise, vous l'avez instituée pour une seule et unique fin, pour vous procurer de la gloire par le salut des âmes, et alors je puis me dire : ô prêtre, tu n'es pas prêtre pour toi. Si le Seigneur a bien voulu t'appeler à cette sublime vocation, c'est uniquement pour aider l'Eglise à remplir sa mission et sa fin. Tu es prêtre pour sauver les âmes ! Entends cette parole, ô mon âme ! et tout ce qui, en moi, ne contribue pas à cette fin, est inutile et mauvais.

« Ô mon Dieu, si je rentre en moi-même, qu'ai-je fait pour sauver les âmes ? »

Dans une autre méditation, il demande à Dieu *le recueillement,* si nécessaire au prêtre, même dans l'action : « O mon Dieu, c'est en vous que j'ai l'être et le mouvement ; par votre immensité vous remplissez tout, et vous me remplissez moi-même ; vous êtes en moi, pour ainsi dire, plus que je ne suis moi-même. Je vous adore donc, et je reste anéanti devant vous. Une pensée me poursuit, c'est que pour devenir vraiment saint, il faut de toute nécessité vivre dans un grand silence, même au milieu du monde, et ne pas s'occuper des choses extérieures. On a ses occupations, ses devoirs, son ministère à remplir, peu importe ; il faut remplir ses occupations et ses devoirs avec

-tant de calme et de présence de Dieu, qu'on soit, pour ainsi parler, presque toujours en silence ; et ceci se rapporte bien à une parole de l'apôtre saint Paul, qui veut que nous usions de ce monde comme n'en usant pas. Tout passe ici-bas. Les plus belles choses, les plus grands évènements, qu'est-ce que tout cela ? — Rien. — Il n'y a qu'une seule chose de vraie, d'utile, de stable, c'est le service et l'amour de Dieu. Tout ce qui s'y rapporte mérite seul d'être quelque chose. Aujourd'hui je tâcherai, avec votre grâce, de me tenir habituellement recueilli et, en m'occupant des autres, de ne voir que vous. »

La sainte Face de Notre-Seigneur lui enseigne que, pour être un bon prêtre, il doit aimer la souffrance : « *Deus meus respice in me.* Vous me regardez, ô mon Seigneur, et je ne puis me détourner de devant vous ; j'aurais beau me cacher, vous me verriez malgré moi. Mais, ô mon Dieu, je ne veux pas fuir votre présence. O Jésus, montrez-moi votre adorable figure ! Je ne demande pas à la voir comme saint Pierre, sur le Thabor, mais comme saint Jean, sur la croix ; votre face défigurée par la souffrance, et qui, malgré toutes les traces de sang, est la plus belle qui soit au ciel et sur la terre. Oh ! cette face déchirée, montrez-la moi, Seigneur ! afin qu'elle me donne l'amour de vos souffrances, le zèle pour les âmes et le mépris pour moi-même. »

La *pureté de Jésus,* modèle de celle du prêtre, lui fournit les considérations suivantes : « O mon

Dieu, à cet instant vous me voyez, vous me pénétrez ; je suis tout plongé dans votre Divinité. Je vous adore avec le Fils et le Saint-Esprit. Vous êtes la pureté même : *Christus virgo*. O mon Dieu, infiniment pur, faites-moi bien comprendre que vous êtes la pureté même, et que moi, votre ministre et votre prêtre, je dois être pur. O Jésus, je comprends pourquoi vous aimez à être appelé *Amator castitatis* ; vous êtes pur par nature. J'adore votre âme si pure, votre corps si pur. Il est vrai que vous avez pris la faiblesse de notre chair ; mais en l'unissant à votre divinité, vous l'avez rendue pure et sainte. Nous, pauvres pécheurs, nous ne sommes purs et chastes que par privilège. O mon adorable Maître, laissez-moi donc entrevoir la pureté de votre âme et de votre corps ; je ne le mérite pas, mais, ô mon Dieu, laissez-moi, je vous en supplie, contempler cette pureté ! Elle est si belle, votre âme ! Votre chair est si pure ! Mon Dieu, je suis votre prêtre, je vous appartiens tous les jours, rendez-moi donc pur comme vous. Je sais bien que je ne puis l'être par nature, mais vous, qui pouvez tout, purifiez-moi. Aujourd'hui je serai plus réservé et plus modeste. »

Un autre jour, il sollicite la grâce de *la prudence*, si importante dans la direction des âmes : « Mon Dieu, je suis votre serviteur : je me tiens ce matin en votre sainte présence, malgré mes distractions, mes froideurs et mon indifférence. Vous êtes mon Dieu et je suis votre créature ; je ne suis rien et vous êtes tout. Oh ! que cette pensée me console : Vous êtes tout et je ne suis rien. Mon Dieu, puisque je ne suis rien, mettez en moi votre esprit de prudence pour traiter avec les âmes, cette prudence qui me fasse éviter les excès. Vous étiez prudent pour traiter avec le monde : si j'étais prudent comme vous, que d'ennuis j'éviterais. Je ne me tiens pas assez dans ce juste milieu, je suis peut-être trop incertain dans ma manière d'agir, et puis la cause première, je ne pense pas assez à Notre-Seigneur Jésus-Christ, mon modèle et mon Père. Je devrais toujours vous voir devant mes yeux, ô Jésus ! dans mes visites de malades, dans mes récits de bréviaire ; je devrais vous avoir devant les yeux dans mes catéchismes, dans le tribunal de pénitence pour ne rien dire, ne rien faire, qui pût blesser la prudence.

« O mon Dieu, je vous promets, avec le secours de votre grâce, qu'aujourd'hui je penserai plus souvent à vous. »

L'abbé Varet puisait une grande part de son énergie dans la considération des grandeurs du sacerdoce : « O mon Dieu, soyez mille fois béni de toutes vos bontés, vous voulez bien me recevoir en votre sainte présence, et me permettre de me tenir tout près de vous, pour méditer sur la fin du prêtre par rapport à vous. O Souverain Prêtre Jésus, inspirez-moi donc de sérieuses réflexions.

« Qu'est-ce qu'un prêtre par rapport à Dieu ?

Que suis-je par rapport à Jésus-Christ ? Comme individu, je ne suis rien ; mais comme prêtre, je suis tout. Vous-même, ô Dieu mon Père, vous me dites ce que je suis par rapport à vous, puisque vous m'avez séparé de la multitude et que vous m'avez fait votre ambassadeur auprès du monde. O mon âme, comprends-tu bien ? Je suis l'homme de Dieu ! C'est moi qui dois veiller à ses intérêts, soutenir sa cause, défendre ses droits, proclamer ses volontés ; c'est moi qui suis chargé de m'occuper des choses de Dieu. O mon Souverain, ô mon Père, je n'y puis croire. Vous avez daigné m'honorer de votre sacerdoce, mais quel prêtre suis-je ? Vous le voyez, un prêtre inutile, puisqu'il est sans ferveur. »

Aux yeux du chanoine Varet, ce qui souvent paralyse l'action du prêtre, c'est qu'il veut agir seul, sans Jésus . « Mon Dieu, je suis bien en votre sainte présence. Oh ! comme j'éprouve le besoin de me donner à vous et de me mettre dans votre Cœur ! A cette époque, où les occupations sont si nombreuses et si fatigantes, mon Dieu, je voudrais savoir si je fais mal dans certaines circonstances. Vous savez, mon bon et saint Maître, que je ne cherche personne. O Jésus, vous qui êtes Prêtre comme moi, vous, qui êtes l'unique Prêtre, soyez avec moi ; je me retire, je veux m'anéantir pour ne laisser que vous seul avec votre bonté, votre dignité, votre prudence. O mon Dieu, si je vivais plus en vous, tout irait mieux ; mais le mal est que je me substitue à vous, que je me crois nécessaire, et alors je travaille en mon nom. C'est un vice capital en moi dont je vous demande pardon, pour lequel je m'humilie jusqu'à terre. Oh! que je suis misérable! Combien je suis coupable, oui, mon Dieu, je le répète, vous seul vous êtes tout; et moi, un instrument vil, inutile, je ne puis que gâter tout.

« Veuillez donc, ô Souverain Prêtre Jésus, veuillez donc prendre possession de mon âme et de toutes les âmes sacerdotales, pour que partout où il y a un prêtre, vous y soyez vous-même. »

Encore quelques lignes, et nous arrivons à la fin de nos citations. Mais qui pourrait se lasser de contempler le bon prêtre au pied de son crucifix, exprimant à son Dieu des sentiments si tendres en un si saint langage ?

« Mon Dieu, je suis ici en votre présence, vous me voyez, vous me pénétrez. Que devez-vous apercevoir au fond de mon âme ? Bien des misères. Ah! laissez-moi vous adorer, m'anéantir devant vous, et vous demander pardon.

« Je voudrais méditer sur l'obligation de vous imiter ; mais avant, jetez au fond de mon âme sacerdotale, ces premiers fondements de vous-même. Arrachez de mon cœur ce penchant pour le monde, qui fait que je ne traite pas vos intérêts assez sérieusement. Je suis votre prêtre, c'est ma dignité et je dois vous ressembler par les sentiments. Mettez donc dans mon âme votre amour pour l'humilité, pour la vie cachée, un grand zèle et une grande énergie pour votre gloire.

« O mon Divin Modèle, quelle était votre énergie pour la gloire de votre Père ! Et moi, je suis aveuglé, je ne la cherche pas, je me substitue à vous. Je ne vous ressemble pas, parce que je ne vous aime pas assez. Voilà, j'en suis sûr, la cause du peu de fruit de mon ministère. En me voyant, on ne voit qu'un homme, en m'écoutant, on n'entend qu'un homme et on ne vous entend pas. Saint Paul disait qu'il était votre imitateur : aussi vous vous en serviez pour convertir les pécheurs. Et moi, mon Dieu, je ne vous imite pas, parce que je ne vous aime pas.

« Mon Dieu, je veux vous aimer davantage pour vous ressembler et vous imiter. »

Par ces quelques exemples d'oraison et par les sujets de ses colloques avec Dieu, on voit une fois de plus que décidément le chanoine Varet voulait atteindre le but constant de tout ses vœux, but que nous connaissons déjà : « Ce que je désire, c'est de rester toujours bon prêtre, car je crois qu'il n'y a rien de plus beau sur la terre. »

CHAPITRE IV.

Combien M. le Chanoine fut assidu au confessionnal et de sa bonté pour les âmes en général.

L E sacerdoce, a dit Lacordaire, est une immolation de l'homme ajoutée à celle de Dieu. » Tel fut le sacerdoce de M. le chanoine Varet. On peut dire en toute vérité que c'est au tribunal de la pénitence qu'il a immolé la meilleure partie de sa vie sacerdotale.

« J'ai vécu près de huit ans à ses côtés, — écrit un ancien vicaire de la Métropole, — son confessionnal était voisin du mien. Là surtout, j'ai pu admirer cette vie de sacrifice qui lui paraissait toute naturelle. Le matin, dès que les portes de l'église s'ouvraient, on entendait s'ouvrir aussi la porte de son confessionnal. C'était principalement l'heure des pauvres domestiques qui, avant le lever de leurs maîtres, venaient puiser dans les sacrements la force d'obéir en tout bien. A trois heures de l'après-midi, même par les plus mauvais temps, il revenait au saint tribunal. Là, sans impatience comme sans répit, et souvent jusques bien tard dans la soirée, il remontait, remontait encore, avec la clef des grâces divines, ces pauvres horloges si faciles à se détraquer, qui s'appellent les cœurs humains. »

Le prêtre qui rendait ce témoignage au bon chanoine le connaissait bien. Les lettres de M. Varet justifient en effet ce jugement ; nous en avons déjà vu quelques-unes qui nous le montrent à l'œuvre. Citons encore : on verra que, selon lui, les pénitents seuls sont dignes d'éloges.

« C'est demain le premier dimanche de l'Avent, et à cette occasion nos confessionnaux sont assiégés. C'est vraiment consolant.... [1] »

« J'ai eu à confesser la veille de l'Immaculée-Conception, et les communions ont été de plusieurs centaines [2]. »

« Les trois jours d'avant Noël, je confessai durant sept ou huit heures. Hier jusqu'à 10 heures et demie du soir. Quelle consolation, malgré la fatigue, de voir ces foules d'hommes et de femmes à la sainte table ! [3] »

Parmi le peuple de Chambéry, il avait le renom d'un « confesseur qui connaît son affaire ». C'était à qui arriverait jusqu'à son tribunal. A l'époque du jubilé épiscopal de Pie IX, il écrivait : « Je crois que toute la ville va se confesser. Hier et ce matin la cathédrale était envahie, et l'on se disputait autour des confessionnaux. J'ai quitté le mien, parce que des femmes de Cognin voulaient passer avant des domestiques de Chambéry [4]. »

Un lendemain d'Assomption : « Nous avons eu notre grande fête hier, écrit-il. Comme c'était édifiant ! La veille j'ai confessé jusqu'à 10 heures

---

1. Lettre du 27 novembre. — 2. Du 10 décembre 1877. — 3. Du 25 décembre. — 4. De juin 1877.

précises, et le matin de la fête pendant une heure et demie. Plus je vais, plus je trouve que ce peuple est bon et religieux [1]. »

« On a besoin de santé, car il y a beaucoup à faire. Je ne puis assez vous dire combien Dieu bénit mon ministère ici ; j'en ai des marques bien consolantes et qui encouragent à travailler pour la gloire de Dieu [2]. »

On le voit, le bon chanoine compte les fatigues pour rien ; tout ce qu'il désire c'est que Dieu soit glorifié et les âmes sauvées.

Toutes les fois que vous aviez besoin de lui, à quelque heure que ce fût, il était à vos ordres. Lorsqu'il avait confessé pendant de longues heures, il se prosternait devant le Saint-Sacrement ; et au premier appel, il quittait son divin Maître pour donner ses soins à une âme. Parfois il était déjà sorti de la cathédrale. Un signe lui indiquait que vous alliez à son tribunal, malgré la fatigue, malgré ses autres occupations, il rentrait immédiatement pour vous écouter. Il semblait dans ces circonstances que c'était lui l'obligé et non vous.

Ceux qui ont été les témoins et l'objet de son zèle sacerdotal peuvent seuls apprécier M. le chanoine Varet comme confesseur et comme directeur spirituel. Dieu lui avait donné toutes les délicatesses pour apprécier l'invisible beauté des âmes et comprendre celles qui lui étaient confiées.

Il était vraiment ce « guide choisi entre dix mille » que conseillait S. François de Sales. Peut-être avait-

1. Lettre du 16 août 1880. — 2. Vendredi ....

il pris cet aimable évêque pour son maître et son modèle, car il possédait sa charité débordante, sa soif des âmes et sa prudence dans la direction.

Quand on s'était adressé une fois à lui, il semblait impossible que l'on ne revînt pas lui dire : « Mon père, je vous confie mes intérêts spirituels, veuillez me guider dans la voie du salut. » Et il ne refusait jamais.

Avant tout, il étudiait votre âme, ses penchants, ses aptitudes, ses qualités. Pour vous connaître à fond, il ne craignait pas de vous écouter longuement, supportant les redites, favorisant l'expansion de la jeunesse, lui laissant dire ses rêves, ses espérances, ses découragements. Puis avec une clairvoyance remarquable et un tact discret, il voyait où était le mal ; et doucement, charitablement, il vous signalait le point faible ; il vous remettait dans la voie et toujours arrivait à son but.

Avec M. le chanoine, pas de heurt possible, il vous menait directement à Dieu.

Sa direction était si douce, qu'il semblait vraiment ne rien demander que de très ordinaire, et ne donner que des avis faciles à suivre. Mais cette direction était en même temps très ferme. Il n'acceptait aucune compromission, ne transigeait jamais sur une question de devoir. Indulgent pour la faiblesse humaine et les fautes d'inadvertance, il était sévère pour tout ce qui touchait à la charité, à la révolte de l'esprit, au mensonge.

Demander peu à la fois, mais exiger ce peu, est le moyen d'obtenir beaucoup. M. le chanoine

Varet l'avait compris. Il demandait la pratique des petites vertus, l'union avec Dieu en lui offrant et lui rapportant les actions les plus ordinaires de la vie. Si l'on avait négligé ce conseil, il revenait doucement à la charge, et finissait toujours par obtenir ce qu'il avait exigé.

M. Varet avait cette bienveillance franche et sincère qui attire de suite la confiance. Après l'aveu de ses fautes, on arrivait vite à lui dire ses peines. Tout l'intéressait, ou semblait l'intéresser. Aviez-vous une inquiétude à lui exposer, ou un conseil à lui demander, son oreille compatissante ne refusait jamais de vous entendre.

Son cœur était aussi grand qu'il était bon. Il semblait à chacun qu'il fût le seul à s'adresser à lui, et qu'aucune âme ne l'intéressât autant que la sienne. On était sûr de trouver auprès de lui ce qu'on était venu chercher : le pardon d'abord, et ensuite la consolation, l'appui, le conseil dont on avait besoin. Et lorsqu'on ne sortait pas consolé, on était du moins apaisé, et plus fort pour soutenir le combat de la vie.

Sa sollicitude pour les âmes confiées à ses soins était sans égale. Dès qu'il pressentait un danger, vite il vous mettait en garde avec autant de prudence que de discrétion. Inquiet d'un commencement de liaison d'une jeune personne, il lui écrivait pendant une de ses absences pour la prémunir. Une autre était-elle obligée d'aller dans le monde : — « Vous serez sage », lui disait-il, — et il était compris. Elle gardait le souvenir de la présence de Dieu, elle se respectait dans sa tenue, ses paroles et ses actes. Il avait parfois des industries charmantes pour corriger les défauts des personnes qu'il dirigeait. A l'une d'elles qui ne faisait pas de difficulté de convenir, même en dehors de la confession, qu'elle était portée par caractère à l'impatience, il envoya sous enveloppe une image avec cette béatitude et cette glose de saint François d'Assise : « Bienheureux les pacifiques, ils seront appelés enfants de Dieu. — Ceux-là sont vraiment pacifiques, qui par amour pour Jésus-Christ, gardent la paix de l'âme au milieu de tout ce qu'ils ont à souffrir. — La paix soit avec vous. »

La qualité maîtresse de M. le chanoine Varet était la bonté, mais cette bonté qui se confond avec la charité de J.-C. Il était le bon pasteur, qui n'achève pas de rompre le roseau à demi brisé, et qui n'éteint pas la mèche qui fume encore. Ses paternelles exhortations, tout empreintes de l'amour divin, auraient ému les cœurs les plus endurcis, et dompté les esprits les plus obstinés.

Entre autres victoires dues à cette bonté du chanoine, nous rapporterons le fait suivant, bien connu dans le monde religieux.

Une personne de noble et chrétienne famille, très intelligente et très portée à la piété, était malheureusement tourmentée par des scrupules qui l'éloignaient de la communion sacramentelle. Son père, homme de foi et de bonnes œuvres, lui avait indiqué successivement plusieurs directeurs spirituels des plus renommés : mais leurs moyens de guérison échouèrent devant la tenacité de la maladie. Il y avait sept ans que la pauvre fille n'avait pas pu se déterminer à recevoir le Pain céleste de nos autels, lorsqu'on lui conseilla de consulter M. le chanoine. En deux confessions ou conférences le saint prêtre réussit à lui aplanir le chemin de la Sainte-Table. Depuis ce jour jusqu'à sa mort, docile aux inspirations de la grâce, elle s'approcha régulièrement du Sacrement de l'Eucharistie, à la grande consolation de son père, qui s'écriait avec transport : « Chose admirable ! Ce que les grands théologiens avec toute leur science et leur éloquence n'ont pu faire, M. le chanoine Varet avec sa parole simple et sa bonté, l'a obtenu ! »

Saint Jean devenu vieux ne cessait de répéter à ses disciples : Mes petits enfants, aimez-vous les uns les autres. » Ce précepte de la dilection, le chanoine Varet le rappelait souvent à tous ceux qu'il dirigeait. Il les voulait bons, non d'une bonté faible et coupable qui tolère le mal, mais de celle qui consiste à s'oublier soi-même pour faire du bien à ses semblables.

Les communications des âmes échappent aux investigations humaines. Nul ne saurait les dépeindre sans les amoindrir ou les dénaturer. Dieu seul aura pu compter toutes celles qu'il lui a conquises, soit en les retirant d'une vie coupable, soit en perfectionnant dans le bien celles qu'il avait déjà trouvées bonnes ; soit en développant ou en déterminant chez elles la vocation religieuse, com me il le fit pour quarante-sept de ses pénitentes.

Ce chiffre pourra étonner : mais il est attesté par des personnes dignes de foi.

Voilà donc quarante-sept religieuses qui lui doivent l'inestimable service de leur avoir indiqué le chemin du bonheur et la porte du ciel ! C'est, il faut l'avouer, une belle couronne pour un directeur spirituel. Par ses conseils, elles ont répondu à l'appel de Dieu, qui leur a ouvert, ici-bas, dans diverses congrégations, un asile de bénédiction et de paix, où — suivant l'expression de saint Bernard, — « l'on vit plus purement, on tombe plus rarement, on se relève plus promptement, on marche plus sûrement, on reçoit plus de grâces, on repose plus tranquille, on meurt plus rassuré, on est purifié plus vite et où l'on obtient finalement une plus grande récompense. »

Ajoutons que tout en se mettant à l'abri des dangers du monde, ces vierges prudentes n'ont point cessé d'être utiles à celui-ci, soit en implorant en sa faveur la miséricorde du Souverain Juge, soit en se dévouant au soin de tout ce qui est souffrant, faible ou délaissé sur cette terre.

Mais de tels résultats ne s'obtiennent point sans peine : Dieu seul sait toutes les prières, toutes les larmes, tous les sacrifices que la culture de ces âmes et la préparation de ces vocations ont coûté au bon chanoine Varet.

C'est au ciel que nous comprendrons ce qu'il a fait pour procurer la gloire de Dieu, en augmentant selon son pouvoir le nombre de ses élus.

CHAPITRE V.

Comment le bon chanoine, hors du confessionnal, dirigeait les âmes religieuses.

Nous venons de considérer le chanoine Varet au saint tribunal. Sa bienfaisante influence sur les âmes ne se faisait pas moins sentir hors du confessionnal. Souvent même elle s'étendait très loin, dans une pieuse correspondance dont les lettres portent l'empreinte de cette piété tendre, de cet esprit intérieur qui le caractérisait.

A la pauvre orpheline d'Avallon, dont nous avons parlé, et qui placée par ses soins dans une communauté religieuse, lui annonçait sa prochaine prise de voile, il répond : « J'ai reçu, ma chère enfant, votre bonne lettre m'annonçant l'heureuse nouvelle. Vraiment Dieu est bien bon de vouloir nous accepter et permettre que nous nous consacrions à lui. Je comprends votre émotion, et je ne serais pas étonné que le démon, jaloux de votre bonheur, ne vous troublât par des inquiétudes ou des préoccupations toutes mondaines. Méprisez ces pensées, mon enfant, soyez pleine de joie, votre vocation est excellente et Dieu veut que vous lui apparteniez.

« Je suis heureux de voir que votre prise d'habit coïncide avec la fête de l'Annonciation. C'est ce jour-là que la Sainte-Vierge a dit à Bernadette : Je suis l'Immaculée Conception. C'est ce jour-là que l'ange Gabriel annonça à Marie qu'elle serait Mère du Sauveur. Si j'avais pu aller à Toulouse, je vous aurais annoncé que vous allez devenir l'Epouse de ce même Sauveur. Marie se troubla en entendant la parole de l'Ange. Ne vous troublez pas, ma chère enfant : malgré vos misères, malgré votre indignité, vous deviendrez une digne épouse de Jésus-Christ. La grâce ne vous manquera pas ; vous, ne manquez pas à la grâce. Soyez pure, soyez obéissante, soyez humble par la grâce de Dieu. Dites à Notre-Seigneur : « Je suis votre servante, qu'il me soit fait selon votre parole. »

« C'est un beau jour pour vous que celui de votre prise d'habit. Hélas ! tous les jours de votre vie ne seront pas aussi beaux, car il y a partout des épreuves à supporter. Mais vous, soyez heureuse ; vous ferez du bien, et vous pourrez, comme les prêtres, travailler au salut des âmes [1]. »

La cérémonie annoncée eut lieu, et quelques jours après, se trouvant à Lourdes, notre chanoine écrivait : « J'ai pensé vous faire plaisir, ma chère enfant, en vous répondant de N.-D. de Lourdes. Je suis ici depuis quatre jours pour prendre un peu de vacances. J'habite le chalet que vous connaissez.

« J'ai été très heureux de votre lettre et je n'ai pu me défendre d'une certaine émotion en lisant

1. Lettre de Tarbes, 23 mars 1873.

les détails touchants de votre prise d'habit. Je remercie Dieu de la grâce qu'il vous a faite. Remerciez-le beaucoup, ma chère enfant, dans toutes vos communions. Vous pourriez même, pendant cette année, réciter tous les jours une prière d'actions de grâces.

« Je pense bien que le démon ne sera pas satisfait et qu'il voudra se venger. Aussi ne serais-je pas étonné que maintenant il vous inspirât du dégoût, de l'ennui et de violentes tentations. Ce serait une épreuve et en même temps une grâce. Ne vous en attristez pas. Soyez bien simple et confiante avec votre Mère. Soyez obéissante, et le démon n'aura aucune prise sur vous [1]. »

Un peu plus tard il encourage encore la jeune novice, lui recommandant la dévotion au Sacré-Cœur : « Le temps du noviciat s'écoule lentement ; mais c'est le temps des provisions. Une religieuse est sûre de se rendre agréable à Dieu en faisant un bon noviciat. Appliquez-vous à bien réformer votre intérieur et à le modeler sur l'intérieur de notre bon Jésus. Voici le mois du Sacré-Cœur ; je vous engage à l'offrir tout entier à Notre-Seigneur pour vous préparer à votre profession religieuse. Je vous donne pour pratique de piété pendant tout le mois, à la sainte Messe au moment de la consécration, de faire une donation complète de vous-même au Cœur de Jésus, comme son Epouse ; donation de toute votre personne, corps, âme, pensées, actions ; donnez-lui tout, et

____

[1]. Lettre sans date, mais sûrement de 1873.

en lui donnant tout, songez que vous ne lui donnez *rien*.

« A 3 heures du soir, sans que personne s'en
doute, recueillez-vous, et, par la pensée, déposez
votre cœur dans le sien, pour faire mourir votre
cœur aux choses créées et ne plus vivre que par
l'obéissance, l'humilité, la douceur [1]. »

Et quelques semaines plus tard : « Voilà qui va
bien, ma chère fille. Je trouve que Notre-Seigneur
vous a traitée avec bonté, puisqu'il vous a fourni
l'occasion de pratiquer la belle, la très belle humilité. Il aime tant cette vertu en nous, qu'il ne
craint pas de nous faire de la peine afin que nous
puissions devenir de plus en plus humbles. Soyez
donc sans crainte, et abaissez-vous si profondément, si bas, que vous deveniez pour ainsi dire
insensible, et qu'on puisse vous remuer, vous
pousser, marcher sur vous comme sur une ba-
layure.

« Une fois une sœur converse balayait un corridor et amenait la poussière vers la porte pour
la jeter dehors. Voilà que cette poussière se met
à parler et dit à la sœur : « Eh ! pourquoi me
poussez-vous si fort avec votre balai ? Est-ce que
je ne suis pas autant que vous ? »

« Cette poussière avait de l'esprit et ne raisonnait pas trop mal. Car enfin que sommes-nous,
sinon *poussière* ? Et quelle poussière ! Et ne faut-
il pas que nous puissions arriver à ce degré d'humilité qui fasse que nous nous oubliions complè-

1. Lettre du 26 mai 1874.

tement nous-mêmes, et que nous nous comptions pour rien.

« Du reste, on n'est heureux qu'à ce prix, et les Religieuses les plus agréables au cœur de Notre-Seigneur, les plus chères à leurs Supérieures, celles qui font le plus de bien, ce sont les plus humbles. »

La jeune novice a terminé son temps d'épreuve; elle a écrit à son digne protecteur qu'elle va prononcer ses vœux. Le chanoine répond : « Ma chère enfant, j'aurais voulu que ma lettre vous arrivât le jour de votre profession. Orpheline comme vous l'êtes, vous n'avez eu personne pour assister à cette grande cérémonie ; mais j'ai bien pensé à vous, et j'ai prié Notre-Seigneur d'accepter sans réserve vos vœux et l'offrande que vous lui avez faite de toute votre personne. Nous étions rentrés de Rome l'avant-veille, et je ne puis vous dire les dérangements qui m'ont empêché de tenir une plume. Il me tarde d'avoir des détails sur cette fête. Vous me parlerez de vos dispositions intérieures et des sentiments que la grâce vous a inspirés. Je ne puis m'empêcher de bénir la Providence qui, par une grâce incompréhensible, a daigné vous choisir au milieu de tant d'autres, pour vous élever à la dignité d'Epouse de Jésus-Christ. Cette dignité, les anciens chrétiens la comprenaient ; et voilà pourquoi sainte Cécile, sainte Agnès, sainte Martine, ont mieux aimé mourir dans la fleur de l'âge, plutôt que de renoncer à être les Epouses de Jésus. Cette pensée me touchait beaucoup quand, il y a quinze jours à peine, je vénérais les reliques de sainte Cécile et le lieu même de son supplice. Nous n'avons pas à soutenir de semblables combats, et cependant vous ne resterez fidèle à Notre-Seigneur qu'à la condition de souffrir quelque chose pour lui.

« C'est maintenant que le démon va s'acharner contre vous, et tous les moyens lui sont bons. Soyez pleine de confiance, et, armée de vos vœux, allez en avant. Que votre cœur ne connaisse plus que l'affection de Notre-Seigneur. Vous aimerez vos compagnes, vous aimerez les enfants, vous aimerez votre Supérieure ; mais que tout cela ne vous préoccupe jamais. Vous êtes bonne et affectueuse ; ce sont des qualités que Dieu vous a données pour faire du bien aux enfants ; mais que votre cœur soit toujours libre, et habituez-le de bonne heure au détachement, au dépouillement spirituel [1]. »

Une autre fois, c'est au sortir des exercices d'une retraite que la correspondante du chanoine lui écrit pour lui en rendre compte, et le sage directeur, en l'encourageant, lui recommande la simplicité religieuse.

« ... Je suis content des sentiments que la grâce vous a inspirés pendant votre retraite annuelle, il faut persévérer dans cet esprit de soumission. Du reste, comme vous le dites, vous serez bien à Montréjean : j'ai eu l'occasion de lire quelques lettres de votre Supérieure quand j'étais à Tarbes ; c'est une âme zélée, qui veut la gloire de Dieu, et

1. Lettre du 9 décembre 1874.

avec de telles âmes, on est toujours heureux. Vous savez ce que je pense des rapports avec les Supérieures. Soyez très ouverte, confiante, simple. C'est une mère que Dieu vous donne.

« ... Quel que soit votre emploi, faites tout pour la plus grande gloire de Dieu et le salut des âmes. Les difficultés ne doivent jamais décourager. Humilions-nous quand nous ne réussissons pas, et laissons Dieu faire le reste. Ne craignez pas la peine ; nous aurons l'éternité pour nous reposer. Quand saint Ignace avait l'âme fatiguée et le cœur découragé, il se mettait à sa fenêtre, et en voyant le ciel il disait : « Oh ! que je serai heureux là-haut. » — Vous, mon enfant, au milieu de ces belles montagnes, en regardant ce beau ciel, vous sentirez le courage renaître.

« Je n'ai pas besoin de vous recommander de vivre en paix avec vos compagnes : vous êtes la dernière de toutes, soyez la plus humble, la plus petite, et contentez-vous de peu. Oubliez-vous vous-même pour les autres [1]. »

Beaucoup de personnes religieuses parcourront assurément cette notice : et ces lettres spirituelles du bon chanoine pourront les intéresser, sans déplaire pour cela aux autres lecteurs. Aussi bien, dans l'intérêt de tous, nous transcrivons encore les deux suivantes, d'ailleurs assez courtes.

5 août 1876. — « Je n'ai pas pu m'empêcher de remercier Dieu pour vous, de ce qu'il vous traite maintenant comme sa véritable épouse. Ces

[1]. Lettre du 12 octobre 1875.

dégoûts, ces défaillances, ces ennuis inexplica-
bles sont la meilleure marque d'une bonne et so-
lide vocation. Il faut boire le calice avec Jésus ; il
vous a conviée à ses noces, vous devez donc trem-
per vos lèvres à la même coupe. Aussi votre âme
m'est plus chère quand je vous vois ainsi dans
l'épreuve. Détachez-vous de plus en plus de tout :
des créatures, des emplois, des maisons. — « *Le
devoir, pour plaire à Jésus agonisant* », voilà
votre devise.

3o décembre 1892. — « Je vous souhaite, mon
enfant, à l'approche du nouvel an, une bonne
santé pour accomplir saintement votre Règle et
les devoirs de votre charge. Chaque année, faites
un pas de plus en avant dans l'union avec Dieu ;
ne le quittez jamais, et que votre esprit et votre
cœur soient sans cesse tournés vers lui. Notre premier devoir est d'être *consacrés* à Dieu. Or, cette
consécration ne doit pas être une pure formalité,
une cérémonie extérieure ; ce doit être un acte
continuel, intérieur, par lequel nous ne vivions
plus que pour Notre-Seigneur. Tenez votre âme
comme détachée de tout, dans une grande liberté
de cœur. Aimez, aimez beaucoup Celui qui vous
a tant et si fidèlement aimée ! — « Adieu, chère
enfant, je vous bénis et suis votre Père en Jésus et
Marie. »

On peut juger par ces exemples de la doctrine
spirituelle à la fois sûre, douce et ferme du chanoine Varet.

A côté des religieuses proprement dites, il y a

les religieuses de désir : et celles-ci sont plus nombreuses qu'on ne pense. Elles vivent résignées au milieu du monde, soit parce que divers obstacles de famille s'opposent à leur entrée au cloître, soit parce que, déjà admises aux épreuves du noviciat, une santé trop débile ne leur a point permis d'avancer.

Le chanoine Varet dirigeait plusieurs de ces dernières. Il s'efforçait de les consoler et de leur faire prendre leur situation en toute patience.

« J'ai lu et relu votre lettre, ma chère enfant ; — répondait-il à l'une d'elles, — et je vois que vous êtes bien éprouvée. Cet ennui, ce dégoût, cette désolation spirituelle sont de véritables épreuves, bien douloureuses. Naturellement vous pensez à votre vocation, et des doutes remplissent votre âme. Je dois vous dire que, pour le moment, vous faites la volonté de Dieu. De ce côté, soyez sans inquiétude. Ce n'est pas par votre faute que vous avez quitté votre communauté. Dieu a permis cela pour que vous alliez là où vous êtes... Maintenant si le bon Dieu veut que vous rentriez dans un couvent, il disposera toutes choses pour cela. Soyez bien tranquille, et confiez-vous à la Providence qui veille sur les orphelins [1].

L'ayant rencontrée un jour dans la maison dont elle faisait le service, il l'entendit se plaindre de ses occupations matérielles, qui ne lui permettaient pas de consacrer tout son temps à la prière

1. Lettre du 20 avril 1892.

et à la méditation. A ces envolées par trop séraphiques il opposa, avec sa douceur habituelle, le petit règlement suivant assez curieux, il est vrai, mais essentiellement pratique :

« Voici ce que vous ferez chaque mois. Première semaine : deux communions, la messe tous les jours et une demi-heure de visite au Saint-Sacrement ; le reste de la journée, vous mettrez tout en ordre à la cave. — Deuxième semaine : mêmes exercices, et le reste du jour, mettre l'ordre *au rez-de-chaussée*. — Troisième semaine : mêmes exercices, le reste de la journée *au premier étage*. — Quatrième semaine : mêmes exercices, et le reste de la journée *au galetas*. »

C'était une manière originale de lui faire entendre que les devoirs d'état doivent marcher de pair avec les exercices de piété, et qu'en s'adonnant à ceux-ci, il ne faut pas dédaigner ceux-là.

Il reviendra sur ce point, notamment dans la lettre suivante : « Quand vous aurez tout bien organisé dans la maison, que du grenier à la cave il y aura ordre, propreté, bon goût, vous ferez autant que possible vos pieux exercices. Soyez fidèle au chapelet, à la visite au Saint-Sacrement, et attachez-vous aux devoirs de votre état [1]. »

Dans la même lettre, il l'encourage par la perspective du bien qu'elle peut faire, et la prémunit contre les difficultés.

« Vous vivez, lui dit-il, comme une religieuse dans cette bonne maison de X... Par votre piété,

1. Lettre du 23 mars 1892.

16*

votre régularité, vos bons exemples, vous ferez beaucoup de bien dans la paroisse. Il ne faut pas vous laisser aller au découragement. Il y aura des jours d'épreuve, où Notre-Seigneur posera la croix sur vos épaules : mais « Bienheureux ceux qui pleurent, ils seront consolés! » Vous avez déjà fait tant de sacrifices! »

Cette bonne fille lui ayant écrit qu'elle désirait émettre en son particulier les vœux d'obéissance et de virginité, il lui fait observer que la pratique de ce vœu d'obéissance ne serait pas facile dans le monde. « Bornez-vous au vœu de virginité, conclut-il, c'est le plus agréable à Notre-Seigneur et à la Sainte Vierge, et c'est celui qui vous rendra plus pieuse, et aussi plus conforme à la vie religieuse que vous aimez tant...

« Ma chère enfant, je prierai tout particulièrement pour que cet acte vous donne la paix et que vous soyez une vraie religieuse au milieu du monde, d'autant plus agréable à Dieu que Lui seul le saura... Je vous bénis [1]. »

Plus tard, à propos d'une parente qui allait entrer au couvent, il lui écrit : « Elle va être bien heureuse. Je comprends que vous lui portiez envie. Tranquillisez-vous : vous êtes religieuse au milieu du monde, puisque vous êtes liée à Notre-Seigneur par le vœu des vierges [2]. »

Ayant appris qu'elle avait été admise dans un Tiers-Ordre et dans une congrégation paroissiale, il lui répond : « Voilà qui est bien, et cela suffit

1. Lettre du 21 juillet 1892. — 2. Du 1ᵉʳ juillet 1893.

pour vous imposer quelques pratiques. Ne vous chargez pas trop, mais soyez fidèle aux plus petites. Votre admission ne vous empêchera pas d'avoir de mauvais jours, des moments d'angoisse. Croyez que ce sont les meilleurs, à la condition toutefois de rester unie à Notre-Seigneur. Allez auprès du Saint-Sacrement dans ces moments pénibles, répandez devant ce cher tabernacle et votre cœur et vos larmes. Puis remettez-vous au travail ; arrosez les fleurs et les choux, chantez quelques cantiques et vous serez agréable à Notre-Seigneur.

« Ne rejetez pas les pensées de vocation : elles vous maintiendront dans le détachement du cœur. Le bon Dieu vous aime, il sait tout, et s'il veut que vous alliez au couvent, il vous y mènera par la main... »

Tels étaient les enseignements de M. le chanoine. Nous pourrions citer encore, et certes nous le ferions sans aucune lassitude : mais il faut nous borner. Les passages cités suffisent d'ailleurs pour montrer, dans ce bon prêtre, le directeur éclairé, expérimenté, pieux, intelligent.

A notre avis, Dieu faisait aux âmes une grâce toute particulière en les mettant sous la direction d'un tel maître.

CHAPITRE VI.

Comment le saint chanoine ramenait à Dieu les pécheurs, hors du confessionnal.

BIEN qu'entrées déjà dans la voie du salut, les personnes religieuses n'en réclament pas moins un guide sûr, soit pour les faire avancer toujours davantage dans la perfection, soit pour remonter leur courage dans leurs défaillances d'un moment. A combien plus forte raison les pauvres pécheurs, spécialement ceux qui ne fréquentent plus l'église, ont-ils besoin de rencontrer sur leur passage, un Samaritain charitable qui guérisse leurs blessures morales, et les remette eux-mêmes sur la bonne route abandonnée ?

Le chanoine Varet fut l'un de ces bons Samaritains, et non le moins empressé, ni le moins généreux.

En conversation, en affaire, en promenade, sur le chemin, au milieu de la rue, que d'âmes indifférentes n'a-t-il pas ramenées à Dieu ? Son zèle avait toutes les industries pour leur faire du bien.

Une personne se tenait éloignée des sacrements. — « Vous me faites de la peine, lui dit-il un jour, quand je vous vois venir si rarement à la sainte Table. Comment votre âme peut-elle vivre ? » Et ouvrant son porte-monnaie : « Tenez, ajouta-t-il ; avec cela faites une bonne œuvre, pour obtenir du bon Dieu la grâce de communier plus souvent. » La pauvre femme fut touchée jusqu'aux larmes. Elle ne revenait pas de ce procédé aussi charitable qu'inattendu. Dieu aidant, elle obtint la grâce demandée.

M. le Chanoine ne sortait jamais pour une promenade, sans porter avec lui quantité d'images de piété, de prières, de bonnes pensées, de petites brochures, etc. Il les jetait devant les portes des paysans, dans leurs jardins, sur les routes ou dans les champs.

En toutes choses il ne considérait que les âmes, et les plus rebutées avaient ses préférences. Le voyant un jour consoler une femme délaissée, quelqu'un disait : « Je ne comprends pas M. Varet : Comment peut-il s'avilir jusqu'à essayer de convaincre une femme aussi méprisable ! » Ce censeur raisonnait tout juste comme les Scribes qui disaient de Notre-Seigneur : « Pourquoi mange-t-il et boit-il avec des publicains et des pécheurs ? » et qui s'attirèrent cette divine réponse : « Ce ne sont pas ceux qui sont en santé qui ont besoin de médecin ; mais les malades [1] », ainsi en est-il des pauvres pécheurs.

Un riche propriétaire qui depuis longtemps vivait dans le désordre, émerveillé de tout ce qu'on disait de M. Varet, voulut faire sa connaissance. Il ne put résister au charme de sa parole simple et bonne, de sa tenue humble et modeste :

[1]. Saint Marc, II, 16.

il se convertit. Pour lui permettre de remercier la sainte Vierge, M. le Chanoine lui donna son propre chapelet, et lui apprit à le réciter. Le lendemain, il lui apporta un exemplaire du catéchisme du diocèse, dont l'heureux converti commença la lecture avec admiration, pour ne plus l'interrompre jusqu'à la fin. Aux derniers jours de sa vie, il avait toujours à la main son catéchisme et son chapelet. Dans l'excès de sa reconnaissance, il se jetait aux genoux de son bon ami le Chanoine et tous deux pleuraient de joie, bénissant le Seigneur qui avait opéré ce changement. Sur le point de mourir, il dit à ceux qui l'entouraient : « Tous vos remèdes sont inutiles, faites plutôt venir M. Varet. » Celui-ci accourut et prépara au dernier voyage le moribond qui fit une mort de prédestiné.

Quand il avait gagné quelque âme, sa modestie ne lui permettait pas d'en parler. Si quelqu'un l'en félicitait, il attribuait tout ce bien à Dieu, au Sacré-Cœur, à N.-D. de la Salette ou de Lourdes ; et aussi à la bonne volonté des pécheurs convertis, bien qu'il les eût parfois attendus longtemps, priant pour eux et les suppliant d'avoir pitié de leur pauvre âme exposée à tomber pour toujours dans le plus effrayant des abîmes avec les damnés.

« Sans lui, disait une mère de famille, je serais allée me jeter au lac, à telle époque. Ayant appris mon désespoir, il fut pour moi un second ange gardien, me surveillant avec la sollicitude d'un père, et s'ingéniant à me rencontrer dans la rue pour m'adresser une parole réconfortante. Au plus fort de ma détresse, il passait à dessein devant ma porte ; à sa vue, je ne pouvais faire moins que de l'inviter à entrer. Alors il me faisait raconter toutes mes peines, et m'en expliquait le remède. Il finit par me rendre non seulement le courage et la paix, mais aussi la piété de mon enfance en me faisant adopter des pratiques religieuses dont je ne me croyais plus capable. Bref, il m'a sauvée. »

Cette paternelle sollicitude redoublait à l'égard de ses pénitents malades. A la première nouvelle de la maladie, il les visitait, les fortifiait, par ses conseils, ses exemples, ses prières, leur enseignait le moyen de sanctifier leurs souffrances, et s'il était nécessaire, il les préparait à paraître devant Dieu.

Il sollicitait des prières et des communions pour des malades ou des âmes rebelles qui, à l'approche de la mort, ne consentaient à se réconcilier avec Dieu que par son ministère.

Pour faire du bien à une âme, aucun danger ne pouvait l'arrêter. Une nuit à 11 heures, réveillée par un vigoureux coup de sonnette, Pauline (c'était le nom de sa domestique) vint en tremblant dire à son maître qu'un jeune homme le demandait pour aller voir un mourant. — « Ce garçon, ajouta-t-elle, n'est pas très bien noté dans le quartier : à votre place je ne sortirais pas. »

— « Qu'importe, fit le saint prêtre, s'il s'agit d'une âme à sauver ! Faites-le attendre, je me lève immédiatement. »

Bientôt le bon chanoine arrive à la maison indiquée. La femme du moribond court à sa rencontre. — « Monsieur le chanoine, lui dit-elle, mon mari vient d'avoir une nouvelle attaque, les médecins ne voient plus de remède. Mais ce qui me désole par dessus tout, c'est que depuis de longues années il ne va plus à l'église et ne connaît plus les sacrements. Je l'ai engagé à demander un prêtre, et c'est vous, monsieur le chanoine, qu'il veut voir, parce que un jour, en passant près de lui, à notre porte, vous l'avez salué et avez caressé notre petit garçon. Depuis lors, il vous a pris en affection et m'a souvent parlé de vous. »

Introduit auprès du malade, M. Varet, par sa douceur et son affectueux sourire, l'eut bientôt mis à l'aise. Il entendit sa confession, lui parla du ciel qu'il allait voir, de l'enfer auquel il venait d'échapper, et passa le reste de la nuit à le préparer aux derniers sacrements. Le mourant les reçut avec les plus touchantes dispositions. Quelques instants après, il rendait son âme dans la paix du Seigneur.

Caresser un enfant, saluer un inconnu est peu de chose : et cependant cet acte insignifiant peut amener le salut d'une âme ! C'est ce que le bon prêtre ne se lassait pas d'admirer.

Aussi bien, il usait de bons procédés avec tous, même avec les inconnus, les indifférents et surtout les jeunes militaires. Ces derniers, à cause des dangers courus au sein de la caserne, excitaient particulièrement sa compassion. Il aimait à leur adresser la parole, quelquefois même à

badiner avec eux pour arriver jusqu'à leurs âmes.
En chemin de fer, il montait volontiers dans les
compartiments où il apercevait l'épaulette ou le
képi du soldat français. Aussitôt il se posait en
ami, en connaissance presque, et glissait une parole bienveillante. S'il y avait là plusieurs militaires, leur conversation, de banale ou de grivoise
qu'elle était, ne tardait pas à devenir honnête. Ces
pauvres enfants, charmés de voir un prêtre aussi
affable, et qui s'intéressait à eux, se prenaient d'affection pour lui et ne le quittaient pas sans lui
serrer la main. Ils se montraient ensuite plus respectueux de la religion. De son côté, notre chanoine bénissait Dieu d'avoir pu leur laisser un
souvenir, ou du moins une parole salutaire qui,
sans doute, tôt ou tard porterait ses fruits.

Comme il était en très bons rapports avec la
plupart des officiers supérieurs, il employait,
chaque fois qu'il le pouvait, son crédit auprès
d'eux en faveur de leurs subordonnés, surtout s'ils
étaient de la Bourgogne. Il obtint des congés à
plusieurs qui, joyeux, couraient au pays natal,
pour embrasser leurs mères et leurs sœurs, et
leur parler de « Monsieur le Chanoine, le meilleur des curés ».

Toujours par ce même désir de jeter dans les
cœurs le bon grain destiné à germer pour le salut,
il invitait parfois à sa table un militaire, un
ouvrier, des jeunes gens du peuple. Plus ils
étaient indigents, plus il tenait à ce que le service
fût irréprochable.

CHAPITRE VII.

Combien était méritoire le zèle du chanoine pour la prédication et combien il aimait à parler aux enfants.

A voir l'inépuisable complaisance avec laquelle M. le Chanoine acceptait toutes les invitations à prêcher qui lui étaient adressées, on aurait pu croire que la prédication lui était douce, facile, agréable, et qu'il n'attendait qu'un mot pour s'élancer dans la chaire.

C'était le contraire qui avait lieu. Rien ne lui était plus pénible que de paraître en public. Sans doute cette sorte de répulsion était plus dans son tempérament que dans sa volonté ; mais elle existait. Ses lettres le témoignent suffisamment, et en termes parfois assez curieux.

En 1876, après la fête de la Dédicace, il écrivait à sa mère : « Marie continue à être très bonne. La preuve c'est que dimanche, jour de mon sermon, elle a mis brûler des cierges à tous les saints pour que je ne fusse pas si effrayé ; elle a été exaucée [1]. »

Une autre fois, il avait prêché l'Ascension à la Métropole. Après avoir dit qu'il avait parlé du ciel, il continue : « Me voilà maintenant bien tranquille. Pour la Pentecôte c'est le tour de

[1] Lettre du 20 novembre 1876.

M. Vivien. Lui n'a pas peur ; tandis que moi, autant douze pilules de Gaverot. »

Enfin, un jour la peur fut telle, qu'au moment de monter en chaire, il dut prendre une autre direction. « La vue de tout ce monde, dit-il, me fit une impression si grande, que je dus courir quelque part. Le suisse me cherchait partout, excepté là. Mais une fois en chaire, je me suis possédé [1]. »

Une extrême timidité, une grande impressionnabilité, une instinctive répulsion pour sa propre mise en scène et pour la parole publique, existait donc chez l'abbé Varet. Elle était insurmontable, et devait par conséquent lui causer plus d'une insommie les nuits qui précédaient ses sermons, et plus d'un tourment les jours de préparation. Dès lors, quelle somme de souffrances latentes et inexprimables le long de ses trente années de ministère ! Mais dès qu'il s'agissait ou de faire un peu de bien aux âmes, ou de procurer tant soit peu la gloire de Dieu, ou simplement de rendre service à un confrère, à un curé, à un aumônier, immédiatement il acceptait.

Si parfois le bon chanoine était troublé en montant en chaire, si sa voix s'altérait, si sa mémoire lui faisait défaut et le forçait d'abréger son instruction, il est juste d'ajouter que le plus souvent, Dieu bénissait ses efforts. Il avait des sermons réussis, au sujet desquels on lui adressait des compliments, jugés nécessaires d'ailleurs pour rassurer sa modestie et récompenser sa bonne

1. Lettre de fin février 1878.

volonté, ainsi que les mérites de son martyre.

Ce martyre, Mme Varet s'en préoccupait ; elle en ressentait de loin le contre-coup. Notre prédicateur le savait : aussi, à peine descendu de chaire, s'empressait-il, faisant passer la charité avant la modestie, de lui signaler naïvement ses petits succès : « Vous attendiez, j'en suis sûr, — lui écrit-il un jour, — le récit de notre fête de l'Ascension. M. S... voulait vous écrire hier que le prédicateur avait été magnifique, et que tout le monde avait été enchanté de son sermon. Il se réserve de vous donner tous ces détails ; pour moi, je puis vous dire que j'ai été content et Monseigneur aussi. La cathédrale était pleine, comme vous savez qu'elle l'est aux grandes fêtes, et en voyant toute cette foule, je me figurais vous apercevoir seule dans l'église vide de Cravant. Mon sermon fut simple. Je parlai du ciel. Je vous assure que la vue de tout ce clergé, archevêque, chanoines, 90 séminaristes, et de tous ces hommes debout, avait quelque chose d'imposant. »

Dans une autre circonstance, il écrivait : « J'ai donné mon sermon. Je n'allais pas vite, tout le monde pouvait m'entendre. Il paraît que j'ai réussi ; c'est Monseigneur qui me l'a dit. J'ai parlé des pauvres et en faveur des pauvres, qui fourmillent cette année. Le soir, un monsieur, m'a envoyé sa carte pour me remercier, avec dix francs pour les pauvres [1]. »

Dans sa prédication, le chanoine Varet ne cher-

1. Lettre fin 1878.

chait pas à éblouir par des fleurs de rhétorique ou des effets d'éloquence, ni à faire valoir ses phrases par des périodes ronflantes. Il cherchait à se faire comprendre, il voulait instruire, toucher et convaincre, et pour cela il prêchait simplement.

Mais cette simplicité ne lui faisait pas négliger la préparation de ses sermons. Ses cahiers prouvent que, dès le Grand-Séminaire, il s'était fait une habitude de noter ce qui l'avait le plus frappé dans les discours des grands prédicateurs ou dans ses propres lectures. Il exploitait ces sources, et en tirait son sujet, qu'il développait lui-même, comme le démontre la volumineuse collection de ses sermons, qui sont tout couverts de surcharges et de ratures.

Un jour cependant, ayant à prêcher la Fête-Dieu, l'idée lui vint de prendre un sermon inédit de son oncle, toujours si onctueux quand il s'agissait du Saint-Sacrement. Assurément ce n'était point pour se dérober au travail; mais il voulait offrir aux âmes un aliment moins commun et qui leur fût plus profitable. D'ailleurs il ne s'en cacha point: il avoua même à celui de qui nous tenons le fait, que ce sermon lui avait coûté plus à lui seul que trois de sa composition. Il lui fallut, en effet, vingt jours pour déchiffrer le discours manuscrit de Mgr Pichenot, et dix pour le graver dans sa mémoire. Il réussit, et le modeste prêtre, ordinairement mécontent de lui-même, put se réjouir ce jour-là d'avoir servi un morceau brillant à ses auditeurs. C'était beau, mais c'était cher. Il jura de ne plus recommencer.

Dans ses sermons pas un mot à retrancher, et rien à ajouter.

La plupart du temps, ses instructions étaient une méditation à haute voix. Il avait une grande onction, était extrêmement clair et pratique. En l'écoutant on se sentait porté à aimer davantage Notre-Seigneur et la Sainte-Vierge, et l'on prenait la résolution de devenir meilleur.

N'ayant pas charge d'âmes, le chanoine Varet était libre de choisir ses auditeurs, ses jours, ses sujets. Néanmoins il acceptait tout ce qu'on lui proposait, et prêchait avec le même dévouement aux auditoires les plus divers : aux grands messieurs de la ville, tels qu'il s'en trouve toujours dans les églises les jours de fêtes, et aux conditions les plus humbles, aux personnes de service et aux pauvres, dont il fut jusqu'à sa mort l'apôtre dévoué. Mais où il obtint toujours un véritable succès, ce fut auprès des enfants. Quelques mots sur cet intéressant ministère termineront ce chapitre.

« Laissez-les venir à moi, ces chers petits, — disait Notre-Seigneur — je les aime, parce que le royaume des cieux est à eux. »

M. le chanoine Varet disait la même chose et pour le même motif : il aimait ces âmes innocentes, non encore suffoquées par l'intérêt, les passions et les sollicitudes de cette vie, et plus aptes dès lors à recevoir les impressions de la grâce.

Il serait difficile d'énumérer toutes les retraites qu'il prêcha pour préparer les enfants à la première communion. Connaissant son amour pour l'Eucharistie et pour l'enfance chrétienne, on l'invitait de tous côtés : dans les pensionnats, dans les églises de la ville, et même à la campagne.

Dans les pensionnats, c'était souvent au bon Pasteur ; plus souvent encore à Saint-Joseph. Il écrit : « J'ai douze enfants qui s'y préparent, et je dois y aller dans quelques instants [1]. »

Et une autre fois : « C'était hier première communion à Saint-Joseph ; j'ai prêché la retraite préparatoire, puis la communion à la messe. »

Une religieuse de cette congrégation écrit : « Que de retraites à nos premières communiantes ce bon M. Varet a bien voulu prêcher ! Quelle joie pour nos élèves, et quelle édification pour nous, de voir ce prêtre, chargé de tant d'intérêts dans la ville, oublier en quelque sorte toutes choses, pour se donner entièrement aux enfants, leur apprenant à détester le péché et à aimer Jésus ! »

Il prépara aussi les premiers communiants du lycée de Chambéry, en présence de plusieurs professeurs, qui goûtaient ses enseignements et appréciaient beaucoup ses allocutions.

Nous ne pouvons citer tous les passages de ses lettres où il parle de retraites semblables prêchées ou à prêcher dans les paroisses de Chambéry. — « Je commence dimanche, écrit-il, la retraite de première communion à Notre-Dame. Il y a cent quarante enfants. Veuillez prier pour eux et pour moi. Quatre instructions par jour et les

---

1. Letttre du 26 mai 187...

confessions. Si vous saviez comme le Bon Dieu est peu connu [1] ! »

Plusieurs fois il remplit le même ministère à la Métropole et à Maché. Les enfants qu'il préparait ne pouvaient plus se détacher de lui.

A la campagne nous citerons en particulier la paroisse de Lucey, sur les rives du Rhône ; où il donna, plusieurs années, la retraite de première communion, en considération de l'abbé Blais son ancien collaborateur à la Chancellerie de l'Archevêché [2].

Partout le chanoine excellait à mettre ses petites allocutions à la portée des intelligences enfantines, et partout il laissait la plus suave impression.

Aux fêtes scolaires de fin d'année, cet ami des enfants ne pouvait manquer d'être invité à faire le discours d'usage. Les religieuses de la Visitation, celles du Sacré-Cœur, celles de Saint-Joseph, et autres encore le prièrent plus d'une fois de prendre la parole, et il le faisait avec un tact et une délicatesse remarquables. On trouvait en lui la même bonne grâce dans les Etablissements de jeunes gens. Il écrivait en 1890 : « J'ai fait le discours de la Distribution des Prix à l'Externat de Saint-François de Sales. Il paraît que mon allocution fut redite à Monseigneur qui en exprima tout haut sa satisfaction. Le dimanche suivant, comme je dînais à l'archevêché avec ces

1. Lettre du 20 juin 1892, au Prieur d'Hautecombe. — 2. Un autre ami qui ne l'attirait pas moins dans cette paroisse, était un saint homme, dévoué comme lui aux bonnes œuvres, le comte Ernest de Boigne, maire de la commune, où sa mémoire, restera toujours en bénédiction.

MM. du Chapitre, Sa Grandeur, en présence de tous, répéta mon éloge, qui fut excessif. [1].

C'est que partout où il s'agissait des enfants, notre saint Chanoine se dépassait lui-même.

Il était d'ailleurs leur idole : dès qu'ils l'apercevaient dans certaines rues, les plus petits accouraient en foule, se suspendaient en grappes enfantines à ses mains, à ses bras ; et tous recevaient un don quelconque.

« Les enfants le connaissaient bien, raconte d'autre part sa nièce. Pendant nos promenades, il arrivait souvent que nous ne pouvions plus avancer. Mon oncle était littéralement envahi, assiégé par l'innocente troupe de ses petits amis. »

Quant à lui, si son affection pour les enfants admettait quelque différence, c'était en faveur des plus pauvres. Revenant un jour de prêcher une retraite aux orphelins du Bocage, il disait : Ces pauvres enfants ne sont pas aussi bien peignés que les autres, mais leurs âmes n'en sont pas moins précieuses.

A une Sœur institutrice qui était spécialement chargée des enfants pauvres, il écrivait : « Aimez bien ces petites âmes, ma chère fille, soignez-les de votre mieux. Rappelez-vous combien j'étais heureux de faire le catéchisme aux enfants pauvres du couvent d'Avallon. Songez aussi que Dieu a pris autant de soin pour créer l'âme d'un pauvre que pour celle d'un archevêque [2]. »

1. Lettre du 10 septembre. — 2. De 1874.

CHAPITRE VIII.

Comment Monsieur le chanoine faisait l'aumône à ses amis les pauvres.

Son zèle ne se bornait pas à rendre la paix aux âmes dans le tribunal de la pénitence, et à leur distribuer du haut de la chaire le pain de la parole divine. A côté de l'aumône spirituelle, il y avait les œuvres de miséricorde corporelles. Par diverses circonstances de sa vie, nous avons vu déjà combien il aimait les pauvres. Ceux-ci connaissaient bien le chemin de sa demeure. Pauline avait ordre de n'en rebuter aucun. S'il arrivait qu'elle ne contentât pas un solliciteur à la porte, et que le bon chanoine s'en aperçût, il le rappelait par la fenêtre, ou bien sortait jusque dans la rue pour lui faire un supplément d'aumône.

Quand il rentrait le soir, après une journée saintement laborieuse, il demandait à sa domestique combien elle avait donné aux pauvres dans la journée. — « Je n'ai renvoyé personne les mains vides, répondait-elle, et j'ai donné tant. » — « C'est bien peu ! » répondait M. le Chanoine. Son bon cœur trouvait qu'on ne donnait jamais assez.

Au cours d'un hiver très rigoureux, le chanoine Varet s'était fait confectionner une douillette bien chaude qui devait lui servir principalement au confessionnal. Deux jours après il ne l'avait plus.

Sa nièce qui, — nous l'avons vu, — habitait chez lui en 1888 en fut surprise et ne put s'empêcher de lui en demander la raison.

— « Hier matin, avoua-t-il simplement, comme j'allais dire ma messe avant 6 heures, j'ai trouvé un malheureux pauvre, étendu, à demi gelé, sous le portail de la cathédrale. Je l'ai mené se chauffer près du poêle de la sacristie. Là, voyant qu'il n'avait pas de quoi se couvrir, je lui ai dit de garder mon manteau. Le pauvre ami ! ce vêtement lui était bien plus nécessaire qu'à moi ! »

« Je ne pus m'empêcher, ajoute celle qui nous a transmis ce récit, de baiser la main si charitable de mon oncle. »

Donner de son superflu, est un acte méritoire assez ordinaire, parce qu'il est facile. Mais sacrifier un argent destiné à un plaisir, à un projet longtemps caressé, n'est pas aussi fréquent ; il faut quelque chose de l'héroïsme de la charité.

Notre chanoine se proposait, comme nous le verrons, de faire en 1893 le pèlerinage de Jérusalem. « Je me souviens, raconte sa nièce, avec quel enthousiasme il me parlait de ce voyage à chacune de ses visites. » C'était au mois de février, et il devait se faire inscrire à Paris pour assurer sa place. Diverses raisons le déterminèrent à rester à son poste. Mais le pèlerinage n'était que renvoyé à l'année suivante et les valeurs déjà préparées restèrent dans ce but en portefeuille.

Ce ne fut pas pour longtemps. Une personne

de la ville se trouvait dans la plus extrême misère. Elle ne pouvait payer un loyer assez considérable, qu'on lui réclamait avec menace. Pour réaliser l'argent nécessaire, elle n'avait qu'une seule ressource : vendre ses meubles. Mais avant d'en venir à cette extrémité, elle vint conter son chagrin au bon chanoine qui était son confesseur.

— « Il y a un moyen de tout arranger, lui répond-il. » Et se levant, il va droit à son secrétaire, retire de son portefeuille les billets qui s'y trouvent et les remet à sa visiteuse. « Ceci, poursuit-il, devait me payer un beau pèlerinage ; mais vu votre nécessité, il est à vous, j'en fais le sacrifice. » C'était l'argent destiné à son voyage en Terre Sainte.

On cite un autre trait à peu près semblable.

Une négociante en détresse court confier sa peine à M. le Chanoine. Celui-ci l'écoute, prend 3oo francs dans son secrétaire, et lui dit : « Acceptez cela : j'avais mis cet argent en réserve pour un voyage. Je m'en priverai, et tout sera dit. »

Une pauvre femme du faubourg Maché, hydropique et incapable de gagner sa vie, recevait de M. le Chanoine l'argent nécessaire à son loyer ; plus cinq francs par semaine, et tous les jours une petite friandise pour son dessert.

Et que d'autres loyers payés de la même manière ! On en a compté jusqu'à *soixante* !

Il serait difficile de supputer les pièces de dix francs, de cinq francs et autres, distribuées le long de chaque année, soit chez lui, soit dans ses visites de charité ou ses promenades, soit au loin par correspondance, car on lui écrivait de la campagne, et nous pourrions citer telle pauvre mère de famille qui, jusqu'à la mort du chanoine, fut, en quelque sorte, abonnée à ses charités.

Mais, comme si tout cela ne répondait pas encore à son zèle, il aimait à visiter les pauvres mansardes, les affreux galetas de certains quartiers de Chambéry. Les montées branlantes, les allées infectes et sans air, par où il fallait passer pour s'y rendre, n'avaient pour lui aucun secret. La géographie du pays des pauvres lui était connue. Dans ces régions supérieures, il n'y avait pas une misère qu'il n'eût dénichée et soulagée, et la nomenclature en était riche.

Il s'informait de ce qui manquait le plus à la famille, et souvent conduisait lui-même les miséreux chez un boulanger, un cordonnier, un marchand de vêtements, un boucher, etc., et payait ce qui leur était nécessaire. Mais souvent la provision quotidienne du porte-monnaie se trouvait épuisée. Alors qu'arrivait-il ?

« Il arrivait, raconte sa nièce qui en fut plus d'une fois témoin, — il arrivait que quand je sortais avec Pauline pour faire des emplettes, les marchands nous arrêtaient au passage en nous disant : « M. le chanoine est venu ce matin avec un pauvre, il a pris tel article ; et comme il n'avait pas sur lui de quoi compléter le payement, il nous a fait cette recommandation : Quand ma nièce ou ma domestique viendra, dites-lui de vous payer le restant. » Et comme ce cas revenait assez souvent, Alice disait à son bon oncle : « Je ne m'étonne plus que vous soyez si longtemps hors de chez vous : vous ramassez tous les malheureux pour les restaurer, les vêtir ou les chausser ! »

M. le chanoine faisait l'aumône avec une promptitude et un bon cœur qui en doublaient le prix : ajoutons qu'il donnait, sans trop s'inquiéter de la probité des individus qui lui demandaient. Mais s'il venait à apprendre qu'on avait abusé de ses dons, il agissait avec fermeté.

On lui dit un jour qu'une personne employait au mal ses aumônes quotidiennes. Le lendemain dès qu'elle se présenta, il lui reprocha sévèrement son inconduite et ses mensonges, et lui défendit de jamais reparaître en sa présence.

Mais ces erreurs, d'ailleurs assez rares, ne le décourageaient pas.

« Je préfère, disait Mgr de Salinis, évêque d'Amiens, être dupé cent fois, que de renvoyer une fois un malheureux dans le besoin. »

C'était aussi l'avis et la règle de conduite du chanoine Varet.

Comme sa mère se montrait parfois inquiète de tant de libéralités : « Ne craignez rien, lui disait-il aimablement, ce qui s'en va par la porte pour le bon Dieu et ses pauvres rentre par la fenêtre. » Et il avouait ingénûment qu'un jour où il n'avait plus rien à donner, il avait trouvé dans sa boîte aux lettres des billets de banque qu'on lui adressait pour ses pauvres.

Lorsqu'il avait épuisé ses ressources, il n'hésitait pas, malgré sa timidité, à s'adresser à des personnes fortunées, pour les reconstituer. Il écrivait en 1880 :

« A Chambéry, les pauvres sont plus nombreux que jamais ; les récoltes ayant été mauvaises, les indigents remplissent les rues. Une vieille demoiselle m'a donné mille francs à employer comme je voudrais. J'en donnerai une bonne part au Bon-Pasteur, où se réfugient maintenant tant de malheureuses filles pauvres. Les Religieuses qui en prennent soin n'ont pas le sou. Depuis un mois elles ne boivent plus que de l'eau. »

Combien d'autres fois, témoin du dévouement de ces humbles Sœurs, le bon chanoine ne dût-il pas leur venir en aide? Dieu seul le sait. Et il le faisait sous toutes les formes, comme le laissent entendre ces deux lignes envoyées à sa mère : « J'avais une vieille soutane ; je l'ai donnée aux sœurs Marie-Thérèse et Philomène, du Bon-Pasteur, qui s'en sont fait des pèlerines. Elles sont si contentes ! [1] »

Il se trouvait, un jour de confirmation (22 juin 1895), au petit village d'Ontex, poste très élevé à l'extrémité nord du Mont-du-Chat, entre le lac du Bourget et le Rhône. Après la cérémonie, se dérobant aux autres prêtres, il va visiter une famille pauvre mais vraiment patriarcale, félicite les parents, caresse les enfants, et apprenant que l'un des garçons rêve de devenir prêtre, il promet

1. Lettre du samedi .. décembre.

de s'occuper de son placement dans une école apostolique.

En sortant de l'humble chaumière, comme il retournait à la cure, il aperçut une toute jeune enfant souffreteuse et horriblement défigurée par la maladie. Emu de compassion, il s'avance pour lui parler, se fait conduire à ses parents et remet à ceux-ci dix francs, pour leur permettre de mieux soigner « la petite ».

C'est ainsi que M. le chanoine portait ses bienfaits jusqu'au sommet des plus hautes montagnes.

Avant de faire une aumône quelque peu importante, il s'informait toujours des moyens d'existence de ses solliciteurs. Il ne voulait pas favoriser l'oisiveté des paresseux en état de travailler. Quand un ouvrier, une ouvrière en santé, lui affirmait avoir cherché du travail sans en découvrir, le bon chanoine allait lui-même sur les chantiers, dans les ateliers, dans les magasins, et demandait de l'ouvrage pour ceux qui en manquaient.

La vénérable Anna-Maria Taïgi vit, dans son mystérieux soleil, qu'un homme venait de mourir et qu'il était sauvé pour avoir donné un sou à un pauvre. Cet acte, en effet, avait ouvert le chemin à d'autres grâces, et il eut le nécessaire pour se sauver. S'il en est ainsi d'une œuvre aussi minime, quels ne durent pas être le mérite et le résultat des innombrables aumônes du chanoine Varet ? On peut à juste titre lui appliquer ce mot de l'Esprit-Saint : « Toute l'assemblée des justes racontera ses aumônes. »

CHAPITRE IX.

De la charité de M. le Chanoine pour les malades et les morts.

Sı les miséreux en santé excitaient à ce point sa compassion , son bon cœur était bien autrement ému lorsqu'il s'agissait des malades.

Apprenait-il qu'un pauvre était retenu par la souffrance dans son triste logis, il allait, dès qu'il le pouvait, lui faire visite et lui parler de Dieu. Il achetait lui-même, ou faisait acheter par une confidente de ses aumônes, ce qui pouvait soulager ou récréer ses malades, et en remplissait ses poches. Il en était de même des beaux et bons fruits des jardins d'Hautecombe, qu'en retour de ses bontés les Cisterciens lui envoyaient quelquefois. Un jour qu'il en avait reçu une grande corbeille pour sa fête, on n'en retrouva que quelques-uns pour la table des invités. Tout le reste avait pris le chemin de la demeure de ses pauvres malades.

La longue durée des infirmités n'était pas, à ses yeux, une raison de cesser ou de restreindre ses visites. Un pauvre enfant, atteint d'une maladie de la moelle épinière, n'avait pas quitté le lit depuis sept ans. Le bon chanoine avait une prédilection pour cet infortuné, dont la mère a rendu le témoignage que voici.

« Impossible, dit-elle, d'expliquer en détail tout le dévouement, toute la charité de M. le Chanoine pour nous. Une fois le jour, il gravissait les cent marches de l'escalier qui conduit à notre mansarde, nous apportant la consolation et le bonheur. S'il prévoyait que le lendemain il ne pourrait venir nous voir, il apportait double aumône et sa visite était plus longue. Mon pauvre enfant n'avait que ce plaisir : mais il était si grand qu'il remplaçait tous les autres. Car ce bon M. Varet n'omettait rien de ce qui pouvait rendre moins triste la douloureuse existence de mon enfant.

« Que de jouets, que d'images, que de livres ne lui a-t-il pas donnés ! Sa conversation était toute céleste, et lorsqu'il nous quittait, nous ne nous trouvions plus aussi malheureux, fortifiés que nous étions par ses encourageantes paroles.

« Un jour je lui dis : « Monsieur le Chanoine, comme vous devez être incommodé, par cette chaleur étouffante, de monter si haut pour venir nous voir ! Il me répondit en souriant : « Au ciel, il me faudra monter bien plus haut encore pour voir mon petit Antoine dans la gloire, car il sera bien plus élevé que moi. »

S'il arrivait que les malades indigents ne pûssent pas être convenablement soignés dans leurs familles, le chanoine Varet cherchait bien vite un moyen de leur venir efficacement en aide. Tantôt il faisait des démarches pour qu'ils fussent admis à l'Hôtel-Dieu, tantôt il les faisait entrer à l'hospice de la Charité, en payant leur pension jusqu'à ce qu'il y eût une place vacante.

Mais les malades de la ville ne suffisaient pas au zèle du chanoine Varet. Il en découvrait aussi à la campagne. Il y avait aux Charmettes, à deux kilomètres de Chambéry, une jeune fille atteinte de la même maladie que le petit Antoine : ce qui l'avait réduite aussi à la plus complète immobilité. Or, il passait rarement huit jours sans lui porter une parole de consolation toujours accompagnée de quelque friandise. Au commencement des beaux jours de l'été, il lui avait fait construire une voiture légère à bras, dans laquelle on pouvait étendre un petit matelas, afin que la pauvre infirme pût aller, le dimanche, entendre la messe, et chaque jour faire une promenade. Après avoir cherché longtemps, il finit par découvrir un genre d'occupation à la portée de cette pauvre infirme : lui procurant ainsi le moyen de réaliser quelques économies qui lui épargnèrent la honte de mendier.

On pense bien que dans ces courses charitables, les poches du bon prêtre se trouvaient bientôt à sec. C'est ce qui lui arriva, un jour qu'il cheminait non loin du cimetière de Chambéry. Il rencontre une autre jeune fille malade, que l'on promenait dans une petite voiture. Aussitôt il s'informe de son état, de la situation de ses parents, et la réconforte par un de ces utiles conseils qu'il donnait avec tant de bonne grâce. Puis tout à coup son visage s'assombrit. C'est qu'au moment où il veut donner quelque chose à l'infortunée, il constate qu'il n'a rien sur lui. Mais une idée lui vient. — « Mon enfant, dit-il, attendez-moi une minute. » Il court au cimetière et bientôt en revient, tenant à la main une superbe rose qu'il avait cueillie sur la tombe de sa mère. Il la lui présenta en disant : « Voilà pour la petite malade ; c'est peu, mais c'est tout ce que j'ai pour le moment. »

L'enfant fut attendrie jusqu'aux larmes. — « Je savais bien, disait-elle ensuite, qu'il ne passerait pas sans inventer quelque chose pour me faire plaisir. »

Dans son dernier hiver il arriva que, souffrant de la jambe, le chanoine Varet fut obligé de garder le lit pendant un mois, par ordre du médecin. Ce fut, on le devine, un rude coup pour son zèle et sa fièvre d'activité. Sa plus grande douleur était de ne pouvoir faire ses visites de chaque jour à ses chers malades, dont la plupart le réclamaient, ainsi qu'il l'écrivait à une religieuse. Ceux d'entre eux qui pouvaient marcher venaient prendre de ses nouvelles. Il les accueillait avec bonheur et ne les laissait point partir sans quelque secours, « afin de les récompenser, disait-il, de ce qu'ils s'étaient dérangés pour venir le voir».

Mais dès qu'il put se tenir debout, il n'eut rien de plus pressé que d'aller voir chacun d'eux à leur domicile, appuyé sur une lourde canne, et marchant avec quelque difficulté. La fameuse rampe des cent marches ne l'effraya point, tant il avait à cœur de porter ses gâteries à son cher petit Antoine, qu'il n'avait plus revu depuis un mois.

On peut vraiment dire du chanoine Varet, qu'il voyait Jésus-Christ dans la personne des pauvres. C'est cet esprit de foi qui lui faisait accomplir avec simplicité les actes les plus répugnants. Voici ce que racontait naguère un bon vieillard infirme et presque abandonné.

« Depuis longues années je ne pouvais faire aucun mouvement. J'étais couché sur ma pauvre paillasse et personne ne songeait à moi. Mais M. le Chanoine, cet ange des malheureux sans ressource, et dont le bon cœur devine toujours où il y a du bien à faire, sut me trouver, et dès lors pendant *treize ans*, il ne passa pas un seul jour sans venir m'entourer de ses soins. C'est lui qui balayait ma pauvre mansarde, qui me débarbouillait, qui passait le peigne dans mes cheveux. Deux fois la semaine, il me laissait une aumône qui me permettait de vivre. Quand il devait s'absenter, il priait une dame de le remplacer auprès de moi. En un mot, il a fait pour moi avec une aisance charmante ce qu'un père, une mère, ne ferait qu'avec répugnance pour son enfant. »

Et ce trait héroïque de charité se répétait, paraît-il, à quelques détails près, pour d'autres infirmes également abandonnés.

Dans la classe souffrante il y a non seulement les pauvres et les malades, mais aussi les affligés;

et ceux-ci peuvent se rencontrer même au sein de la richesse et des honneurs. Or, les âmes qu'un revers ou un deuil de famille avaient affligées, étaient sûres de trouver, dans le chanoine Varet, un soutien pour tout le temps de l'épreuve. Il s'empressait de leur porter les consolations de la Religion ; et s'il s'agissait de la mort d'un membre de la famille, on le voyait auprès du lit funèbre, priant, les yeux humides, comme il l'aurait fait pour un de ses parents ; puis essayant d'apporter un rayon d'espérance aux pauvres survivants, en leur rappelant que celui ou celle qui les avait quittés, les protégerait du haut du ciel beaucoup plus efficacement que sur la terre.

L'ancien vicaire de la Métropole, déjà cité, écrit: « Quand il rencontrait l'un de nous, revenant de porter le Saint Viatique, il s'enquérait de l'état du malade administré, des moyens de subsistance de sa famille, et si un mot de compassion tombait de nos lèvres, on était sûr que nos chers malades allaient avoir la visite, et aussi le *bon souvenir* de visite du pieux chanoine. »

Lorsque la mort lui enlevait quelque pauvre, il disait : « C'est pour lui une grande grâce, mais pour moi je perds l'un de mes enfants bien-aimés. »

Il avait la dévotion d'accompagner au cimetière le cercueil de ses connaissances, et des pauvres qu'il avait secourus.

Quand il ne pouvait le faire, il faisait du moins son possible pour se trouver sur le passage du cortège, et saluer une dernière fois son ami défunt en priant pour le repos de son âme. Enfin quand un empêchement quelconque lui avait ravi cette dernière consolation, il se rendait le plus tôt possible au cimetière pour remplir ce devoir de charité. Plusieurs fois, après des sépultures, on l'a trouvé priant sur la tombe de ceux qu'il avait à peine connus. On ne saurait exprimer toutes les consolations apportées aux familles par toutes ces démarches si pieuses du bon chanoine.

Du reste, en tout temps, lorsqu'il pouvait trouver une heure de repos, c'était vers le cimetière qu'il dirigeait sa promenade, et auprès de la tombe des déshérités de la fortune il récitait pieusement l'office des morts.

CHAPITRE X.

Comment le chanoine Varet, tuteur des orphelins, obtint la guérison miraculeuse d'Alice.

UN prêtre aussi dévoué, aussi charitable envers de pauvres malades, la plupart inconnus et dont il n'était point chargé, ne pouvait pas l'être moins à l'égard d'une infirme de sa famille, dont il avait la tutelle.

Il le fut davantage encore, puisque à force de prières et de bonnes œuvres offertes en vue d'une guérison qui ne pouvait être opérée sans un miracle, il finit par l'obtenir.

Alice, nous l'avons vu, avait été amenée à Chambéry pour y rétablir sa santé. Outre les remèdes essayés par plusieurs médecins, elle reçut de son oncle des attentions vraiment paternelles. « Je ne saurais exprimer, dit-elle, quels furent son dévouement, sa tendresse, sa bonté pour moi. Il suffisait que j'exprimâsse un désir, même sans aucune intention, pour être assurée qu'il se réaliserait. »

Après dix mois de repos et de soins, on reconnut que la jeune fille, sans être guérie entièrement, pouvait néanmoins continuer ses études. A la rentrée de 1888, son tuteur la fit entrer au pensionnat si bien tenu par les Sœurs de St-Joseph à Chambéry.

Aux vacances suivantes, la jeune pensionnaire

était toujours dans le même état de santé. Elle continuait à expectorer chaque jour, en assez grande abondance, du sang noirâtre et écumeux, lequel toutefois ne provenait pas des poumons. Devant la persistance du mal, les médecins avaient fini par le déclarer incurable. Il y avait déjà vingt-cinq mois que cela durait.

Un jour, après avoir prié la Sainte-Vierge avec plus d'insistance qu'à l'ordinaire, le bon chanoine rentre chez lui plein de confiance et d'espoir.

— « Alice, veux-tu être bientôt guérie ? » demande-t-il à la jeune malade.

— « Vous ne pouvez en douter, mon oncle. »

— « Eh bien ! fais un pèlerinage à la bonne Vierge Marie. Choisis tel sanctuaire que tu voudras, je t'y conduirai. »

On devine la réponse de la jeune fille.

C'était en 1889, aux premiers jours de septembre, mois de N.-D. de la Salette. Malgré le pressentiment d'un surcroît de fatigue, elle choisit le pèlerinage de la Vierge en pleurs.

Paul, qui est en vacances, sera du voyage. La bonne Pauline aussi, car la malade ne peut se passer de ses soins.

Le lundi 9 septembre, lendemain de la Nativité, la petite caravane prend le train de 9 heures pour les Alpes, et commence cette pérégrination difficile, qui devait être pour Alice, au pied de la lettre, un « pèlerinage de pénitence ». Mais laissons la jeune infirme raconter elle-même les incidents du voyage.

« En arrivant à Grenoble, dit-elle, je me sentais déjà très fatiguée, et cependant nous n'avions pas fait le quart du trajet. Mais notre confiance était grande, nous espérions contre toute espérance ; il me semblait, à moi, que j'étais attendue à la Salette par Celle qu'on appelle la Santé des infirmes, et qu'elle me soutiendrait jusques-là.

Après notre dîner, nous continuons notre route jusqu'à Saint-Georges de Commiers, où nous nous trouvons rendus à 2 heures. Là nous prenons le tramway qui se dirige sur La Mure.

Ce petit chemin de fer de La Mure, qui fonctionne depuis un an, est vraiment un chef-d'œuvre d'habileté. Sur un parcours de 3o kilomètres, il franchit 22 tunnels et 18 grands ponts et viaducs. Ses wagons, qu'on croirait accrochés au flanc de la montagne à plus de 3oo mètres audessus de torrents effrayants, sont traînés par une petite locomotive avec une étonnante rapidité. Après chaque tunnel un nouveau spectacle s'offre à nos regards. Des cris d'admiration s'élèvent de toutes parts ; puis tout à coup obscurité complète, puis nouveau viaduc, nouveau paysage. Enfin le dernier tunnel, qui est le plus grand de tous, est passé : nous voici à la gare de La Mure.

Une dizaine de cochers sont là qui attendent les voyageurs. Mon oncle avise un omnibus.

— Vite, conduisez-nous à Corps ! dit-il au conducteur.

— De suite, monsieur.

— Non, pas celui-là, s'écrie un autre en s'emparant du bras de mon oncle : c'est un voleur : il veut vous faire coucher à Corps. Venez avec moi, monsieur le curé, et vous êtes à la Salette avant la nuit.

— C'est pas vrai ! riposte le premier en tirant mon oncle par l'autre bras ; ses chevaux sont des rosses, les miens sont meilleurs. »

Cette scène nous égaya un instant. Mon pauvre oncle, tiré de tous les côtés à la fois, ne parvenait pas à se dégager et ne savait à qui se rendre, lorsqu'arrive un troisième, un véritable hercule, qui, s'approchant, d'un air protecteur, propose une solution. « Ces hommes ne sont pas ce qu'il vous faut, dit-il. Venez à mon hôtel, vous y trouverez une voiture de confiance qui, parole d'honneur, sera prête dans un petit quart-d'heure.

— Est-il bien loin votre hôtel ?

— Là, tout près.

Mon oncle accepte, et nous voilà cheminant tous quatre à la suite du colosse. L'hôtel était là, en effet, mais à dix minutes de marche. Mes pauvres jambes me refusaient leur service ; je me traînais suspendue au bras de Pauline, me demandant si j'irais jusqu'au bout...

Cinq quarts d'heure après nous étions encore à La Mure. Il fallut, en effet, se mettre en quête d'une voiture d'abord, de deux chevaux ensuite, puis des provisions nécessaires au postillon pour la route.

Enfin nous voilà partis ; heureusement pour nous, notre conducteur ne rencontre sur le parcours aucune auberge l'invitant à s'arrêter. Nous ne vîmes, en effet, que quelques oratoires champêtres en l'honneur de N.-D. de la Salette, et çà et là de méchantes cabanes à l'usage des bergers qui, tout l'été, gardent leurs troupeaux sur les flancs verdoyants des Alpes dauphinoises.

Après trois heures d'une course assez rapide, notre voiture nous dépose à Corps.

Il était sept heures du soir, et nous voulions faire, ce jour-là même, l'ascension de la sainte montagne. Quatre mules magnifiques sont mises à notre disposition et la cavalcade commence. Mon oncle ouvre la marche ; je le suis de près ; vient ensuite la bonne ; Paul constitue l'arrière-garde. Est-il besoin de dire qu'à ce moment j'étais déjà brisée, broyée, anéantie par la souffrance. Pour me préserver de toute chute, on avait dû m'attacher, comme un colis vivant, au harnais de ma monture. Celle-ci, je dois l'avouer, était excellente : néanmoins mes douleurs devenaient plus aiguës à mesure que nous avancions. Et nous avions trois heures à passer ainsi immobiles sur nos mules, la nuit close, et dans quels chemins !

On sait, en effet, que plus on gravit les escarpements de la Salette, plus les sentiers deviennent scabreux. Des gorges d'une profondeur incommensurable que la pâle clarté de la lune rendait plus effrayantes encore ; des précipices affreux, des passages étroits, irréguliers, pierreux, où il était si facile à nos mules de faire un

faux pas !... Cette pensée et ce spectacle me gla-
çaient d'épouvante.

Mon oncle gardait le silence : il priait. Tout à
coup cependant, témoin de notre frayeur : « Mes
enfants, s'écria-t-il, priez la bonne Mère, faites
un acte de contrition, puis mettez-vous, pour tout
le reste, entre les mains de Dieu. »

Mais qu'avions-nous à craindre ? La bonne
Mère était pour nous. Il me semblait que sa main
puissante et maternelle nous tirait doucement à
elle du haut de sa sainte montagne.

Il y avait déjà deux heures que nous chemi-
nions ainsi, tristes et pensifs, lorsque nous apparut une masse noire dominant les pics voisins.
C'était le mont Gargas (300 mètres).

— J'aperçois une lumière, s'écrie Paul, mais
bien loin encore et bien au-dessus de nous.

— C'est le couvent, répond un de nos guides.

Ce simple mot me rassura. Je supportai dès
lors avec plus de patience les soixante bonnes
minutes — très mauvaises pour moi — qui nous
séparaient encore du but si vivement désiré.

Enfin, voici la basilique et, tout près d'elle, le
toit hospitalier qui attend les pèlerins. Dix heures
et demie sonnent à l'une des tours de la chapelle;
le froid est excessif, la fatigue extrême : aussi, malgré notre plus vif désir, nous est-il impossible d'aller saluer Notre-Dame à l'endroit béni de son Apparition. Nous prenons à la hâte un bouillon léger.
Ce qu'il nous fallait, à moi surtout, était un lit
quelconque pour reposer nos membres endoloris.

18*

Comme il fallait s'y attendre, ma nuit fut plus mauvaise que d'habitude. Le lendemain mardi, 10, à mon lever, heure ordinaire de mes vomissements, le sang jaillit plus abondant que jamais. Je me crus à ma dernière heure. Néanmoins, mettant toute ma confiance en Marie, je voulus assister à la messe de mon oncle et recevoir de sa main la sainte communion. De là, on me conduisit à la source miraculeuse pour y boire et prier. Mon émotion fut grande en contemplant, pour la première fois, la statue de cette bonne Mère assise et pleurant ! C'est à ses pieds que coule la source.

Le jour entier se passa pour moi dans des souffrances atroces. Personne toutefois ne se décourageait. Je priais de tout mon cœur, avec la ferme confiance que je repartirais guérie.

Le mercredi 11, je me trouvai plus mal encore. Le sang que j'avais rejeté était non seulement noir, mais coagulé. Mon pauvre oncle ne savait que penser de cette guérison à rebours : mais sa confiance fortifiait la nôtre. Plus morte que vive je descendis, comme la veille, à la basilique pour y faire la communion. Toute cette journée je ne pris pas d'autre aliment que de faibles gorgées d'eau miraculeuse. Vers le soir, je fis le chemin de la croix, en récitant moi-même et à haute voix les prières, au milieu d'une cinquantaine de pèlerins.

Alors, mon oncle formula cette promesse depuis longtemps arrêtée dans son cœur : « Ma bonne

Mère, si vous guérissez cette enfant, je ferai publier le miracle de votre bonté maternelle. Je ferai graver dans votre basilique le nom de votre protégée, et celle-ci vous laissera, en *ex-voto*, son cordon d'aspirante [1]. »

A huit heures, nous nous rendîmes au salut du Saint-Sacrement. Chose extraordinaire et dont je n'ai pas encore parlé : chaque fois que j'entrais dans la basilique, ou que j'approchais du lieu de l'apparition, il me semblait entendre une voix qui me disait : *Si tu es guérie, tu te feras religieuse.* Ce soir-là, cette voix intérieure devenue impérieuse me bouleversa. — « Moi, me faire religieuse ! Quitter mon cher oncle et mon frère ! Ne plus revoir mon pays !... » Cela me paraissait un sacrifice qu'aucun miracle ne pouvait compenser. Aussi je ne pouvais me décider à révéler cette inspiration à mon oncle.

Cependant au fond de mon cœur je me sentais disposée à correspondre à cette grâce ; finalement, je promis à la sainte Vierge de faire, coûte que coûte, ce qu'elle me demandait.

Il avait été réglé que nous ne passerions que deux jours pleins à la Salette, et nous étions au soir du deuxième. Après le salut, mon oncle, dans un long bonsoir, nous donna ses ordres pour le départ. « Demain, dit-il, tout le monde se lève à 4 heures. A 4 heures 3o ma messe com-

---

1. Au pensionnat de Saint-Joseph, celles des élèves qui aspirent à faire partie de la Congrégation des Enfants de Marie portent, comme signe distinctif, une longue cordelière de couleur bleue, qui se termine par des glands, et que l'on appelle simplement *cordon bleu.*

mence, et nous devons être à cheval avant 6 heures. »

Je remontai dans ma chambre. C'était là que la Sainte Vierge m'attendait. C'était là qu'elle voulait faire sa réponse aux pressantes supplications de mon oncle.

A peine au lit, je m'endors d'un sommeil profond, tranquille, ininterrompu. Le lendemain à 4 heures, Pauline arrive pour me donner ses soins. Etonnée de me voir dormir encore, elle hésite à me réveiller. Mais il y avait urgence : « C'est l'heure, dit-elle simplement, voici la cuvette. »

Habituellement, mon expectoration ne me laissait ni la force ni le temps de répondre ; mais cette fois j'éprouvais un bien-être indéfinissable. — « Merci, lui répondis-je : emportez votre cuvette... je n'en ai plus que faire... la Sainte Vierge m'a guérie. »

Pauline constata, en effet, que ma langue ordinairement chargée, était dans un état normal. Toute émue et comme effrayée, elle m'aide à faire un peu de toilette, pendant que, dans le délire de ma joie, je bénis et remercie Notre-Dame de la Salette. Je ne me reconnais plus.

Sans retard nous descendons à la basilique, où mon oncle vient de commencer sa messe.

Mon cordon bleu entre les doigts je m'approche de mon frère.

— Eh bien ! fait Paul, les yeux fixés sur le cordon.

— Eh bien ! je suis guérie !...

Et nous voilà tous les deux à genoux, remerciant avec effusion la Bonne Mère...

Le moment de la communion arrive : nous nous approchons de la Sainte Table. Que l'on juge de l'émotion de mon oncle, lorsque, sur le point de déposer le Corps adorable de Notre-Seigneur sur ma langue, il la vit parfaitement nette et vermeille ! Sa main trembla, et je crus un instant que la sainte hostie allait s'échapper de ses doigts. Le cher oncle avait tout compris, et la messe qu'il avait commencée pour obtenir ma guérison fut achevée en actions de grâces.

Dès que mon oncle put venir vers nous, je lui fis signe de loin que la Sainte Vierge nous avait exaucés. Dans mon transport, et sans m'en apercevoir, je me mis à parler tout haut, oubliant la sainteté du lieu. Il nous emmena dans la sacristie, je racontai ce qui s'était passé, et le R. P. Supérieur des Missionnaires, qui était présent, nous promit de faire inscrire cette grâce dans les Annales de N.-D. de la Salette.

Cependant l'heure fixée approchait, nos guides nous attendaient : il fallait songer au départ. Mais comment partir si tôt, après une faveur si grande !... On se mit à table précipitamment, et, à la grande surprise des pèlerins, je mangeai de tout ce qui nous fut servi. Je courus ensuite dire un nouveau merci à la Bonne Mère au lieu béni de son Assomption. A ses pieds je sanglottai de bonheur et de reconnaissance. Je ne voulais plus la quitter... Il fallut que mon oncle vint me prendre par la main et me promettre un second pèlerinage, spécialement destiné à l'action de grâces.

Je m'installai facilement sur ma paisible monture, sans avoir besoin, cette fois, d'y être attachée, au grand étonnement du guide qui m'avait amenée si malade.

Dès que la modeste caravane fut en marche, mon oncle entonna le *Magnificat,* et, les yeux tournés vers la statue de l'Assomption, nous descendîmes lentement, et comme à regret, les pentes abruptes de la montagne.

On devine les joies du retour. Le temps était superbe. Le soleil levant dorait les cimes des monts qui nous environnaient, tandis que l'obscurité régnait encore au fond des vallées. Le trajet fut le même que pour venir, si ce n'est que la fatigue et l'inquiétude faisaient place à la reconnaissance et à une sainte joie. A Grenoble, mon oncle fit servir un dîner magnifique : car il fallait, disait-il, fêter ma guérison. Personne ne fit plus d'honneur au repas que moi ; ce qui réjouissait beaucoup mon oncle. Paul nous faisait entendre les réflexions les plus inattendues, celle-ci par exemple : « C'est le cas de dire : on dirait qu'il y a quinze jours que tu n'as pas mangé. »

La caravane rentra heureuse à Chambéry où la nouvelle de ma guérison, en se répandant rapidement, fit bénir et glorifier N.-D. de la Salette, et valut des félicitations à mon oncle.

CHAPITRE XI.

**Comment le bon chanoine aima le pape,
réédita un ouvrage sur l'Eucharistie, et quelle fut
sa joie d'introduire Alice dans la Vie religieuse.**

Tous les bons prêtres aiment la sainte Eglise et, par une conséquence naturelle, sont dévoués au pape ; car, suivant la belle expression de saint François de Sales, « l'Eglise et le pape c'est tout un ». Mais il y a des degrés dans cet amour et dans ce dévouement, selon qu'ils se révèlent avec plus ou moins d'intensité par les paroles et par les actes.

L'abbé Varet aimait le pape ; on le comprenait à l'accent ému et respectueux dont il en parlait, et nous avons vu par ses lettres le bonheur et la piété qu'il ressentait aux pieds de Pie IX et de Léon XIII. Son indignation au sujet de leurs persécuteurs débordait, elle touchait ceux qui en étaient les témoins. Il ne pouvait comprendre que certains catholiques de France n'eussent point honte de se défier des conseils donnés par Léon XIII en vue de sauver cette Fille aînée de l'Eglise, cette nation tant aimée par l'auguste Vieillard du Vatican.

Mais ce fut surtout par ses actes qu'il montra sa fidèle dévotion envers le Pontife-Roi. Il recommandait et faisait lui-même des pratiques de piété, pour obtenir et le secours du ciel sur la personne du pape et le triomphe de la papauté. Il était l'un des zélateurs les plus généreux comme des plus fidèles du Denier de Saint-Pierre. Chaque fois qu'une démonstration publique ou quelque jubilé se préparait dans l'Eglise en l'honneur du pape, on était sûr de le trouver au nombre des plus fervents promoteurs, et il y contribuait de sa bourse plus encore que de sa parole.

Aussi bien, le 26 octobre 1888, le pape Léon XIII, en considération des dons offerts et envoyés directement par notre chanoine à l'occasion des fêtes du Jubilé sacerdotal de Sa Sainteté, daigna-t-il lui décerner la croix dite *pro Ecclesia et Pontifice*, créée par Bref du 17 juillet précédent « pour décorer la poitrine de ceux qui seraient reconnus mériter cet honneur [1] ».

Cette même année et la suivante, le bon chanoine consacrait ses rares loisirs à préparer la troisième édition d'un ouvrage de son oncle : *L'Evangile de l'Eucharistie.*

Une paroissienne de la cathédrale de Sens, émerveillée de la beauté des instructions familières de son curé sur la vie de Notre-Seigneur dans l'Eucharistie (1861-1862), avait eu le talent et l'adresse de les mettre assez fidèlement par écrit. Elle les publia avec la permission du prédicateur; ce fut la première édition.

Dans la seconde, le prédicateur devenu vicaire

---

1. « ... *Hujusmodi honoris signo... merentium pectus sinistro latere decorari concedimus.* » — Par une heureuse inspiration, cette médaille du Jubilé a été déposée, après la mort du chanoine, aux pieds de N.-D. de Myans, avec les décorations de Mgr Pichenot, c. à. d. les palmes d'officier de l'Instruction publique et la croix de la Légion d'honneur.

général, avait consenti à reviser l'œuvre primitive ;
mais, après l'impression du volume, et devenu évêque, il avait constaté que de nombreuses fautes s'y
étaient glissées par suite de sa très mauvaise écriture. Il s'était dès lors occupé à retoucher son œuvre en y faisant de nombreuses additions. La mort
l'avait empêché de faire réimprimer l'ouvrage.

Le chanoine Varet recueillit pieusement les
notes de son oncle ; mais il lui fallut du temps et
beaucoup de patience pour deviner le contenu de
ces pages d'une écriture très serrée et presque il-
lisible. A la vérité, du vivant de Mgr Pichenot, il
avait transcrit plus d'une fois les travaux du prélat, mais avec la ressource de pouvoir le consulter
quand un mot l'embarrassait. Ce secours, il ne
l'avait plus. Enfin cette tâche difficile, à tout instant interrompue par les œuvres de zèle du chanoine, prit fin en 1890, année où la nouvelle édition parut.

Elle est précédée, comme l'on sait, d'une *Notice
sur Mgr Pichenot*. Cette biographie, d'une trentaine de pages, a pour auteur le chanoine Varet.
Destinée aux membres de la *Société des prêtres
serviteurs de Jésus au Saint-Sacrement*, elle considère spécialement, dans Mgr Pichenot, sa dévotion à l'Eucharistie dont il fut l'apôtre.

Ces pages sont d'une grande simplicité. On voit
que leur auteur avait adopté le sentiment de son
oncle : « Je n'ai que de légères aspirations pour le
style académique, et je n'ambitionne que bien
secondairement la réputation d'écrivain. Avant

tout je suis prêtre, et je veux rester fidèle à mon caractère et à mes convictions, en prêchant Jésus crucifié et présent sur nos autels. Il est dans mes désirs, autant que dans mon devoir, de chercher avant tout à faire un peu de bien, sans me préoccuper autrement des vains applaudissements des hommes de la littérature et de la science. »

Cependant le chanoine Varet ne perdait point de vue les intérêts d'Alice. Il avait toujours désiré pour sa nièce la grâce de la vocation religieuse. Grande fut donc sa joie, lorsqu'au retour de la Salette, Alice lui révéla qu'elle avait promis à sa bonne Mère du ciel d'entrer dans un couvent.

Le choix de la jeune fille fut bien vite fait et plus vite encore approuvé par son oncle. Elle porta ses vues sur la Congrégation des Sœurs de Saint-Joseph, qui lui étaient spécialement chères depuis qu'elle suivait les cours de leur pensionnat.

Mais la sainte Eglise recommande aux Supérieurs d'Instituts religieux une grande prudence dans l'admission des sujets. Fidèle à cette sage direction, le Conseil des Sœurs de St-Joseph, encore incertain du caractère sérieux de la guérison de l'aspirante, demanda l'épreuve du temps ; et Alice fit encore une année d'études au pensionnat.

Ce terme écoulé et l'admission de la jeune fille étant décidée, il ne fallait plus que le consentement officiel de son tuteur.

Celui-ci ne le fit pas attendre. Il alla au couvent, et, en présence de la R^{de} Mère supérieure : « Chère enfant, dit-il à sa nièce, c'est moi qui ai eu le bonheur de te faire entrer dans la vie chrétienne par le sacrement de baptême ; je suis heureux de t'introduire aussi dans la vie religieuse, et je t'apporte mon consentement. »

Le bon chanoine voulut être jusqu'au bout un tuteur aimable. A la fin d'août 1890, il fit faire à la jeune fille une dernière visite à son pays d'enfance.

« Ma nièce devant entrer au noviciat des Sœurs de Saint-Joseph le 8 septembre, écrit-il au Prieur d'Hautecombe, j'ai tenu, en ma qualité de tuteur, à la conduire une dernière fois sur la tombe de ses parents, près d'Auxerre [1]. »

Au retour, il lui procura le pèlerinage de Paray-le-Monial, où la journée du vendredi 5 septembre fut entièrement passée en dévotions au Sacré-Cœur.

Vint enfin le jour où il fallait dire adieu à tout ce qui lui restait de plus cher ; à son frère et à son oncle, pour ne plus appartenir qu'à Dieu seul. Cette séparation, bien que tempérée par la proximité du couvent, ne se fit pas sans quelque déchirement de cœur, comme le laisse entrevoir M. le Chanoine, dans ces simples lignes : « Le 8, j'ai accompagné la chère enfant au noviciat de Bellecombette : Que de larmes elle a versées ! Et pourtant elle entre librement, elle a une bonne vocation. Je la recommande à vos prières, cher et bon Père, afin qu'elle ne se décourage pas [2]. »

L'épreuve préparatoire, en effet, fut satisfaisante, et trois mois après le bon chanoine avait la

1. Lettre du 10 septembre 1890. — 2. Même lettre.

joie d'assister à la prise de voile de celle qu'il considérait comme ayant déjà un pied dans le séjour des anges.

Invité à faire le discours de circonstance, l'humble prêtre, contre son habitude, déclina cet honneur ou cette charge, prétextant l'émotion trop grande que lui causerait la cérémonie. Il proposa de faire venir l'abbé Clouzard, ancien curé de Cravant, un ami de la famille, qui, disait-il, s'en tirerait mieux que lui.

Invité, le vénérable ecclésiastique accepta, mais l'avant-veille l'abbé Varet apprenait que son ami, assez souffrant, était hors d'état de tenir sa promesse.

Que faire dans cette extrémité ?

Malgré son émotion et le peu de temps de préparation qui lui restait, le bon chanoine dut prendre la parole, en présence de Mgr Leuillieux :

Prenant pour texte cette parole du prophète Osée : « *Sponsabo te mihi in justitia, in misericordia, in fide :* Je ferai avec vous une alliance de justice, de miséricorde, de fidélité », il démontra que la vie religieuse — dont la prise d'habit est le premier pas et dont la profession est le couronnement, — c'est l'alliance de l'âme avec Dieu, alliance proposée par Dieu lui-même.

Quelques autres postulantes prenant aussi le voile en ce jour, l'allocution devait se tenir dans les généralités. Il y eut néanmoins une allusion délicate aux premières années si éprouvées de la jeune Alice. « ... Oui, s'écria l'orateur, la miséricorde divine a fait servir toutes choses à ses desseins. Elle vous a transplantées d'une terré dans une autre terre ; d'une patrie dans une autre patrie. Elle a brisé votre enfance en vous faisant assister de bonne heure aux douloureux spectacles de la vie. C'est la miséricorde de Dieu qui vous tenait comme par la main, lorsque votre père et votre mère expiraient sous vos yeux. Tout a concouru à cette vocation : et la maladie et la guérison, et les séparations et les joies, et le bonheur et l'adversité : et cela, pour asssurer votre bonheur éternel...

« Peut-être, chères enfants, — je puis bien, encore une fois, vous appeler ainsi, — peut-être vos parents n'assistent pas tous à cette cérémonie. Ceux qui sont éloignés s'y trouvent par la pensée, et ceux qui sont au ciel vous contemplent avec amour ; ils triomphent de votre consécration au Seigneur, et ils le remercient de les avoir enlevés de ce monde. S'ils eûssent vécu, en effet, qui sait si aujourd'hui vous seriez les fiancées de Jésus-Christ?... »

Le sympathique orateur fut compris, comme le prouvèrent les larmes d'attendrissement que l'on vit couler de toutes parts dans ce religieux auditoire.

Comme l'on sait, quiconque entre en religion, pour dépouiller le vieil homme et revêtir le nouveau, quitte non seulement l'habit, mais aussi les noms qu'il portait dans le monde. Alice Varet prit les noms de sa mère *Marie* et de sa grand' mère *Louise*, avec mention de la dévotion la plus

chère à son oncle et à son grand' oncle : celle *du
Saint-Sacrement.*

En ce jour, à la grande satisfaction du chanoine, toutes les promesses faites à N.-D. de la
Salette pour obtenir le miracle de la guérison se
trouvaient, moins une, fidèlement remplies. Cette
faveur extraordinaire avait été publiée par la voie
de la presse. Le cordon de l'aspirante était de-
meuré à la basilique de la sainte montagne. Enfin la miraculée venait d'accomplir son entrée en
religion. Il ne restait plus qu'à graver sur le
marbre, à la Salette, le témoignage perpétuel de
reconnaissance pour les bienfaits reçus. Le chanoine Varet s'empressa d'acquitter cette dette sacrée. Depuis lors on peut lire, dans la chapelle de
l'Immaculée, cette inscription :

GRACE DE GUÉRISON

ALICE VARET : 12 SEPTEMBRE 1889 ;

EN RELIGION

SŒUR MARIE-LOUISE DU SAINT-SACREMENT.

GRACE DE VOCATION

8 SEPTEMBRE 1890

AMOUR ET RECONNAISSANCE A N.-D. DE LA SALETTE !

Plus tard le bon chanoine eut une joie bien
plus douce encore, celle de voir sa nièce prénon-
cer ses vœux de religion.

A partir de ce jour, il doubla ses offrandes aux
bonnes œuvres et multiplia ses aumônes déjà si
abondantes. Comme sa nièce lui en demandait la
raison : « Mon enfant, lui répondit-il, je le fais,
en actions de grâces de ta profession religieuse. »

CHAPITRE XII.

Comment il fut nommé Confesseur
dans quelques communautés de Religieuses
et comment il dirigea l'Œuvre de Sainte-Marthe.

GRACE au florissant clergé du diocèse, Mgr Leuil-lieux avait pu, pendant plusieurs années, donner à chacune des communautés de religieuses de la ville un aumônier spécial, libre de toute autre fonction. Mais la mort ayant fait du vide parmi les anciens, l'archevêque dut, pour les remplacer, faire appel à des dignitaires ecclésiastiques. Il trouva de suite M. le chanoine Varet, toujours prêt partout où il y avait à se dévouer.

C'est ainsi que le chanoine fut, le 1er février 1891, nommé confesseur extraordinaire des religieuses de la Visitation, c'est-à-dire chargé d'entendre leurs confessions au moins quatre fois l'an ; les autres jours de confession étant du ressort du confesseur ordinaire.

Dès le 1er mai 1892, il était déjà confesseur auxiliaire des Carmélites, et en même temps, comme il l'écrit lui-même, « leur *prêcheur* ordinaire [1] ». Mais ce ne fut que le 10 janvier 1893, qu'il reçut officiellement le titre de confesseur en titre du Carmel.

[1]. Lettre au Prieur d'Hautecombe, 20 juin 1892.

Son rôle dans le service spirituel de cette communauté, était uniquement d'entendre les confessions des religieuses tous les huit jours. Mais pour obliger le chapelain, il le remplaçait très souvent pour célébrer la messe, faire le sermon, et donner le Salut du Saint-Sacrement.

On sait que les aumôniers ou les confesseurs n'ont aucune participation aux questions du temporel ou du personnel des couvents qu'ils desservent.

Enfin le 20 août 1895 il fut, en outre, nommé confesseur des religieuses du Bon-Pasteur. Mais la mort, comme nous le verrons, ne lui laissa pas le temps d'inaugurer son ministère dans cette communauté.

C'était surtout dans les maisons religieuses de la ville qu'il distribuait plus volontiers le pain de la parole divine; car les aumôniers ou chapelains aimaient à l'inviter. C'était là aussi qu'étant le mieux compris, il était le plus goûté. Une sœur de Saint-Joseph lui consacre ces lignes, qu'une sincère et pieuse reconnaissance lui a dictées.

« La parole onctueuse du chanoine Varet, mise au service d'une piété communicative, captivait son auditoire au point de lui faire oublier le temps.

« On sentait qu'à force de goûter Dieu, de savourer Dieu, d'en faire l'ami et le confident de son cœur, il était devenu une même chose avec lui.

« Il nous semblait, en l'écoutant, que la sainteté n'avait plus ni difficultés, ni secrets. M. le chanoine Varet ramenait tout à l'amour de Dieu, et

qui a l'amour de Dieu a tout. « Le sacrifice, di_
sait-il souvent, n'a pas plus tôt mis l'amour sous
le joug du devoir, que le devoir, à son tour, se
place sur les ailes de l'amour et devient facile jusques dans ses plus grands efforts. »

« Mais c'est surtout vers le Tabernacle qu'allaient ses pensées les plus chères ; c'est à l'autel
qu'il aimait à convier les âmes ; c'est de l'Hostie
Sacrée qu'il avait soif de les entretenir.

« Une intimité habituelle avec le Dieu de l'Eucharistie lui donnait des accents enflammés qui
pénétraient les cœurs et leur imprimaient un élan
surnaturel. Nous n'oublierons pas les ravissantes
instructions qu'il faisait à notre Noviciat de Bellecombette, les jours d'Adoration perpétuelle du
Saint-Sacrement. Il nous semble encore l'entendre nous parlant du Saint Ciboire, et de l'adorable Trésor qu'il renferme.

« Mes sœurs, disait-il, le prêtre vient d'ouvrir
le Tabernacle ; vous pouvez regarder les hosties
divines et vous dire : *Il y en a une à mon adresse !*
Et cette adresse personnelle, qui donc l'a écrite,
sinon l'amour de Jésus qui brûle de se donner et
de s'unir aux âmes ?

« Et sans nous en rendre compte, nous sentions
que ces paroles ardentes n'étaient pas seulement
l'écho de quelques sentiments, souvent naturels
à un cœur généreux comme le sien. Non, — et
c'était ce qui nous touchait davantage ; — cette
âme toute frémissante auprès de Jésus qu'elle
adorait, qu'elle respirait, cette âme qui semblait

toute perdue dans une atmosphère divine, ne bornait pas son amour à des paroles.

« Sa bienveillance était sans bornes et sa charité à toute épreuve. Notre communauté en a fait souvent l'heureuse expérience... nous avons eu plus d'une fois le bonheur de l'entendre prêcher des cérémonies de vêture et de profession. Toujours nous avons été frappées de la haute estime que cette âme toute sacerdotale faisait de la vocation religieuse ; nous n'admirions pas moins l'énergie avec laquelle il plaidait les intérêts de Jésus-Christ, de l'Eglise et des âmes. »

En même temps que le saint chanoine dirigeait ou instruisait les âmes religieuses, il s'occupait aussi de l'Œuvre si utile et si populaire de Sainte-Marthe, dont il était le directeur depuis l'année 1878. Nous avons dit ailleurs l'origine de cette œuvre et comment le chanoine en avait été chargé. Depuis lors il n'a cessé de mettre tout son dévouement à procurer des places aux personnes de service, et à sauvegarder les intérêts spirituels de celles qu'il avait placées.

Par la dignité de son maintien, par sa modestie vraiment sacerdotale, par sa parole convaincue et pleine d'onction, il avait promptement acquis leur confiance, et aux jours de réunion mensuelle elles accouraient nombreuses à la salle du couvent de Saint-Joseph où, comme nous l'avons dit, avaient lieu les conférences.

Ses instructions roulaient principalement sur leurs devoirs d'état. Il leur recommandait le dévouement, la patience, le bon emploi du temps : développant sous toutes les formes cette parole de l'Apôtre saint Pierre aux gens de service : « Serviteurs, soyez respectueusement soumis à vos maîtres, non seulement s'ils sont bons et convenables, mais encore s'ils sont difficiles. »

Il les prémunissait contre le respect humain. Dans la réunion de février 1883, après avoir défini et flétri ce vice détestable, il établissait que le respect humain est très fréquent, même parmi les personnes de leur condition. — « Une fille ne rougira pas de ses maîtres, de sa famille, mais elle rougira de Dieu... Ne savez-vous pas qu'il y a dans l'Evangile une menace terrible pour ceux qui auront rougi de Notre-Seigneur devant le monde ? Il rougira d'eux devant son Père céleste. Une fille n'osera pas faire le signe de la croix avant et après son repas, à cause des autres personnes, et les autres personnes craindront de le faire à cause d'elle. Une fille qui aura de la foi craindra de saluer une croix, de se mettre à genoux quand on porte le bon Dieu à un malade... Elle a peur : et si on lui demandait de quoi elle a peur, elle serait embarrassée pour le dire. »

Et pour montrer à ces braves domestiques combien il est honorable de vaincre un ennemi aussi lâche que le respect humain, il leur citait des exemples pris dans le milieu où elles vivaient.

« Un jour, leur disait-il, une bonne promenait les enfants de ses maîtres en compagnie de ceux-ci. C'était sur la place Saint-Léger, un dimanche, au moment de la musique. Elle vint à perdre son chapelet, un petit chapelet sans valeur. Un des soldats qui se trouvaient là le ramassa, et d'un air moqueur : « A qui le chapelet ? demanda-t-il à haute voix, à qui la dévotion ? » Ceux qui l'entouraient plaisantaient à qui mieux mieux. La bonne voit et entend cela : mais sans s'émouvoir, elle traverse la foule, et tendant la main elle crie : « Ce chapelet est à moi ; il n'y a pas de quoi vous moquer, messieurs ; je vous prie de me le rendre.» On fut étonné de son courage, on cessa de rire. La dignité et la valeur de cette fille avaient édifié, et ceux qui paraissaient si hardis devinrent tout rouges de confusion. »

Ce n'était pas seulement par la parole que M. Varet encourageait ces pauvres filles dans le bien et les dirigeait dans la voie de l'honneur et du salut. Le bon chanoine avait parfois son bureau tout couvert des lettres que certaines domestiques, empêchées de sortir, ou placées hors de la ville, lui écrivaient pour lui confier leurs peines et recevoir sa direction spirituelle. Il répondait à toutes, les consolant, leur donnant de salutaires conseils, leur recommandant surtout la prière, une prière courte pour ne pas nuire aux travaux du ménage, mais souvent répétée, pour soutenir l'âme au milieu des dangers.

Sa bonté, son aménité, sa douceur dans cet humble et difficile apostolat resteront légendaires : mais il savait, au besoin, y joindre la fermeté. Il avait placé une domestique dans une maison dont il voyait assez souvent le maître. Un jour qu'il y entrait pour lui faire sa visite, il rencontra la pauvre fille très souffrante d'une fluxion à la tête. « Comment! lui dit-il, vous êtes à votre cuisine dans cet état? — Il le faut bien, reprend la cuisinière, mes maîtres ne trouvent pas, eux, que je sois malade. — Eh bien ! mon enfant, vous quitterez cette maison et le plus tôt possible. » Indigné de la dureté des maîtres, il sortit et ne revit plus cette famille.

Inutile de dire qu'avec sa charité, — cette vraie charité qui n'est point soupçonneuse, — le chanoine Varet s'est laissé plus d'une fois tromper par des références mensongères. On sait, en effet, combien facilement on peut, de nos jours surtout, être dupé par des intrigants, qui ne reculent devant aucun artifice pour arriver à leurs fins. Quoi d'étonnant dès lors, s'il a recommandé à son tour des personnes de service qui n'étaient point du tout recommandables ! Mais pour trois fois que le bon prêtre s'est trompé, il lui est arrivé trente fois peut-être de procurer à de bonnes maisons des domestiques sans reproche.

Le chanoine Varet était devenu, à la fin, le confesseur ou le directeur spirituel de presque toute la domesticité de Chambéry.

Grâce à la haute bienveillance de Mgr Hautin, il eut la consolation de donner à l'Œuvre de Sainte-Marthe un nouvel essor, en la confiant à deux Sœurs de l'Immaculée-Conception de Ruffieux.

Nous ne saurions clore ce chapitre sans parler

de deux autres ministères dont il a été chargé pendant sept ou huit ans, et en partie sous Mgr Pichenot.

Depuis mars 1875 jusqu'en octobre 1882, M. le chanoine a rempli les fonctions d'aumônier auprès des élèves du premier Externat des Sœurs de Saint-Joseph. Il entendait leurs confessions dans la chapelle de la communauté et leur faisait, une fois la semaine, un catéchisme de persévérance dont il corrigeait lui-même les rédactions. Inutile de dire qu'il remplit cette mission de zèle et de dévouement avec la bonté, la piété, le désintéressement qui l'ont toujours caractérisé. Aussi les enfants, les parents et les maîtresses en gardent aujourd'hui encore le plus reconnaissant souvenir.

A la même époque il fut nommé directeur de l'Association de la Sainte-Famille, dont le but est la persévérance des jeunes filles, employées de magasins, lingères, repasseuses, tailleuses, et autres anciennes élèves des Ecoles payantes et gratuites dirigées par les Sœurs de Saint-Joseph. Une de ses lettres nous le montre dans l'exercice de ces fonctions. C'était pendant le jubilé que Léon XIII avait accordé au monde catholique à l'occasion de son avènement. : « Ce jubilé, écrivait notre chanoine, nous donne un surcroît d'occupations. Il y a des sermons, des réunions plus que d'habitude. Pour ma part, j'ai des réunions de couturières et de repasseuses ; elles sont plus de cent vingt. J'ai aussi la réunion des cuisinières, et celle-là est la plus difficile à effectuer. Enfin Dieu aidant, tout va bien. Du reste c'est pour sa plus grande gloire [1]. »

A cette époque comme aujourd'hui, les réunions de l'Association de la Sainte-Famille avaient lieu, en temps ordinaire, dans la grande salle de l'Asile les troisièmes dimanches du mois. Le Patronage de Saint-Joseph était leur fête patronale ; elles la célébraient dans la chapelle du couvent. Sur sa demande, le Chanoine fut remplacé dans cette charge en 1883 par M. le chanoine Mareschal, curé de la Métropole. Mais l'activité du saint prêtre ne devait nullement en souffrir, grâce à d'autres fonctions qu'il allait garder toute sa vie. Il suffira de les énumérer ici.

Il était Maître des cérémonies dès l'année 1881.

Il était, depuis le mois de novembre 1882, secrétaire du chapitre métropolitain. Sans doute cette charge devait lui laisser des loisirs assez longs : mais à certains jours c'était une préoccupation de plus.

Il était nommé en 1891, Grand Pénitencier du diocèse.

Enfin le 24 mai 1895, il devenait membre du Conseil de Fabrique de la Basilique métropolitaine.

1. Lettre du 15 mars 1879.

CHAPITRE XIII.

Comment le chanoine Varet fut jusqu'à la fin l'homme du devoir et des convenances, l'ami d'Hautecombe et l'intelligent soutien de Paul, son pupille.

L'ABBÉ Varet fut jusqu'à la fin l'homme du devoir. Il était chanoine avant tout, et il n'entreprenait rien, ne promettait rien, avant de s'être assuré que le service du chœur n'aurait pas à en souffrir. Les circonstances les plus solennelles ne faisaient pas toujours exception à cette règle.

Le saint prêtre avait la pieuse nostalgie du pays de Notre-Seigneur. Il désirait depuis longtemps voir et vénérer les lieux où s'étaient passées les scènes évangéliques : Bethléem, Nazareth, le Cénacle, le Calvaire. D'anciens pèlerins de Terre-Sainte lui en avaient parlé souvent. Leurs récits, en édifiant son âme, accéléraient les aspirations de son cœur. En 1893, apprenant qu'on devait célébrer à Jérusalem un congrès eucharistique, ses pieux désirs lui revinrent plus ardents que jamais, et son plan fut tout à fait arrêté. Il parlait avec enthousiasme du bonheur qu'il allait avoir, lorsque divers motifs, bien faibles par eux-mêmes, mais sérieux aux yeux de son zèle prompt à se dévouer pour les autres, lui firent héroïquement abandonner son projet. Quels étaient donc ces empêchements ?

Il les énumère dans la lettre suivante à un de ses amis, qui déjà se réjouissait de l'avoir pour compagnon de voyage : « Je me proposais de vous écrire, précisément pour parler de Jérusalem. J'avais déjà écrit à Paris pour retenir un billet : puis la mort du chanoine Charbonnier est venue m'arrêter. Nous ne restons que trois valides, et nous avons deux messes à dire chaque jour, comme chapitre : une pour les bienfaiteurs et une pour les défunts de la ville. D'ailleurs, Monseigneur ne se soucie pas de me voir partir, surtout à cause des dimanches et des fêtes : car c'est le Chapitre qui est chargé de la grand' messe paroissiale et des Vêpres. Et puis, Monseigneur ne va pas mieux : et je n'ose insister. De plus, j'ai les confessions du Carmel tous les mardis, et la Mère Prieure avec son conseil m'a écrit que *la volonté de Dieu était que je restâsse à Chambéry*. Comment trouvez-vous cela ? Et l'on ajoute que c'est *après avoir consulté le Seigneur*, que l'on m'écrit. Bref, je n'irai pas à Jérusalem cette année. »

Le bon chanoine ne partit pas ; il se contenta d'envier le bonheur qu'allait avoir son ami « de visiter le pays de Notre-Seigneur, de la Sainte-Vierge et des Apôtres ! [1] »

L'homme du devoir était en même temps l'homme des convenances. Plein de délicatesse à l'égard des personnes les plus humbles, il l'était bien

1. Lettre du 12 mars 1893.

plus encore vis-à-vis de ses supérieurs ecclésiastiques. Dès qu'il connut la préconisation de S. G. Mgr Hautin pour l'archevêché de Chambéry, il n'attendit pas l'arrivée du nouveau prélat pour lui présenter ses devoirs.

Appelé en Bourgogne par les affaires temporelles de ses deux pupilles, notre chanoine se trouvait en visite chez les Pères de Saint-Edme, à Pontigny [1]. C'est de là qu'il écrivit à Mgr Hautin, encore à Evreux, la lettre suivante, que nous donnons en entier. On y trouve, exprimé simplement et en peu de mots, ce qui peut consoler le cœur d'un évêque obligé de quitter une Eglise aimée, et l'encourager à prendre avec confiance possession d'une autre qu'il ne connaît pas encore.

« Pontigny (Yonne), 28 juillet.

« Monseigneur, je suis un des trois chanoines de votre Eglise métropolitaine de Chambéry : et avant mon départ pour Sens, diocèse où je suis né, mes collègues avaient exprimé le désir d'adresser à Votre Grandeur une lettre collective pour Lui offrir nos très respectueux hommages. Je pense qu'ils ont réalisé leur projet. Je viens, à mon tour, Monseigneur, déposer aux pieds de Votre Grandeur mes sentiments de filiale vénération.

« J'ai été amené en Savoie par Mgr Pichenot il y a vingt ans ; avant de mourir il m'a fait chanoine, et la Savoie est devenue ma patrie adoptive.

---

1. Pontigny est une vieille abbaye cistercienne, fameuse par sa splendide et vaste église merveilleusement conservée, et par l'hospitalité qu'y reçut saint Thomas Becket, persécuté par le roi d'Angleterre.

« Votre Grandeur trouvera à Chambéry de nombreux éléments pour le bien, des populations avides d'entendre la parole de leur Archevêque, des familles patriarcales, des prêtres sans prétention et respectueux de l'autorité. Cela dédommagera Votre Grandeur des sacrifices qu'Elle va faire en quittant l'Eglise d'Evreux.

« Les Communautés de votre ville archiépiscopale sont florissantes. Les Carmélites, dont je suis le confesseur, m'avaient prié de demander à Votre Grandeur une bénédiction toute particulière. Depuis le jour où elles ont appris que Votre Grandeur avait été désignée pour le siège de Chambéry, elles ont fait tous les jours, à tour de rôle, la sainte Communion pour leur nouvel archevêque.

« Je vous prie, Monseigneur, de daigner bénir le plus humble et le plus soumis de vos prêtres.

« L. VARET, chanoine. »

Dans sa modestie, le bon chanoine néglige de se présenter comme parent de feu Mgr Pichenot ;

mais son zèle pour les communautés religieuses le porte à les recommander sans retard à leur nouveau Pasteur et Supérieur.

Le chanoine Varet avait une haute idée des anciens Ordres réguliers, et il aimait les religieux. Combien de fois, dans ses lettres à sa mère, ne parle-t-il pas d'un Père Hilarion, un bon vieillard octogénaire du couvent des Capucins de Chambéry ? Tantôt il l'a vu à un enterrement, avec ses pieds nus, violacés par le froid de l'hiver [1] ; tantôt il lui a demandé comment il faisait pour vivre si longtemps avec une santé si florissante, et il en a reçu cette réponse : « Je mange des pommes de terre et je bois de l'eau claire [2]. » C'est parmi les Pères Capucins de Chambéry qu'il avait choisi son confesseur et le directeur éclairé de son âme, et sa présence dans le couvent était toujours regardée comme une bénédiction par les Fils de Saint-François, qui ne se lassaient pas d'admirer sa modestie et la douce gravité de son maintien.

Il affectionnait particulèrement l'abbaye d'Hautecombe.

« Hautecombe ! toujours Hautecombe! » diront peut-être quelques lecteurs. Mais pourquoi pas, s'il est démontré que ce monastère, pendant plus de vingt ans, a occupé une grande place dans les affections de M. le chanoine Varet?

Or, il en est ainsi. Nous l'avons déjà constaté par plusieurs de ses propres témoignages ; et par délicatesse nous nous serions gardé d'y revenir,

1. Lettre sans date. — 2. Autre lettre sans date.

si sa correspondance ne nous y ramenait. Au point où nous en sommes de sa vie, ses lettres se font de plus en plus rares. Nous devons les prendre là où elles se trouvent et telles qu'elles sont. Elles se trouvent précisément à Hautecombe et s'entretiennent de cette abbaye qui avait le don de lui plaire. Qu'on en juge par les fragments suivants : « Pour moi, Hautecombe est le bonheur dans la solitude, *solitudo beata* [1]. »

« Je vous ferai ma visite, car j'aime Hautecombe [2]. »

« Vive Hautecombe ! Là on trouve des visages amis et des cœurs affectueux [3]. »

Ne pouvant se rendre à une invitation pour la Fête-Dieu d'Hautecombe, qui était pour lui un jour du ciel passé sur la terre, il écrit : « Je suis si affectionné à Hautecombe, que je fais un vrai sacrifice de ne point partir... Cher Père, si l'an prochain vous n'avez personne pour la Fête-Dieu, je m'invite d'avance [4]. »

« Je suis heureux d'aller à Hautecombe pour la saint Bernard, votre fête de famille, et de jouir tout à mon aise de vos chants cisterciens [5]. »

Invité à prêcher à Hautecombe le pèlerinage de Notre-Dame des Vignes, auquel prenaient part les paroisses environnantes, et à présider nos cérémonies de la Fête-Dieu [6] : « J'accepte avec une grande joie, répondit-il, d'aller à ce cher Hautecombe : je dirai même que vous me faites *une gâterie*. »

<hr>

1. Lettre du 10 septembre 1890. — 2. Du 16 mai 1891. — 3. Du 1ᵉʳ juin 1892. — 4. Du 20 juin 1892. — 5. Du 12 août 1892. — 6. De 1893.

« Je me réjouis de passer vingt-quatre heures chez vous en allant à Lucey : *Lœtatus sum in his quæ dicta sunt mihi : in domum* ALTÆ-CUMBÆ *ibimus.* »

« J'aime tant Hautecombe et ses religieux que je saisis toute occasion pour m'y rendre [1]. »

« J'irai, le lundi soir 21, demander au bon Père S... l'hospitalité et la faveur de me recueillir un peu dans cette chère solitude [2]. »

« Demain je prêche une vêture de douze novices à Saint-Joseph, et lundi une profession au Carmel : sans cela je serais allé tout droit à votre fête de Jeanne d'Arc [3]. »

A Hautecombe, dès qu'on voyait arriver M. le chanoine Varet, tous les visages s'épanouissaient. Sa première question était celle-ci : « Avez-vous des malades ! Vous me permettrez bien de leur faire une visite ? » Et la visite non seulement avait lieu, mais elle se prolongeait sans fatigue, et se répétait chaque jour sans ennui, à la grande joie des infirmes qui s'en trouvaient soulagés.

Son plus grand bonheur était d'assister aux offices du chœur. Dès que tous les Pères étaient rendus à l'église, il y entrait sans bruit et sans se faire voir, son gros bréviaire doucement appliqué sur son cœur, et allait s'asseoir derrière les stalles des moines, écoutant leurs chants jusqu'à la fin de l'office sans se lasser jamais. Puis à la première rencontre du Prieur, il lui

1. Lettre du 24 juin 1894. — 2. Du 12 mai 1894. — 3. Du 23 juin 1894.

faisait part de son impression : le chant était toujours plus beau que la dernière fois.

Il était surtout assidu aux Complies cisterciennes qui, durant toute l'année, sont suivies du *Salve Regina* avec accompagnement d'orgue. Son âme pieuse raffollait de ce chant, d'ailleurs si plein d'expression.

Bientôt après, la communauté quitte l'église pour monter au dortoir. A ce moment, l'antique usage de l'Ordre veut que le Supérieur, s'arrêtant près de la porte, fasse l'aspersion de l'eau bénite sur chacun de ses religieux qui défilent devant lui. Le bon chanoine ne manquait pas de se mettre à la suite des frères convers et de courber humblement la tête sous la main bénissante du Prieur.

Le grand silence de la nuit commençait. Il le savait : aussi se rendait-il silencieux à sa chambre à travers les corridors déserts. Il était suivi du Prieur qui, enveloppé dans sa blanche cuculle, lui faisait l'effet d'une mystérieuse apparition dans la demi-obscurité du cloître. Arrivés tous deux au sommet du grand escalier, au moment où le Prieur allait rentrer chez lui, M. Varet, qui avait sa chambre plus loin, se retournait ; les deux amis se faisaient une gracieuse inclination et se séparaient en silence. Le bon prêtre affectionnait beaucoup cette manière, aussi religieuse que simple, de se souhaiter l'un à l'autre une bonne et sainte nuit.

Dans la journée, en traversant le cloître, il souriait doucement et silencieusement aux religieux qu'il rencontrait. Un jour il observa un bon frère qui puisait de l'eau non sans quelque difficulté. Il en eut compassion ; et à peine rentré à Chambéry, il envoya un maître-plombier au monastère, avec ordre d'installer à ses frais une pompe neuve, à la place de l'ancienne qui avait fait son temps.

Il s'intéressait au plus petit des frères, et même à ceux qui ne l'étaient pas. Le couvent avait alors pour marmiton un petit homme noir et sale, serviteur à gages et assez borné. Cet ouvrier attirait particulièrement l'attention de M. le Chanoine, qui le félicitait de pouvoir ainsi laver ses écuelles à l'abri des dangers du monde. Un jour qu'il le rencontra dans les rues de Chambéry, il se laissa embrasser par lui et lui donna deux francs.

A l'époque où la *Savoyarde* était encore dans les ateliers de ses célèbres fondeurs MM. Paccard, le chanoine Varet voulut payer aux religieux d'Hautecombe le voyage d'Annecy, pour leur permettre de voir ce fameux don de la Savoie au Sacré-Cœur. Les Cisterciens acceptèrent, à la condition qu'il serait de la partie. Mais, au dernier moment, un service à rendre à une communauté de Chambéry se présenta, et le bon Chanoine lui sacrifia les agréments du voyage.

Une statue de N.-D. de Lourdes et quelques autres objets sont religieusement gardés à Hautecombe, comme autant de précieux souvenirs de l'excellent chanoine Varet.

Aux heures qui précédaient son départ de l'abbaye, il ne savait comment témoigner sa gratitude pour son délicieux séjour. A l'entendre, il avait trouvé l'édification qu'il était venu chercher : tandis qu'en réalité, c'était lui qui l'avait apportée aux religieux. Hautecombe était son oasis au milieu de ce monde. C'était la source d'eau rafraîchissante où son âme altérée aimait à venir étancher sa soif de méditation et d'amour de Dieu. — « Cette solitude parfaite, — redisait-il souvent au Prieur, — ce lac tranquille, ces montagnes gigantesques, ce cloître silencieux, ces chants si beaux..., comme tout cela, cher Père, me plaît et me fait du bien !... Je reviendrai !... Je reviendrai !... »

Le bonheur qu'il goûtait à Hautecombe, il ne manquait pas de le faire partager chaque année à son neveu Paul, le second de ses pupilles, lorsque l'intéressant séminariste venait passer chez lui ses grandes vacances.

Nous n'avons rien dit encore de ce jeune homme plein d'avenir qui, hélas ! ne devait pas longtemps survivre à son tuteur. Nous sommes heureux de le présenter ici dans un tableau vivant qu'une plume maîtresse a tracé de lui [1].

« L'abbé Paul Varet était une âme d'élite : doué d'une intelligence vive et pénétrante, servi par une grande ardeur au travail, il réussit dans tous les genres d'études auxquels il s'appliqua. Mais c'est surtout vers les sciences mathématiques que le portaient ses goûts et ses aptitudes. Il les cultivait sans cesse, jusque-là qu'il se relevait la nuit

[1]. *Semaine Relig. de Sens*, 23 mai 1896.

pour saisir au vol une solution soudainement aperçue. Il s'y donnait tout entier, sans oublier pourtant de les ramener à Dieu qui doit en être la fin comme il en est la source. Derrière la lettre morte des chiffres lui apparaissaient de lumineux horizons. Au cours de ces longues causeries qu'il aimait tant, il s'essayait, en de brillantes synthèses, à faire la philosophie des sciences. Déjà, dans son ardeur juvénile, il voyait venir le jour où, par un secret dessein de la Providence, ces sciences orgueilleuses, confondues dans leurs propres progrès, seraient forcées de s'incliner devant Dieu.

« Je ne sais qui, le premier, a répandu ce préjugé : qu'un mathématicien est un homme raide, au cœur séché par les théorèmes et qui tient tout entier dans une formule algébrique. Paul Varet, tout au contraire, n'avait rien de raide ni de froid ; aimable et gracieux, il savait être, en conversation, le plus séduisant causeur [1]. Demandez à ses amis s'ils ont jamais connu un cœur d'une délicatesse et d'un dévouement plus grands que le sien.

« Il suffisait de l'approcher pour apprécier en lui la franchise et l'abandon qui font les vrais amis. Sa gaieté vraie et communicative, jointe à l'originalité de son esprit, rendait sa société agréa-

---

1. Sa mémoire était meublée d'un riche répertoire d'anecdotes. Nous n'en citerons qu'une seule. Dans un compartiment de chemin de fer où il se trouvait, un homme de Chambéry dit à un étranger son voisin : — Vous voyez ce petit jeune homme du coin, qui regarde la campagne ? — Eh bien ? — C'est le neveu de Mgr Pichenot. — Quel âge a-t-il donc ? — Six à sept ans. — Comment ! il n'a que sept ans, et il est déjà neveu d'un archevêque !... *(Note de l'auteur.)*

ble autant que recherchée. C'était donc bien une âme faite pour attirer l'affection que celle de Paul Varet : une intelligence brillante, un cœur d'or et avec cela une confiance sans bornes.

« Outre ces belles qualités de l'esprit et du cœur, notre ami en possédait de plus fortes encore : c'était une foi forte et simple. S'il n'avait point cette piété sensible qui étonne les regards et attire l'attention, il avait au fond du cœur la piété naïve qu'y avait déposée sa mère. Il faisait part à Dieu de toutes ses entreprises et le remerciait de leur réussite. « Oh ! que j'étais content, disait-il un jour qu'il venait de trouver une solution longtemps cherchée, je me suis vite mis à genoux et j'ai dit un bon *Sub tuum* à la Sainte Vierge. » Nous avons conservé ce mot comme la fleur d'une âme naïve et reconnaissante. A cette foi d'enfant venait s'ajouter la plus grande pureté d'intention. Jamais il n'eût consenti à s'approcher du sanctuaire sans avoir la certitude que Dieu l'y appelait. De là naquirent des craintes et des doutes bien légitimes que Dieu devait voir favorablement, car ils étaient inspirés par son esprit de foi et par la délicatesse de ses sentiments, plutôt que par une répugnance ou un manque de générosité qu'il n'a jamais connus.

« C'est bien ce sentiment qu'on trouve exprimé dans une prière qu'il écrivait sur un souvenir de sa tonsure : « Mon Dieu, maintenant que vous m'avez choisi et que je vous ai choisi, faites que ce soit pour toujours. » Il est là tout entier, se défiant de lui-même et ne comptant que sur l'appui de Dieu. »

Tel était Paul Varet.

Lorsqu'après les durs labeurs d'une année scolaire bien remplie, il quittait la Bourgogne pour venir se réconforter deux ou trois mois à Chambéry, son oncle se faisait une joie de l'entourer de livres intéressants ; et le jeune homme, aux heures qui n'étaient point consacrées aux récréations ou à la promenade, se livrait passionnément à la lecture ou à l'étude. Pour lui les théorèmes, les démonstrations algébriques étaient des poèmes. Le chanoine l'avait abonné au *Cosmos* et à d'autres revues également scientifiques. C'était ses romans à lui. Le dévoué tuteur favorisait aussi son goût pour les controverses de la science ecclésiastique et pour la polémique du jour. Et comme il était d'ailleurs satisfait de sa conduite cléricale, il se promettait de le voir un jour prêtre, et un prêtre capable d'en former d'autres, qui deviendraient, comme lui, de braves champions des libertés de l'Eglise.

Mais des entraves manifestement suggérées par l'enfer devaient, sinon arrêter, du moins retarder et compromettre de si belles espérances.

Au mois de juin 1894, Paul, déjà promu aux Ordres mineurs, venait d'accomplir sa vingtième année. Il tombait dès lors sous le coup de l'injuste loi du 8 juillet 1889, en vertu de laquelle les élèves des séminaires doivent tous, même en temps de paix, aller à la caserne durant un an.

Loi impie, destructive de la liberté des cultes et de la liberté d'enseignement, fatale au recrutement du clergé et ruineuse pour l'influence française à l'étranger. C'est ce qui fut victorieusement démontré au Président de la République par S. E. le Cardinal de Reims.

L'abbé Paul Varet se voyait donc violemment arraché aux saintes délices du sanctuaire et à ses chères études. De concert avec son tuteur, il se préoccupa aussitôt d'atténuer les rigueurs de son malheureux sort. Il devança l'appel, pour avoir le droit de choisir lui-même son régiment, et il choisit le 97e de ligne qui se trouvait à Chambéry, afin d'être à proximité de son oncle.

Le triste sort de ces malheureux jeunes gens, — séminaristes, frères, religieux de tout ordre — traînés par la révolution dans une voie qui n'était point la leur, excitait la commisération du bon chanoine. Aussi s'efforçait-il de leur faire tout le bien possible, et il le faisait de bonne grâce, comme le prouve le ton du billet suivant à l'adresse de l'abbaye des rives du lac : « Je commence demain la retraite des soldats-Frères. Priez pour eux et pour leur pitoyable prédicateur, mais ami impitoyable d'Hautecombe et du Prieur [1]. »

Malgré sa dextérité, sa bonne humeur et son obéissance, le jeune Paul n'en eut pas moins sa part des mesquines vexations que certains subalternes, ou même quelques officiers supérieurs, se croient obligés de faire endurer aux séminaristes,

1. Lettre du 3 novembre 1892.

20*

pour mieux entrer sans doute dans l'esprit de la loi.

Le Chanoine en était douloureusement affecté. Pour soulager sa douleur, il exhalait parfois une plainte dans le cœur de ses amis, et réclamait leurs prières. « Mon soldat, écrivait-il quelques mois avant sa mort, est toujours très mécontent. Depuis huit jours il est à l'infirmerie pour une entorse. Je vous envoie le billet que je viens de recevoir de lui.»

Et dans cette confidence, écrite au simple crayon sur un chiffon, Paul disait à son oncle : « Mon bras va mieux, mais j'ai eu beau dire que le major m'avait autorisé à sortir en ville : rien n'y a fait, on me retient ; et me voilà, qui pis est, dans la salle des « blessés et vénériens », dans une compagnie des plus abominables. A mes côtés, deux types absolument pourris, et leurs lits à peine à cinquante centimètres du mien. Air infect, discours ignobles. J'aimerais mieux cent fois être en prison. Il y a loin de là à ce que je rêvais ce matin. Combien de temps cela durera-t-il encore ? »

Ce qu'il rêvait, le cher séminariste, c'était d'aller passer quelques heures délicieuses chez son oncle. Cette consolation lui était refusée.

Pour qui a connu les saintes délicatesses du cœur du chanoine Varet, pas n'est besoin de dire ce que de tels récits devaient lui causer d'amertume. Il n'y voyait pas d'autres remèdes que la patience et la prière. — « Cher et vénéré Père, dit-il en finissant, priez bien pour nous et recommandez-nous à vos bons]religieux [1]. »

1. Lettre du 8 mai 1895.

CHAPITRE XIV.

Ce qui, en monsieur le Chanoine, remplaça l'agonie ordinaire des derniers jours.

Dans le récit de toute vie ordinaire, il arrive un moment où le biographe se recueille et met tous ses soins à décrire la dernière maladie de son héros : non point seulement son agonie du dernier jour, mais le plus souvent aussi, les péripéties des dernières semaines. L'approche de la mort donne toujours à ces mille détails un intérêt palpitant, un caractère solennel.

Ici rien de semblable. Au lieu d'un homme qui, étendu sur un lit de douleur, attend la mort depuis des semaines, nous avons un prêtre qui reste jusqu'à la fin sur pied, semblant même redoubler d'activité, comme s'il comprenait qu'il lui reste peu de temps pour tout faire.

Est-ce à dire que le chanoine Varet n'ait ressenti aucune douleur physique avant le jour de sa mort ? Non certes. Nous disons, au contraire, que le terrible mal qui devait l'emporter datait de plusieurs mois. Il souffrait, mais n'osait l'avouer à son entourage, dans la crainte d'être condamné au repos par son médecin. Ne plus exercer son charitable ministère dans toute son étendue, lui paraissait un sacrifice au-dessus de son courage, et ce n'était qu'aux indifférents qu'il se plaignait d'un gonflement anormal du cœur, de palpitations suivies de secousses et d'arrêts. Au dehors, dans sa conduite habituelle rien ne paraissait.

Ce qu'il fit dans la seconde quinzaine d'août 1895 n'offre, en soi, rien d'extraordinaire : si nous le racontons, c'est que cela touche en quelque sorte à ses derniers moments.

Un crime qui l'affecta plus qu'on ne saurait dire fut le vol commis avec une dextérité inouïe, dans le courant de ce mois, au préjudice des Religieux d'Hautecombe. A la première nouvelle, sa stupéfaction fut grande. Chaque détail qu'on lui racontait le faisait trépigner d'indignation. On eût dit que lui seul était victime. Il gémissait ; il ne parlait plus que de cela. Il semblait qu'en touchant à Hautecombe, on l'avait touché, lui, à la prunelle des yeux. Il interrogeait, il s'informait comme s'il eût eu mission d'instruire l'affaire. Un jour, aux abords de la gare de Chambéry, quelqu'un lui dit : « Voyez-vous cet homme au pied de l'arbre ? C'est l'un des voleurs présumés d'Hautecombe. » A l'instant, il s'élance vers l'individu, et le saisissant à l'épaule : « Pourquoi avez-vous volé les Religieux ? lui dit-il. Malheureux ! Il faut restituer. » Et il voulait faire, en pleine rue, un interrogatoire en règle. Mais l'autre se défendit et s'esquiva.

Le bon chanoine n'en continua pas moins ses investigations. Que de démarches ne fit-il pas au bureau de police, au parquet, à la prison pendant les quelques jours qui lui restaient à vivre! Il voulait absolument que la lumière se fît sur ce vol sacrilège. Lui, si doux, si patient pour son propre compte, il s'impatientait des lenteurs de la justice et de sa facilité à croire aux dénégations du prévenu.

Cependant nous l'avions invité à venir présider notre fête religieuse de Saint-Bernard, en l'absence de Mgr l'Archevêque qui, cette année-là, devait aller rehausser de l'éclat de sa présence celle de l'abbaye de Tamié. Nous avions dit au chanoine que l'appartement de Sa Grandeur lui était réservé. Il répondit avec la bonhomie de ses moments d'abandon, et sans négliger le mot pour rire : « J'aurai la joie d'aller à Hautecombe, mais vous me donnerez, je vous prie, une chambre ordinaire. Ce serait une inquiétude pour moi de dormir sur la couche épiscopale, j'aurais peur d'attraper une *mitrite*. »

Cette réponse à peine partie, un avis inséré dans la *Semaine religieuse* lui apprit qu'en raison du vol commis chez eux, les Cisterciens ne feraient pas d'invitations pour la Saint-Bernard.

Aussitôt, plein de délicatesse, il reprend la plume : « — Cher et bon Père, je vous approuve sincèrement. Je resterai à Chambéry. Je ne veux pas exciter l'envie des curés vos voisins [1]. »

Mais le Prieur ne l'entendait pas ainsi : et par un de ces billets latins qui causaient un si grand plaisir à son ami, il se hâta de lui dire que

1. Lettre du 15 août 1895.

l'avis en question n'était pas pour M. le chanoine.

Le bon prêtre ne fut pas difficile à persuader :
— « Merci, grand merci, répondit-il, j'irai à Hautecombe. »

Il arriva le 19. Une heure après, revêtu d'un modeste surplis, il assistait aux premières vêpres de saint Bernard dans une stalle du chœur, se conformant à nos cérémonies et à nos chants.

Le jour de la fête, avec cette piété et cette gravité qu'on admirait en lui, il célébra la grand' messe et officia aux vêpres solennelles, accomplissant les rites et les mélodies de Cîteaux avec une aisance et un succès qui l'eussent fait prendre pour un Cistercien. Tous, nous en étions doucement émus.

La fête du Prieur devant avoir lieu deux jours après, il voulut bien attendre pour y prendre part, ne dédaignant pas de se mêler aux Religieux pour aller complimenter le Père Supérieur.

Le cœur content, il rentrait le soir du 22 à Chambéry. Une mauvaise nouvelle l'y attendait. Paul, qui en ce moment se trouvait aux grandes manœuvres dans les Alpes, au Mont-Cenis, avait été mis hors de combat par une foulure au pied. Aussitôt M. le Chanoine prend le rapide pour Modane. Il voulait savoir au juste l'état de son pupille et, au besoin, le ramener à Chambéry : mais il ne put l'obtenir.

Ce voyage précipité avait lieu le 23. Dès le lendemain 24, il conduisait sa nièce en pèlerinage à

N.-D. de la Salette. Le cinquième anniversaire de la guérison d'Alice et le quatrième de son entrée en religion approchaient ; tous deux avaient à rendre grâces de ce double bienfait à la Vierge qui pleure aux sommets des Alpes.

Quand on se demande pourquoi le chanoine a ainsi devancé de quelques jours les dates vraies de ces faveurs célestes, qui étaient les 8 et 12 septembre, on ne peut que reconnaître en cela une inspiration de la divine Providence, laquelle savait bien qu'à ces dates le bon prêtre aurait cessé d'être pèlerin sur cette terre. Voilà pourquoi les journées des 24, 25 et 26 août furent, par anticipation, consacrées au devoir de la reconnaissance envers N.-D. de la Salette.

Le mercredi 28, nous le retrouvons à Chambéry, où il assiste aux funérailles d'un séminariste-soldat, le jeune Barthélemy Héritier, d'une honnête famille de la ville. Dès avant la levée du corps, vous eussiez vu l'humble chanoine en manteau de deuil se tenant debout contre la porte de la chambre mortuaire, récitant son rosaire pour le repos de l'âme du jeune clerc, les yeux baissés, avec la modestie, le recueillement et la piété d'un Saint. On venait, on allait, on passait devant lui, il ne remarquait rien. Lui demandait-on où était le défunt ? Il l'indiquait doucement et silencieusement de la main, sans interrompre son union avec Dieu. Il suivit avec la même dévotion le cercueil à l'église et jusqu'au cimetière. Puis après les dernières prières de la sépulture, il alla faire visite à la tombe de sa mère pour y réciter un *De profundis*. Etait-ce une visite d'adieu, ou une entrevue pour prendre jour du suprême rendez-vous ?

Ce jour-là même ou le lendemain, Paul, cet autre séminariste-soldat, arrivait de Modane à l'infirmerie de l'Hôpital militaire de Chambéry, pour y achever la guérison de son pied foulé. C'était encore une attention de l'aimable Providence de Dieu, qui voulait ramener le jeune homme auprès de son oncle pour le moment solennel. En effet, sans cette légère infirmité, Paul n'aurait pas obtenu de permission, et il aurait été privé de revoir son consolateur et son soutien.

Cependant le chanoine Varet se trouvait toujours surexcité par l'affaire d'Hautecombe. Spontanément il faisait de nouvelles démarches pour savoir si la justice espérait mettre la main sur les coupables, et nous avons de lui une lettre de six pages écrite le 29 août pour nous mettre au courant de ce qui se passait. Dans une autre du samedi 31, après nous avoir appris que l'individu soupçonné et emprisonné venait d'être relâché, il s'exprime ainsi :

« Il est venu me voir et a eu l'audace de me dire que si son frère était riche, IL POURSUIVRAIT en dommages-intérêts ceux qui l'avaient fait arrêter, MOI EN PARTICULIER [1]. »

Cette méchanceté, exprimée ainsi à brûle-

1. Lettre du samedi 31 août 1895.

pourpoint, n'aurait-elle pas contribué à aggraver le mal du saint prêtre et à hâter la fin prématurée à laquelle nous allons assister ? Il est facile de concevoir, en effet, la pénible impression qu'une telle menace a dû faire sur le cœur si bon, si sensible du chanoine Varet.

Notre digne correspondant finissait en nous assurant qu'il était toujours disposé à nous rendre service : et pour confirmer sa promesse, il l'appuyait de cette expression joviale d'un latiniste novice : *numera super me* (comptez sur moi.)

Hélas ! comme un enfant sur le sein de sa mère, le saint homme jouait sur les genoux de la Mort !

Déjà au cours de cette même matinée du samedi 31, une crise particulièrement aiguë se déclara au confessionnal : mais elle ne l'empêcha pas de continuer son ministère et de vaquer à ses propres exercices de piété.

Il se rendit, avant le dîner, au couvent des Pères Capucins pour y faire sa confession hebdomadaire ; et de là à la Chapelle de Nezin pour y faire son heure d'adoration.

L'après-midi fut consacré à entendre les confessions et à visiter ses malades.

CHAPITRE XV.

Ce qu'il fit le jour de sa mort et comment, après son trépas on accourut et on lui fit de touchantes funérailles.

Nous voici donc arrivés à ce dimanche 1er septembre 1895, jour de funèbre mémoire, mais jour saintement rempli, comme d'ailleurs tous les autres.

De grand matin on trouve, comme à l'ordinaire, le chanoine Varet à son confessionnal. Il écrit ensuite à un prêtre de la campagne pour lui confier, ainsi qu'il l'avait fait la veille à un Religieux, des intentions de messes qu'il venait de recevoir : comme s'il eût été secrètement averti qu'il ne pourrait les acquitter lui-même. Bientôt après il se rend à l'hôpital Saint-François pour y faire sa visite aux poitrinaires.

Vers les 8 heures, il monte au Carmel pour y célébrer la messe de communauté. Le chapelain des sœurs était absent depuis la veille, le chanoine l'avait prié d'accompagner à N.-D. de la Salette les deux tourières du couvent. Il avait payé à celles-ci ce pèlerinage tant aimé, avec mission de prier et de communier pour lui sur la sainte montagne ; et il s'était chargé, lui, de remplacer le chapelain pour tout le service du culte.

« A 9 heures, il est présent à sa stalle du chœur pendant la grand'messe capitulaire.

« Dans l'après-midi, il se rend à l'hôpital militaire, où il allait souvent visiter les malades.

« A 3 heures, il préside lui-même les vêpres et les complies de la Métropole.

« Enfin il gravit de nouveau les rampes de la colline de Lémenc, pour donner le salut du Saint Sacrement dans la chapelle des Carmélites. Ce fut le dernier acte de son ministère.

« En sortant de l'église du Carmel, vers les six heures du soir, comme il passait près du clos de la Visitation, il se sentit tout à coup saisi d'une violente douleur au cœur [1]. » Il se traîna comme il put jusqu'à la demeure de l'aumônier du couvent, M. l'abbé Collonges, pour lui demander une dernière absolution, qu'il reçut au milieu d'atroces souffrances. — « Mon cœur va éclater, disait-il : et il accompagnait cette parole d'un geste qui figurait une explosion. Il ne se faisait pas illusion sur l'imminence du danger ; néanmoins, se sentant en paix avec Dieu et avec les hommes, il demeura calme et résigné ; son visage reflétait la pieuse sérénité de son âme, à la grande édification de l'aumônier et des tourières visitandines, qui lui prodiguaient les soins les plus dévoués.

Dès qu'il fut moins mal, on s'empressa de le ramener en voiture à son domicile, où il sembla éprouver quelque soulagement : il se mit au lit.

1. *Semaine religieuse de la Savoie.*

Cependant depuis plus d'une heure on courait la ville à la recherche d'un médecin, que l'on ne parvenait pas à rencontrer. Enfin le Dr Amédée Denarié arriva. Quelques instants après, vers les 8 heures, pendant que le bon chanoine lui expliquait son mal, le Seigneur permit qu'une crise plus forte vint l'en délivrer en un instant. Une syncope cardiaque rompit le filet qui retenait son âme captive, et celle-ci, heureuse de se voir dégagée, s'élança subitement dans le sein du Dieu qu'elle avait tant aimé. Elle allait recevoir le prix de sa journée de labeur, avec la récompense de toute une vie sacerdotale pétrie de piété, de dévouement et de charité.

Ainsi mourut, sans agonie — dans l'exercice de la charité et d'un ministère fécond, dans l'attitude du guerrier qui, les armes à la main, tombe foudroyé sur le champ de bataille, — l'aimable et saint prêtre qui fut le chanoine Varet. Il était encore dans la force de l'âge, n'ayant que 54 ans, trois mois et six jours.

La mort, il est permis de le croire, ne l'aura point surpris, parce qu'il s'y était préparé sans cesse. Il avait dit souvent, en effet, aux malades qu'il allait voir : « J'aime à réciter les prières des agonisants *pour moi*. »

Aurait-il eu le pressentiment qu'on n'aurait pas le temps de les réciter pour lui à ses derniers moments?

« Le lendemain, lundi, dès la première heure du jour, les tintements lugubres du bourdon, suivis bientôt du glas funèbre de toutes les cloches de la Métropole, annonçaient la lugubre nouvelle qui se répandit aussitôt dans la ville, y provoquant partout d'abord un mouvement de stupeur, puis un sentiment de vive émotion. Car M. Varet était universellement connu, aimé et estimé de tout le monde. »

On accourut bientôt de toutes parts près de sa dépouille mortelle, exposée en habits sacerdotaux dans une chapelle ardente.

Détail touchant. En ce moment, « Monsieur le Chanoine » était attendu aux confins de la ville. Nommé depuis huit jours confesseur des Religieuses du Bon Pasteur, comme nous l'avons dit, il avait été convenu qu'il se rendrait à leur couvent, le matin du 2 septembre, à 6 heures. A l'heure dite, les sœurs l'attendaient à la chapelle ; elles s'étonnaient de son retard, quand on vint leur dire : « Monsieur le Chanoine est mort ! »

A la maison mortuaire, la foule se plaisait auprès du vénéré défunt. C'est qu'on se rappelait que depuis plus de vingt ans, ce prêtre avait répandu dans toute la ville la bonne odeur de Jésus-Christ. C'est que son action charitable et bienfaisante s'était étendue à toutes les classes de la société.

Les pauvres se souvenaient avec attendrissement de la prédilection qu'il avait toujours eue pour eux, et ils exprimaient leurs regrets, le plus souvent par des pleurs et des sanglots.

Aussi disait-on vulgairement dans la ville, le

lendemain de sa mort : « *Hier, les pauvres de Chambéry ont fait une mauvaise journée.* »

Un enfant de sept ans qui avait, comme tant d'autres, raffollé de « Monsieur le Chanoine » pendant sa vie, voulut le voir une dernière fois après sa mort. En contemplant les traits du saint prêtre, l'enfant fut ravi et consolé. Bientôt, n'y tenant plus, il sort, court sur la place criant à ses petits camarades : « Venez, venez voir M. le Chanoine ! On a peur de tous les autres morts ; mais lui, il ne fait pas peur ; venez. » Et la chambre mortuaire fut, en un instant, remplie d'enfants, auxquels le défunt semblait encore sourire.

A la vue de cet immense concours de personnes de tout âge et de toute condition qui venaient pleurer près de son cercueil, et peut-être chercher encore un conseil et une dernière bénédiction, on se sentait porté à remercier Dieu d'avoir fait connaître à la ville de Chambéry, — pour un temps hélas ! trop court, — cet apôtre, ce père, ce saint. Ses filles et fils spirituels s'estimaient heureux d'avoir été dirigés par un prêtre qui était vraiment selon le cœur de Dieu.

Les funérailles eurent lieu le mercredi 4 septembre, sous la présidence de M. le chanoine Dunand, prévôt du chapitre métropolitain. Elles furent des plus touchantes.

Un concours immense de prêtres et de fidèles prirent part à la cérémonie. Outre une centaine de membres du clergé venus de tous les points du diocèse, on remarquait des délégations de toutes les communautés et des Ordres religieux de la ville et des localités environnantes. L'abbaye d'Hautecombe était représentée.

Le deuil était conduit par le jeune abbé Paul en costume militaire et par M. l'abbé Juste, son cousin de Sens, avec quelques autres membres de la famille venus de très loin et bon nombre d'amis.

« Mgr Hautin, archevêque de Chambéry, se trouvait à Milan pour un Congrès eucharistique, lorsqu'il apprit la triste nouvelle du décès de M. le chanoine Varet. Sa Grandeur n'hésita pas à devancer l'époque de son retour et rentra à Chambéry dans la soirée du mardi pour assister aux obsèques du défunt. Monseigneur était présent à la grand'messe et donna l'absoute.

« Les coins du poële étaient portés par MM. le marquis d'Oncieu de la Bathie, d'Arcollières, Charles de Buttet, Revel, ancien magistrat, Bouvier Alphonse, avocat, et le docteur Amédée Dénarié.

« Le corps de M. le chanoine Varet, après avoir fait durant l'office divin, une dernière station près des restes de son oncle de douce et pieuse mémoire, qui reposent dans le caveau des archevêques de Chambéry, a été transporté au cimetière de la ville et inhumé dans le tombeau des chanoines de la métropole.

« La foule qui se pressait sur le passage du funèbre défilé prouvait, par son attitude triste et recueillie, combien le défunt laissait de regrets au sein de la population de cette ville.

« Les prières des fidèles et les rosaires égrenés

le long du cortège par tant de mains pieuses, sont
lès plus belles couronnes qui aient pu être offertes
pour orner son cercueil; les larmes que lès pau-

Plate-forme du caveau des chanoines
au pied de la chapelle du cimetière à Chambéry.

vres répandaient sur le passage de sa dépouille
mortelle sont le plus bel éloge qui puisse être pro-
noncé sur sa tombe 1. »

1. *Semaine religieuse de la Savoie.*

CHAPITRE XVI.

Des hommages posthumes rendus au chanoine Varet, et aussi, de la fin de ce livre.

Avec les suffrages déposés par l'Eglise et par des milliers de fidèles sur la tombe du regretté Chanoine, tout n'était pas fini. A proprement parler, sa mémoire bénie allait seulement commencer, pour se perpétuer, comme la mémoire du juste, jusqu'à la fin des siècles. Les feuilles publiques furent unanimes à lui rendre le plus sincère et le plus sympathique hommage.

Citons au premier rang la *Semaine religieuse de la Savoie*. Outre ce que nous lui avons emprunté déjà, elle traçait en ces termes les principaux traits du caractère de M. Varet.

« A Chambéry, il s'est fait aimer comme s'il eût été originaire du pays. Il a occupé au sein du clergé du diocèse une place considérable, où il sut toujours gagner l'estime et l'affection de ses confrères, soit par son caractère doux et conciliant, son abord gracieux et bienveillant, sa condescendance aimable, son zèle discret, sa générosité, sa régularité...

« La piété qui le distinguait, le zèle sacerdotal dont il était animé, M. le chanoine Varet l'exerçait principalement : à l'église où on le voyait

souvent, à genoux devant le saint Tabernacle ;
au confessional, où chaque jour l'on était sûr de
le trouver à une heure déterminée ; auprès des
malades pauvres, qu'il se plaisait à visiter dans
leurs obscurs réduits, à encourager de ses exhortations et à secourir de ses aumônes ; dans les
communautés de la ville, où l'on ne faisait jamais appel en vain à son ministère pour les confessions, les retraites et les prédications.

« Ce qui l'a rendu surtout si populaire à Chambéry ce sont les nombreuses charités qu'il cherchait en vain à cacher, mais que les pauvres,
secourus par ses largesses, se plaisaient à faire
connaître autour d'eux. »

A son tour la *Croix de la Savoie* résumait
son jugement dans ce mot éloquent qui servait
de titre à son article : « Un homme de bien. »
Elle ajoutait : « M. Varet fut comme la per-
sonnification de la charité sacerdotale. Il se
donnait tout à tous, dépensant au service des
autres, sans jamais compter, et son temps et son
argent. Il n'est pas de mansarde qu'il n'ait visitée,
pas une peine qu'il n'ait soulagée. Aussi sa sépulture a eu le caractère d'un deuil général de
toute la ville. »

Le *Courrier des Alpes* formulait ainsi son jugement : « M. le Chanoine Varet était un saint
prêtre, doux et modeste, dégagé des sentiments
mesquins et de préoccupations humaines ; faisant
le bien par l'inspiration de la piété, n'ayant que
le souci des âmes. Il exerçait dans notre ville le

silencieux et puissant apostolat de l'exemple, le plus efficace de tous. Les catholiques Chambériens l'aimaient, les pauvres le bénissaient. Leurs regrets s'unissent aujourd'hui à ceux de la vaste famille religieuse à laquelle M. le chanoine Varet consacrait ses soins les plus dévoués. »

Les journaux les plus avancés du pays ne pouvaient garder le silence sur un fait qui avait ému toute la ville. Ils se virent bien forcés de reconnaître, — non sans le regretter peut-être, *credunt et contremiscunt* — les qualités sacerdotales du chanoine Varet, et par une conséquence inévitable, l'action bienfaisante de la Religion et du clergé sur cette classe pauvre et souffrante pour laquelle l'Assistance maçonnique montre si peu d'entrailles.

Citons l'*Indicateur savoisien* : « M. le chanoine Varet se renferma toujours dans les devoirs de son pieux ministère. Occupé uniquement de ses fonctions et de ses pauvres, il répandait de nombreux bienfaits avec autant de discrétion que de générosité. Il emporte avec lui les regrets de ses amis, la reconnaissance de ses obligés, l'estime de tous. Nous saluons respectueusement la tombe de cet homme de bien. »

Par la première de ces lignes, l'*Indicateur* aurait-il voulu insinuer que le chanoine Varet se tut devant les iniquités de certains gouvernants, à la différence de tant d'autres ecclésiastiques qui, selon la libre-pensée, ont tort de s'occuper de ce que font les ennemis de l'Eglise ?

Ce serait lui prêter une indifférence coupable, contre laquelle protestent ceux qui ont fréquenté le saint prêtre. On sait, en effet, avec quelle énergie il flétrissait lui aussi, en toutes circonstances, les actes et les lois des sectaires. Nous devons toutefois savoir gré à ce journal, de s'être montré, en cette circonstance, impartial et convenable.

Le *Patriote*, comprenant la difficulté de parler du chanoine Varet, se contenta de mentionner strictement le décès et les funérailles, en y ajoutant cette simple réflexion qui est un aveu indirect de sa secrète vénération : « M. le chanoine Varet était très-aimé et estimé à Chambéry [1]. »

Comme un dernier écho des diverses voix de la Presse, citons ce court passage des *Annales de l'Association des prêtres adorateurs* : « La douleur que nous a causé la perte de ce regretté confrère a été partagée par le clergé et les fidèles du diocèse. Les pauvres surtout dont il était l'ami le plus dévoué et le bienfaiteur le plus généreux, ne pourront, de longtemps, oublier sa mémoire. Les regrets qu'il laisse sont unanimes. »

Les humbles Marthes, plus particulièrement affligées, fournirent aussi leur témoignage de reconnaissance envers leur protecteur et leur guide. Elles l'exprimèrent, non par des paroles confiées aux feuilles publiques, mais par des suffrages spirituels ; ce qui est à la fois plus utile et plus éloquent. Elles se cotisèrent pour faire célébrer, le 19 septembre, un service solennel de 2e classe à

1. *Patriote* du 3 septembre 1895.

l'autel de paroisse, et ensuite vingt-et-une messes basses pour le repos de son âme.

Sur la tombe du chanoine, elles déposèrent une petite croix destinée à rappeler leur pieuse vénération pour cet homme de Dieu. — « Prières ferventes, communions, chapelets : rien n'a manqué à l'âme du saint prêtre de la part de ses filles de Sainte-Marthe, » assure M. le vicaire général Colombain, son successeur dans la direction de cette Œuvre.

A leur tour, les pauvres ne pouvaient manquer de faire entendre leur note personnelle dans le concert commun ; ce fut une note pleine de cœur et d'expression.

Dès que la photographie de M. le Chanoine fut exposée à la vitrine des marchands pour être mise en vente, on vit un pauvre entrer dans un magasin pour se la procurer. — « Je n'ai que 25 centimes, disait-il, mais je ne puis me résigner à attendre. Donnez-moi le portrait de celui qui fut mon soutien ; je complèterai la somme à mesure que je réaliserai quelques sous. »

« Un balayeur de rues se rendait à son travail en compagnie de plusieurs autres, — raconte une employée de magasin, témoin du fait — lorsqu'à notre vitrine il aperçut la photographie de M. Varet. Il s'arrête soudain. « Ah, dit-il, laissez moi le voir à mon aise ! » Et les larmes coulaient brûlantes sur ses joues pâles et anguleuses. Puis les essuyant du revers de la main, il continue : « Celui-là, oui, il faut le pleurer !... Quand il passait près de ma charrette ou de celle de mes camarades, il nous cherchait, et après nous avoir demandé de nos nouvelles, il nous glissait toujours la pièce de vingt sous. On ne saurait dire combien il était charitable pour le pauvre monde. »

Enfin, ce qu'il serait aussi difficile de dépeindre, c'est la consternation des malades et des affligés pendant les mois qui suivirent sa mort. Et quand on leur demandait pourquoi tant de larmes pour un défunt qui n'était point de leur famille : — « Il était notre père ! s'écriaient-ils. On ne saura jamais tout le bien qu'il nous a fait. Non, jamais nous ne retrouverons son semblable ! »

On parle déjà de grâces surnaturelles, de prières exaucées, d'intercessions évidentes, de guérisons... Nous pensons qu'il n'y a pas lieu de se presser beaucoup à les publier, car les affirmations de cette nature réclament une grande circonspection.

Cependant un fait digne de remarque, et qui pourrait bien ne pas être étranger à la puissance d'intercession dont jouissent les habitants du ciel et ceux du purgatoire, c'est le départ prématuré du petit abbé Paul, quelques mois à peine après la mort de son oncle.

Ces deux âmes étaient unies par une affection si réciproque, qu'elles ne purent se tenir longtemps séparées. En abordant au rivage de l'éternité, le chanoine s'est sans doute effrayé des écueils du siècle qu'avait encore à traverser le jeune clerc, et en tuteur dévoué, il aura demandé à Dieu de dispenser son cher pupille du reste de l'épreuve.

Ce fut le 13 mai 1896, que l'âme de notre saint chanoine vit arriver, du grand séminaire de Sens, celle de son neveu. Un mot des circonstances de la mort de ce dernier ne saurait être déplacé à la fin de ces pages qu'il a lui-même inspirées.

Son service militaire et le décès de son oncle ayant retardé sa rentrée au grand séminaire, il s'était remis à l'étude avec une ardeur extraordinaire, car il voulait regagner le temps perdu. Aussi ses examens de la fin de mars furent-ils un succès.

Outre ses études théologiques, étant bon musicien et doué d'une très belle voix, il était chargé de la direction du chant. Il préparait un de ses condisciples au baccalauréat ès-sciences, et ses récréations étaient consacrées à sa correspondance, car il avait beaucoup de relations amicales et de parenté. Ce surmenage l'avait d'autant plus surexcité qu'il avait jeûné tout le carême.

Depuis Pâques, il se plaignait de douleurs dans la tête ; on vit là une fatigue du cerveau, bien expliquée par un tel excès de travail intellectuel. Mais, hélas ! c'était le commencement de la fin...

Lorsqu'il se fut mis au lit, il affirma qu'il ne se relèverait pas. Il reçut les derniers sacrements en pleine connaissance. Avertis du danger par M. l'abbé Juste, qui, en cette circonstance, remplaça le regretté chanoine par son affectueux dévouement, ses parents de Chambéry, de Paris, de Cravant et d'ailleurs, accoururent pour l'embrasser une dernière fois. Le jeune malade, dont le délire n'était pas permanent, fut si heureux de revoir sa bien-aimée sœur, qu'il se trouva beaucoup mieux. On crut un moment que les prières de la terre avaient obtenu un miracle de guérison ; mais elle furent, paraît-il, vaincues par celles du ciel.

« Après quinze jours de cruelles souffrances, alors qu'on avait déjà chanté dans le Bréviaire l'Ascension glorieuse du Fils de Dieu, l'âme de notre ami quittait aussi la terre pour l'éternelle patrie [1]. »

« Hélas ! à vrai dire, le chemin était ouvert... C'était pour lui un sentier battu, frayé par des pas amis. Il ne s'en alla pas vers l'inconnu, mais à une réunion de famille. »

Un mois plus tard il eût été promu au sous-diaconat. « Il n'eût pas démenti sa race et se fût montré le digne émule de ses oncles distingués.

« Nous avons l'intime confiance que celui que nous avons aimé ici-bas jouit maintenant de la récompense promise au fidèle serviteur.

« Puisse cette confiance consoler pleinement la pieuse sœur Marie-Louise du Saint-Sacrement qui, après avoir partagé toutes les épreuves de notre ami, pleure encore aujourd'hui un frère tendrement aimé [2]. »

On peut dire que toutes les religieuses de Saint-Joseph ont partagé le deuil de leur jeune sœur.

1. *Semaine religieuse de Sens.* — 2. *Ibid.*

Deuil immense, deuil complet, puisque, ayant perdu finalement son oncle et son frère, il ne lui reste plus de proches parents ici-bas. Mais elle a mieux que cela. Il lui reste une famille qui ne meurt pas, sa Congrégation. Dieu pour père et la Religion pour mère, quel heureux partage ! Cette douce pensée fera la consolation de toute sa vie.

Une de ses sœurs écrivait : « Les saints peuvent quitter la terre pour passer au rang des élus, mais pour nous ils ne meurent pas. Le nom et le souvenir de M. le chanoine Varet resteront en vénération dans la Maison-Mère de notre Congrégation de Saint-Joseph de Chambéry, que ce prêtre zélé et pieux a voulu si souvent honorer de sa présence et édifier de sa parole.

« Il est de ceux dont l'absence est toujours un nouveau sacrifice. Seule, la pensée qu'il nous continue au ciel le bienveillant intérêt dont il nous entourait sur la terre peut nous consoler de sa double disparition de ce monde...

« S'il nous est doux de lui envoyer au ciel l'humble accent de notre reconnaissance, il ne nous l'est pas moins de prier sur la tombe de celui qui a été pour notre communauté un conseiller si prudent, un ami si dévoué, un cœur si fidèle, si pieux et si bon. »

UN AN APRÈS

ET maintenant, avant de déposer la plume, nous sera-t-il permis d'offrir ici l'hommage de nos regrets personnels et de ceux de nos bien-aimés confrères, à la mémoire si douce et si pieuse de notre vénérable ami ?

Déjà ils ont été exprimés dans une circonstance touchante. Le 21 août 1896, — un peu moins d'un an après la mort du cher M. Varet, — tous les Religieux d'Hautecombe montaient à la cellule de leur Supérieur pour lui présenter leurs devoirs à l'occasion de sa fête. Or, celui qui se faisait l'interprète de la communauté eut, dans son compliment, un mot tout à l'éloge du bon chanoine :

« Il m'en coûte, dit-il, de toucher la note mélancolique dans un moment où tout est à la joie et à l'allégresse, mais je ne puis me défendre d'évoquer ici le souvenir du prêtre vénéré qui fut, mon Révérend Père, votre ami de cœur, et qui portait à notre chère Maison d'Hautecombe un si vif intérêt. L'année dernière il avait été, comme d'habitude, le charme et le bouquet vivant de votre fête, et avec quel bonheur il se promettait de revenir cette année vous apporter ses félicitations et partager notre joie ! Mais le Maître de la vigne a voulu couronner les travaux de ce serviteur aussi modeste qu'infatigable. Nous ne le verrons pas, hélas ! mais il sera ici demain par le cœur, et nous aussi nous penserons à lui dans nos prières. L'affection qu'il avait pour vous augmentera notre reconnaissance envers ce bienfaiteur si dévoué, cet ami si vrai. Il a transpiré jusqu'à moi que la plume qui a sauvé Charles-Félix d'un oubli systématique et si injuste allait faire revivre la douce et sympathique figure de ce prêtre selon le cœur de Dieu. Nous sommes heureux de vous en remercier, et, de son côté, le cher défunt ne pouvait rencontrer pour sa biographie une main plus aimée. »

Ainsi s'exprima, au nom de tous, le plus jeune de nos frères.

Puisse cette *main aimée*, mais infirme et mal exercée, n'avoir pas trop défiguré le portrait qu'elle avait à peindre !

Que notre saint ami veuille bien pardonner et la confiance trop grande de son neveu à nous demander ces pauvres pages, et notre témérité à répondre à son désir !

Que du haut du ciel, il daigne bénir le premier

et le plus indigne de ses historiens, et lui obtenir la grâce d'imiter ses vertus !

Enfin que Notre-Seigneur remplisse dans nos âmes le vide que son départ y a laissé, et que la pensée du bonheur dont il jouit console notre douleur !

En la fête de saint Joseph, 19 mars 1897.

TABLE DES MATIÈRES [1]

PREMIÈRE PARTIE

La formation cléricale, au diocèse de Sens.

---

1. Les titres des chapitres de cet ouvrage ont été, à dessein, rédigés dans le style naïf du moyen-âge, comme ceux de l'*Histoire de sainte Elisabeth de Hongrie,* par le comte de Montalembert.

SECONDE PARTIE

Les dix années auprès de Mgr Pichenot.

TROISIÈME PARTIE

Le Chanoine, rue du Château à Chambéry.

3825. — Annecy. Imprimerie ABRY.

9 782019 998660